Wissenschaftliche Beiträge aus dem Tectum Verlag

Reihe Soziale Arbeit

Wissenschaftliche Beiträge
aus dem Tectum Verlag

Reihe Soziale Arbeit
Band 7

Angela Geißler

Weibliche Gewalt in intimen Paarbeziehungen

Impulse für eine Enttabuisierung

Mit einem Geleitwort von Prof. Dr. Claudia Lohrenscheit

Tectum Verlag

Angela Geißler
Weibliche Gewalt in intimen Paarbeziehungen
Impulse für eine Enttabuisierung

Wissenschaftliche Beiträge aus dem Tectum Verlag
Reihe: Soziale Arbeit; Bd. 7

ISBN 978-3-8288-4572-5
ePDF 978-3-8288-7629-3
ePub 978-3-8288-7630-9
ISSN 2629-2211

Gesamtverantwortung für Druck und Herstellung:
Nomos Verlagsgesellschaft mbH & Co. KG
Printed in Germany

Besuchen Sie uns im Internet
www.tectum-verlag.de

Bibliografische Informationen der Deutschen Nationalbibliothek
Die Deutsche Nationalbibliothek verzeichnet diese Publikation
in der Deutschen Nationalbibliografie; detaillierte bibliografische
Angaben sind im Internet über http://dnb.d-nb.de abrufbar.

Inhaltsverzeichnis

Abkürzungsverzeichnis

BAG TäHG	Bundesarbeitsgemeinschaft Täterarbeit Häusliche Gewalt
BIG	Berliner Initiative gegen Gewalt an Frauen
BKA	Bundeskriminalamt
BMFSFJ	Bundesministerium für Familie, Senioren, Frauen und Jugend
CTS	Conflict Tactic Scale
EBG	Eidgenössisches Büro für die Gleichstellung für Mann und Frau
GewSchG	Gewaltschutzgesetz
GG	Grundgesetz
LGBTIQ	Lesbian, Gay, Bisexual, Transexuell/Transgender, Intersexual und Queer
PKS	Polizeiliche Kriminalstatistik
StGB	Strafgesetzbuch

Geleitwort

Wir müssen dringend mehr über Gewalt sprechen, denn sie erreicht epidemische Ausmaße: Jede Woche kommen in Deutschland 2–3 Kinder aufgrund von Gewalt, Misshandlung und Vernachlässigung in ihren Familien zu Tode (Bühler-Niederberger 2020, S. 42). Jeden dritten Tag stirbt eine Frau durch die Hand ihres (Ex-)Partners; das waren 122 Frauen im Jahr 2018 laut der kriminalstatistischen Auswertung zur Partnerschaftsgewalt des Bundeskriminalamts (vgl. BMFSFJ 2020). Gewalt in jeder Form, physisch, psychisch und seelisch hinterlässt Wunden und Spuren, die sich weit in das individuelle und gesellschaftliche Leben hinein „fressen". Diese Gewalt zu verstehen und konsequent ohne jedwede Tabus zu bekämpfen, sollte der dringlichste gesellschaftliche Auftrag sein: angefangen bei den Bildungs- und Betreuungseinrichtungen, über alle Institutionen hinweg, die mit Kindern, Jugendlichen und Familien arbeiten bis hin zu den Organisationen, die strafrechtliche Verfolgung, Hilfe und Unterstützung anbieten. Wir alle – jeder Mensch, jeder Erwachsene und jedes Kind – haben ein unbedingtes Recht auf körperliche und seelische Unversehrtheit.

Auch die Geschlechterverhältnisse sind von Gewalt durchzogen. Dies zeigt sich nicht nur an den Hellfeld-Statistiken des Bundeskriminalamts zur häuslichen Gewalt oder Partnerschaftsgewalt (BKA 2015–2018), sondern bereits in den Geschlechterstereotypen, die sich hartnäckig halten. Trotz aller Dynamik im Bemühen rigide Geschlechterrollen und -Zuschreibungen aufzubrechen, bleiben bestimmte Vorstellungen etwa über die Aggressivität von Männern oder die Friedfertigkeit von Frauen erstaunlich stabil. Sie sind wenig hilfreich, und sie verdecken die Tatsache, dass Gewalt am Ende immer nur Opfer hinterlässt, und sich selbst reproduziert. Dabei sind die verfügbaren Zahlen und Daten nur ein Indiz, wenn auch ein wichtiges. Zentral ist gleichwohl die Tatsache, dass wir in einer „Kultur der Gewalt" aufwachsen und leben, deren Überwindung immense Anstrengungen bedarf, und die uns alle fordert, Geschlechterstereotypen in Bezug auf Gewalt hinter uns zu lassen. Dies ist auch das Anliegen des vorliegenden Bandes. Die Autorin, Angela Geißler, analysiert darin den fachwissenschaftlichen Diskurs sowie die politische und gesellschaftliche Auseinandersetzung mit dem Phänomen der häuslichen Gewalt. Dabei nimmt sie insbesondere Frauen als Täterinnen in intimen Paarbeziehungen in den Blick und trägt so dazu bei, ein Tabu aufzuweichen, das in den letzten Jahren mehr und mehr sichtbar wird. Dass auch Männer Opfer von Partnerschaftsgewalt werden können, ist noch immer schwierig auszusprechen gerade angesichts der verfügbaren Daten, die belegen, dass sie überwiegend Täter sind. Trotzdem muss dieses Thema bei der ganzheitlichen Erfassung und Erklärung der Gewaltstrukturen in Paarbeziehungen und Familien Berücksichtigung finden, genauso wie der differenzierte Blick auf weitere Risikofaktoren wie etwa eine Behinderung oder die Unterbringung in (geschlossenen) Institutionen.

Das vorliegende Buch wurde als exzellente Masterarbeit an der Hochschule Coburg verfasst. Angela Geißler gewann damit den Kulturpreis des Bayernwerks 2020 für herausragende Leistungen in Kunst und Wissenschaft. Der Band gliedert sich in zwei Teile, von denen der erste eine fundierte Analyse der grundlegenden verfügbaren Theorien und Handlungsansätze zum Thema häusliche Gewalt / Gewalt in intimen Paarbeziehungen beinhaltet. Herzstück der Forschungsarbeit ist die empirische Studie im zweiten Teil. Die Autorin liefert mit ihren Forschungsergebnissen relevante Erkenntnisse für den Fachdiskurs zum Thema Häusliche Gewalt. Sie hat Gespräche und leitfadengestützte Interviews mit Expert*innen durchgeführt, die in den wenigen Fachberatungsstellen in Deutschland wirken, die auch mit Täterinnenarbeiten. Das Forschungsdesign sowie die methodische Durchführung und Analyse der qualitativ-empirischen Studie sind vorbildlich, transparent und entsprechen den hohen ethischen Forschungsanforderungen.

Die Autorin spannt in ihrer theoretische Auseinandersetzung zum Phänomen der Gewalt von Frauen in intimen Paarbeziehungen einen großen Bogen, angefangen bei Definitionsversuchen, Formen und Kontexten häuslicher Gewalt, über die politischen und rechtlichen Entwicklungen im Feld bis hin zu verfügbaren Daten zur Prävalenz von Frauen alsTäterinnen. Bei der anschließenden Untersuchung von Konzepten zur Arbeit mit männlichen wie weiblichen Täter*innen wird deutlich, wie dürftig die Angebote für Frauen in diesem Bereich heute sind. Nach dieser Analyse lautet die Leitfrage für die empirische Studie: Wie kann die Arbeit mit Frauen, die häusliche Gewalt in intimen Paarbeziehungen ausgeübt haben, gestärkt und verbessert werden? Von den insgesamt 17 Fachberatungsstellen, die in diesem Feld relevant sind, hat die Autorin elf kontaktiert und Interviews mit sechs Expert*innen geführt. In der Diskussion ihrer Forschungsergebnisse hebt Angela Geißler einige Aspekte besonders hervor, insbesondere die Auseinandersetzung mit den komplexen Gewaltdynamiken in Partnerschaften (und Familien) sowie notwendige Überlegungen zu geschlechtsspezifischen vs. phänomenspezifischen (Hilfs-)Angeboten. Es ist ihr besonderer Verdienst, dass es ihr dabei durchweg gelingt, Geschlechterstereotype zu dekonstruieren, und klarzumachen: Gewalt ist eine Menschenrechtsverletzung. Beide Seiten, Opfer wie Täter*innen brauchen dringende Hilfe und Unterstützung, um endlich friedliche und geschlechtergerechte Verhältnisse zu schaffen.

Berlin/Coburg, November 2020
Claudia Lohrenscheit

Literatur

Bühler-Niederberger, Doris: Lebensphase Kindheit. Theoretische Ansätze, Akteure und Handlungsräume. 2. Auflage. Weinheim, Basel 2020

BMFSFJ (2020): Hintergrundmeldung: Frauen vor Gewalt schützen. Häusliche Gewalt; siehe https://www.bmfsfj.de/bmfsfj/themen/gleichstellung/frauen-vor-gewalt-schuetzen/haeusliche-gewalt/haeusliche-gewalt/80642; letzter Zugriff 28.10.2020)

Bundeskriminalamt: Partnerschaftsgewalt – Kriminalstatistische Auswertungen (2015–2018); siehe: https://www.bka.de/DE/AktuelleInformationen/Statistiken Lagebilder/Lagebilder/Partnerschaftsgewalt/partnerschaftsgewalt_node.html; letzter Zugriff 28.10.2020

Vorwort

Mit dem vorliegenden Werk widme ich mich einem Thema, welches bislang fachlich und gesamtgesellschaftlich oft vernachlässigt wird und gleichzeitig stark polarisiert. Häusliche Gewalt von Frauen in intimen Paarbeziehungen. Ich möchte dieses Buch als ein Beitrag zur Gleichberechtigung von Männern und Frauen verstanden sehen. Häusliche Gewalt von Frauen gegen ihre*n (Ex-)Intimpartner*in sollte enttabuisiert und sichtbar gemacht werden. Männer und Frauen sollten unabhängig ihres Geschlechts als Opfer und/ oder Täter*innen von Gewalt wahrgenommen werden und eine entsprechende Hilfe erfahren.

Ich verstehe Gewalt nicht nur als ein jedem Menschen innewohnendes Potential, sondern ich verstehe häusliche Gewalt, Gewalt, die gegen nahestehende Personen gerichtet ist, die man eigentlich liebt, auch als einen Hilfeschrei von Personen, die mit sich und ihrem Leben aus den unterschiedlichsten Gründen überfordert sind. Daher und um ihre Opfer zu schützen, brauchen diese Personen, Männer wie Frauen Unterstützung, um ihr gewalttätiges Verhalten zu beenden. Häusliche Gewalt stellt eine Menschenrechtsverletzung dar und der deutsche Staat ist dazu verpflichtet, Maßnahmen zu ergreifen, um dieses Phänomen zu bekämpfen. Dies schreibt das Grundgesetz vor: *„Jeder hat das Recht auf Leben und körperliche Unversehrtheit. Die Freiheit der Person ist unverletzlich. In diese Rechte darf nur auf Grund eines Gesetzes eingegriffen werden.“* (Art. 2, Abs. 2 GG)

Daraus lässt sich schlussfolgern, dass ALLEN Betroffenen ein adäquates Beratungs- und Unterstützungsangebot offeriert werden muss. Dafür erscheint es notwendig, das komplexe Phänomen der häuslichen Gewalt von einseitigen Polarisierungen zu lösen und ganzheitlich in den Blick zu nehmen. Dieses Buch soll dazu beitragen.

Mein herzlicher Dank gilt Frau Prof. Dr. Claudia Lohrenscheit, die das vorliegende Werk zugewandt begleitete und mich konstruktiv-kritisch betreute. Ebenso danke ich meinen Interviewpartner*innen für ihre Bereitschaft, an meiner Untersuchung teilzunehmen. Ihre Offenheit in ihren Erzählungen und ihr Engagement, mich an ihren Erfahrungen und Gedanken teilhaben zu lassen, stellte für mich nicht nur eine Bereicherung für dieses Buch dar, sondern hat mich auch persönlich sehr berührt und mich in meiner Entwicklung als Sozialarbeiterin inspiriert. Für die emotionale Unterstützung, Denkanstößen sowie das Korrekturlesen danke ich meinen Freund*innen Verena Beer, Katharina Berger, Vera Brenten, Aike Dägling, Teresa Falter, Amelie Höb, David Janiel, Malte Kehl, Anne Krollmann, Pia Maack, Johannes Novak, Nora Lang, Stephan Pökel und Michael Weig.

Einleitung

Dieses Buch soll mit einem Fallbeispiel eingeleitet werden. Es wurde in Anlehnung an verschiedene persönliche Berichte von Betroffenen[1] verfasst.

Sara (27) und Johannes (29) sind seit 4 Jahren verheiratet und haben zwei kleine Kinder im Alter von zwei und vier Jahren. Gestern alarmierten Nachbar*innen die Polizei, da aus der Wohnung Geschrei und Poltern zu hören war. Die Polizist*innen fanden beim Eintreffen in der Wohnung ein wütendes, aufgelöstes Paar und zwei weinende Kleinkinder vor. Offensichtlich schien ein Streit eskaliert zu sein. Die beiden Polizeibeamt*innen, eine Frau und ein Mann, befragten das Paar einzeln dazu, wie es zu dem Streit gekommen war und was genau passiert ist. Im Sinne der Gleichgeschlechtlichkeit ging der Polizist mit Johannes ins Schlafzimmer, um dort in Ruhe mit ihm zu sprechen, während die Polizistin mit Sara und den beiden Kindern im Wohnzimmer blieb.

Sara erzählt der Polizistin Folgendes:

> *„Also seit ein paar Monaten etwa ist es echt schlimm geworden mit dem Johannes. Ja, Johannes hat Stress mit den Jobs, er macht gerade noch einen auf 450 Euro-Basis zusätzlich, aber ich habe auch den ganzen Tag mit den Kindern und dem Haushalt zu tun. Und wenn er dann von der Arbeit nach Hause kommt, motzt er nur rum. Die Kinder haben schon richtig Angst vor ihm. Heute ist er gleich an die Decke gegangen, nur weil ich noch keine Zeit hatte zu kochen. Er hat mich angeschrien und ist ganz wütend auf mich zugelaufen, da habe ich aus Angst meinen Schuh nach ihm geworfen. Ich bin nicht sicher, aber ich glaube, er hätte mich heute fast geschlagen."* Sie fängt an zu weinen und sagt schluchzend: *„Ich erkenne meinen Johannes gar*

---

1 Vgl. z.B. Rahlenbeck, Eckhard (2019): Weibliche Gewalt in Partnerschaften. Männer und ihre Geschichte. SWR2 Leben. Audio-Sendung. Online verfügbar unter https://www.swr.de/swr2/leben-und-gesellschaft/Leben-Weibliche-Gewalt-in-Partnerschaften,weibliche-gewalt-in-partnerschaften-maenner-und-ihre-geschichte-100.html, zuletzt geprüft am 22.12.2019. Sowie Schweindt, Lutz (2012): Letzter Ausweg: Männerhaus (ZDFInfo). zdf, 2012. Online verfügbar unter https://www.youtube.com/watch?time_continue=810&v=qSdKVYApBgQ, zuletzt geprüft am 30.08.2019.

nicht wieder, früher waren wir so glücklich und jetzt muss ich Angst davor haben, dass mein eigener Mann mir etwas antut.“

Johannes' Version sieht so aus:

„Es ist schon seit ein paar Monaten so, dass meine Frau irgendwie immer aggressiver wird. Ich kann ihr nichts mehr Recht machen, ständig nörgelt sie rum, ich wäre zu faul und würde mich nicht um die Kinder kümmern und nicht im Haushalt mithelfen. Dabei habe ich neben meinem Vollzeitjob noch einen Job auf 450 Euro-Basis angenommen, damit wir gut über die Runden kommen und Sara Zuhause bei den Kindern bleiben kann. Ich liebe unsere Kinder, aber manchmal bin ich einfach so müde vom Arbeiten. Dennoch finde ich, dass ich ein guter Vater bin. Heute bin ich nach meiner 12-Stunden Schicht nach Hause gekommen und hab nur gefragt, was es zu essen gibt und da ist Sara komplett ausgetickt. Sie hat sogar einen Schuh nach mir geworfen und mich gekratzt und mich angeschrien, dass ich mir selbst was kochen solle. Ich weiß nicht mehr weiter, ich mache wirklich alles, was Sara will, aber so langsam kann ich nicht mehr.“

Nachdem die beiden Polizeibeamt*innen zwei verschiedene Versionen des Tathergangs gehört haben, liegt es an ihrer subjektiven Einschätzung der Situation, wie weiter vorgegangen wird. Wem werden sie wohl eher glauben? Der jungen Mutter, die sich den ganzen Tag allein um die beiden kleinen Kinder kümmert und statt Unterstützung nur Vorwürfe erfährt? Vielleicht denken sie, dass Sara sich mit dem Wurf des Schuhs und dem Kratzen nur gegen ihren wütenden Ehemann gewehrt hat. Oder glauben sie dem Mann, der sich mit zwei Jobs abrackert und auch Zuhause durch seine fordernde Frau nicht zur Ruhe kommen kann?

In den meisten Fällen würden die Polizeibeamt*innen sich vermutlich eher auf die Seite der Frau stellen. Die Polizistin empfindet eventuell Solidarität und Mitgefühl für Sara, während der Polizist eine klare Position gegen häusliche Gewalt und somit gegen Johannes als hypothetischen Täter einnehmen möchte. Sie könnten den Mann der Wohnung verweisen oder die Frau mit ihren Kindern in ein Frauenhaus bringen, wo sie sicher vor weiteren Gewalttaten wären. Eine weitere Möglichkeit wäre, den Mann für eine weitere Aussage mit aufs Revier zu nehmen, um der Frau die Zeit zu geben, Kontakt zu einer nahestehenden Person aufzunehmen und dort mit ihren Kindern Unterschlupf zu suchen.

Doch wie wäre die Situation, wenn die Version von Johannes stimmt? Was wäre, wenn er kurz vor einem Burnout steht, nicht zuletzt, weil Sara ihn dort mit ihren Launen, ihrer Aggressivität und ihren Vorwürfen hineintreibt? An wen könnte er sich wenden? Gibt es Männerhäuser oder andere Einrichtungen, die ihm Unterstützung anbieten können? Wo würde ihm geglaubt werden, dass er häuslicher Gewalt ausgesetzt ist? Und wo kann Sara Hilfe bekommen? Was sind die Ursachen für ihre Wutausbrüche und wer kann sie dabei unterstützen, alternative Handlungsstrategien für ihr gewalttätiges Verhalten zu entwickeln? Wo kann sie sich mit anderen Frauen in ähnlichen Problemlagen austauschen, die ebenfalls häusliche Gewalt gegen ihre*n (Ex-)Partner*in ausgeübt haben?

Dieses Fallbeispiel sollte an das Phänomen der häuslichen Gewalt von Frauen in intimen Paarbeziehungen heranführen, welches Thema des vorliegenden Buches ist.

Durch den Fokus auf die bisherige wissenschaftliche und gesellschaftliche Auseinandersetzung mit diesem Problem sowie die kritische Auseinandersetzung mit verbreiteten Vorstellungen über Geschlechterrollen, eine Basis für weitere Ideen geschaffen werden, das Vorkommen häuslicher Gewalt nachhaltig zu beenden. Angesichts der Komplexität des oben beschriebenen Phänomens erscheint es erforderlich, vorab Eingrenzungen zu formulieren, die für dieses Buch gelten sollen. Wie bereits erwähnt, richtet sich das Interesse auf Frauen als Täterinnen. Ihre Gewalt richtet sich an aktuelle oder vergangene Beziehungspartner*innen, auf deren Geschlecht nicht weiter eingegangen wird.[2] Kinder oder andere Familienmitglieder als Gewalt Erfahrende müssen, um den vorliegenden Band zielführend zu gestalten, weitestgehend ignoriert werden. Auf weitere Merkmale der häuslichen Gewalt ausübenden Frauen und ihre Intimpartner*innen, wie Nationalität, Schichtzugehörigkeit, Behinderungen o.Ä. kann in diesem Rahmen ebenfalls

2 Der vorliegenden Arbeit liegt die Annahme zugrunde, dass die sexuelle Ausrichtung einer Person und ihre häusliche Gewaltausübung nicht primär in einem Zusammenhang stehen. Für eine vertiefende Auseinandersetzung vgl. z.B. Ohms, Constance (2007): Gewaltdiskurs und Geschlecht. In: Silke Birgitta Gahleitner, Hans-Joachim Lenz und Ilona Oestreich (Hg.): Gewalt und Geschlechterverhältnis. Interdisziplinäre und geschlechtersensible Analysen und Perspektiven. Weinheim: Juventa-Verl. (Geschlechterforschung), S. 227–236.

nicht näher Bezug genommen werden. Obwohl es für eine adäquate Auseinandersetzung mit dem Thema der häuslichen Gewalt für unabdingbar gehalten wird, auch die Personen, die ihr ausgesetzt sind, umfangreich in den Blick zu nehmen, geschieht auch dies im zu betrachtenden Kontext nur peripher, soweit es als zielführend für die Erfassung des Themas der häuslichen Gewalt von Frauen in intimen Paarbeziehungen gehalten wird.

Bevor Inhalt und Aufbau vorgestellt werden, findet eine Einbettung des beschriebenen Phänomens in den Kontext aktueller gesellschaftspolitischer Debatten rund um die Themen ‚Gewalt und Geschlecht' und ‚Geschlechtergerechtigkeit' statt: Beispielsweise kann eine erhöhte politische und gesellschaftliche Aufmerksamkeit dieser Themen als Folge von LGBTIQ-Bewegungen wahrgenommen werden. Ihre Anhänger*innen setzen sich weltweit für die Rechte von lesbischen, schwulen, bisexuellen, transgender, intersexuellen und queeren Menschen ein, die in einem besonders hohen Maße von Gewalt und Diskriminierung betroffen sind. Dem geltenden Völkerrecht zum Trotz bestehen z.B. nach wie vor in vielen Ländern homophobe Gesetze, die ‚nichtgeschlechtskonforme' Verhaltensweisen unter Strafe stellen. Durch das Engagement der Aktivist*innen können in den letzten Jahren allerdings in vereinzelten Ländern politische Veränderungen verzeichnet werden, die einen besseren Schutz von LGBTIQ-Personen garantieren wollen. (vgl. Jegher 2015, o.S.) Des Weiteren kann festgestellt werden, dass in den vergangenen Jahren eine erhöhte Aufmerksamkeit auf (sexuelle) Gewalt gegen Frauen gerichtet wurde. Als Beispiel können die ‚#MeTooBewegung' sowie der feministische Tanz ‚Der Vergewaltiger bist du', der im Jahr 2019 weltweit wiederholt auf öffentlichen Plätzen performt wurde, genannt werden. Diese regten zu einer weltweiten Auseinandersetzung mit den Themen sexuelle Gewalt gegen Frauen und Gleichberechtigung zwischen Männern und Frauen an. (vgl. Schwarz 2019, o.S.; Peters 2019, o.S.) Demgegenüber lässt sich eine erstarkende antifeministische Männerrechtsbewegung vernehmen. In Deutschland sind z.B. Gruppen wie ‚MANNdat' oder ‚agens' vertreten, die ‚den' Feminismus mit Männerhass gleichsetzen. In der Folge lässt sich ein Geschlechterkampf wahrnehmen, der die Zweigeschlechtlichkeit aufrechterhalten will, wodurch bestimmte Phänomene nicht als soziale Probleme anerkannt und neben polarisierenden Äußerungen in den Hintergrund gerückt werden. (vgl. Hinrich 2012, S. 68ff.) Dies wird bspw. auch in der Thematisierung häuslicher Gewalt von Frauen deutlich (vgl. Enderle et al. 2019, o.S.). Damit sei auf das Thema der häuslichen Gewalt übergeleitet. In Deutschland, wie in anderen Ländern kann in den vergangenen Jahren ein vergrößertes öffentliches und politisches Interesse hinsichtlich des anerkannten sozialen Problems der häuslichen Gewalt gegen Frauen nachgewiesen werden (vgl. Augstein 2013, S. 7ff.). Insbesondere durch die Verabschiedung der Istanbul-Konvention[3], mit der eine gesetzliche Grundlage für die Weiterentwicklung und den Ausbau von Maßnahmen geschaffen wurde, die sich den Themen Gewalt gegen Frauen und häusliche Gewalt widmen, kann ein Meilenstein im Kampf gegen häusliche Gewalt verzeichnet werden (vgl. Rabe 2019, o.S.). Jedoch stellt häusliche Gewalt nach wie vor ein gravierendes Problem dar (vgl. Roßbach und Mayer 2018, o.S.) Dabei fällt auf, dass Frauen als Täterinnen häuslicher Gewalt bislang wenig im öffentlichen Fokus standen (vgl. Hagemann-White 2002a, S. 144f.; Fehlbinger o.J., o.S.). Dem vorliegenden Band liegt die These zugrunde, dass Frauen ebenso wie Männer das Potential zu häuslichen Gewalthandlungen haben. Zusätzlich ist die Beratungs- und Unterstützungsarbeit mit Personen, die (häusliche) Gewalt ausüben als wichtige präventive Säule des Opferschutzes wahrzunehmen. Daher gilt es, Handlungsansätze festzustellen, die die Arbeit mit Frauen, die häusliche Gewalt in ihrer intimen Paarbeziehung ausgeübt haben, stärken und verbessern könnte.

Das Buch gliedert sich in zwei Teile. In Teil I erfolgt eine literaturbasierte Auseinandersetzung mit dem Phänomen der Täterinnenschaft häuslicher Gewalt in intimen Paarbeziehungen. Der Teil II behandelt schließlich die Frage, inwiefern die Arbeit mit dieser Zielgruppe gestärkt und verbessert werden könnte. Die Auswertung erfolgt entlang der Dimensionen ‚Angebote', ‚Vernetzung und Zusammenarbeit', ‚öffentlicher und gesellschaftlicher Umgang', ‚Politik' und ‚wissenschaftliche Auseinandersetzung'. Im Folgenden werden Inhalt und Aufbau des Buches konkretisiert.

Das erste Kapitel nimmt den Begriff ‚häusliche Gewalt' sowie verwandte Begrifflichkeiten in den Blick. Anschließend werden die unter-

3 Nähere Informationen hierzu werden in Kapitel 2.2.2 geliefert.

schiedlichen Formen häuslicher Gewalt erklärt. Daraufhin werden Kontexte häuslicher Gewalt sowie die Bewertung des Phänomens in den Fokus genommen. Das Kapitel schließt mit der Darstellung aktueller Definitionstrends.

Im zweiten Kapitel wird die gesellschaftliche und politische Wahrnehmung häuslicher Gewalt als soziales Problem aus einem historischen Blickwinkel dargestellt. Es erfolgt eine Zusammenfassung der Entwicklungen von Opferschutzmaßnahmen und der Täter*innenarbeit. Dabei wird die Istanbul-Konvention als Novum internationaler Handlungsleitlinien in Bezug auf Gewalt gegen Frauen und häusliche Gewalt gesondert erörtert und auf ihre Schwachstellen hin geprüft.

Die vermutete Prävalenz häuslicher Gewalt von Frauen gegenüber ihren (Ex-)Partner*innen, anhand der Ergebnisse verschiedener Hellfeld- und Dunkelfeld-Studien, ist Thema des dritten Kapitels. Dabei sollen die Schwierigkeiten ersichtlich werden, die derzeit valide Aussagen über das Phänomen der häuslichen Gewalt von Frauen in Intimpartnerschaften verhindern.

Im vierten Kapitel erfolgt die Darstellung des ökologischen Erklärungsmodells zur Entstehung häuslicher Gewalt. Dabei werden diverse mögliche Bedingungsfaktoren auf verschiedenen Ebenen beleuchtet.

Im darauffolgenden fünften Kapitel wird diskutiert inwiefern ein Zusammenhang zwischen tradierten gesellschaftlichen Weiblichkeitsmythen und der unzureichenden Aufmerksamkeit gegenüber häuslicher Gewalt in Paarbeziehungen durch Frauen besteht. Dabei werden auch der eigene Umgang von Frauen, häusliche Gewalt gegen ihre*n Partner*in angewendet haben sowie die mediale Behandlung der Thematik in den Blick genommen.

Das sechste Kapitel behandelt die These der sozial konstruierten Zweigeschlechtlichkeit anhand des Ansatzes des ‚doing gender'. Nach diesem theoretischen Input werden der Zusammenhang zwischen Gewalt und Geschlecht diskutiert und positive Effekte eines sensibilisierten Umgangs mit Geschlechterrollenzuschreibungen hervorgehoben.

Die Vorstellung zweier Konzepte zur Täter*innenarbeit erfolgt im siebten Kapitel. Sie geben einen Einblick in die spezifische Beratungsarbeit mit Personen, die häusliche Gewalt ausüben bzw. ausgeübt haben.

Den Abschluss von Teil I dieses Bandes bildet ein Zwischenfazit. Dabei werden die signifikanten Ergebnisse der literaturbasierten Auseinandersetzung mit dem Phänomen der häuslichen Gewalt von Frauen in Intimpartnerschaften zusammengefasst und zum Teil II übergeleitet.

Der Teil II behandelt den Praxisteil der vorliegenden Arbeit. Das Forschungsinteresse gilt dem Entwicklungspotential von Täterinnenarbeit. Anhand von Leitfaden gestützten Expert*inneninterviews gilt es herauszufinden wie die Arbeit mit Frauen, die häusliche Gewalt in intimen Paarbeziehungen verübt haben, gestärkt und verbessert werden kann.

Zunächst wird in Kapitel neun an diese Methode herangeführt. Dabei werden auch die vorbereitenden Maßnahmen für die vorliegende Untersuchung zusammengefasst.

Im zehnten Kapitel erfolgt die Vorstellung der Interviewpartner*innen. Neben dem Aufzeigen besonderer Randbedingungen, die sich ergaben, werden die Arbeitsansätze der Einrichtungen, in denen die Expert*innen tätig sind, in den Blick genommen.

Die Erhebung und Verarbeitung der Daten werden im elften Kapitel dargestellt. Es erfolgten sechs Interviews mit Expert*innen die per Tonband aufgenommen und im Anschluss transkribiert wurden. Ebenso wurde der Austausch bezüglich der vorliegenden Thematik mit vier Frauen, die an einem Anti Gewalt Training teilnahmen, dokumentiert.

Das transkribierte und dokumentierte Datenmaterial wurde im zwölften Kapitel mit dem Instrument der qualitativen Inhaltsanalyse ausgewertet und diskutiert. Den Abschluss des Kapitels bildet die zusammenfassende Darstellung der Handlungsempfehlungen, die aus dem Datenmaterial abgeleitet werden konnten.

Nach einer Reflexion bezüglich persönlicher Entwicklungen sowie der Aufzählung von Verbesserungsvorschlägen im Falle eines Fortführens der Untersuchung erfolgt ein abschließendes Resümee der Erkenntnisse die anhand der literaturbasierten und praktischen Auseinandersetzung mit dem Phänomen der häuslichen Gewalt von Frauen in intimen Paarbeziehungen gewonnen werden konnten.

I. Theoretische Auseinandersetzung mit dem Phänomen der häuslichen Gewalt von Frauen in intimen Paarbeziehungen

1. Häusliche Gewalt in intimen Paarbeziehungen – Definitorische Annäherung

Das Phänomen ‚häusliche Gewalt' scheint sich eindimensionalen Definitionen zu entziehen. Zum einen, weil die wissenschaftliche wie auch alltagssprachliche Begriffsbestimmung stark von den historisch bedingten Werten und Normen abhängt, die innerhalb einer Gesellschaft vorherrschen. (vgl. Lamnek et al. 2013, S. 11ff.; Peichl 2015, S. 29; Puchert et al. 2004, S. 19) Zum anderen ist die Diskussion über eine einheitliche Definition des Phänomens von unterschiedlichen Perspektiven auf die Thematik beeinflusst. Der US-amerikanische Soziologe Richard Gelles (2002) unterscheidet drei Perspektiven: (1) Die der *Forschung* bzw. *Wissenschaft*, in der eine klare Nominaldefinition angestrebt wird, die auf einer Theorie basiert und dauerhaft sowie valide gemessen werden können sollte. Deshalb wäre hier der Begriff der Gewalt sehr eng gefasst. (2) Mit der *humanistischen* Perspektive wird versucht das ganze Ausmaß von Gewalt zu begreifen. Es wird jegliche Art von Schaden mit einbezogen, der bei einer anderen Person durch Handlung wie Unterlassung entstehen kann und somit die betroffene Person in der Entfaltung des eigenen Entwicklungspotentials hindert. (3) In der *politischen* Dimension wird ein bestimmtes Verhalten im Zusammenhang mit politischen Zielen mit Fokus auf den Einsatz für die Opfer definiert. (vgl. Gelles 2002, S. 1044) Aufgrund der sich wandelnden Werte und Normen innerhalb einer Gesellschaft, sowie verschiedener Perspektiven auf das Phänomen der häuslichen Gewalt, ist daher im deutschsprachigen, wie auch im angloamerikanischen Raum Uneinigkeit über eine angemessene Definition festzustellen bzw. es sind diverse Definitionsansätze vorzufinden, die versuchen, den Begriff näher zu bestimmen und von anderen Bezeichnungen abzugrenzen (vgl. Lamnek et al. 2013, S. 6f.; Wyss 2002, S. 11). Im Folgenden soll deshalb zunächst eine einheitliche Vorstellung über das Phänomen ‚häusliche Gewalt von Frauen gegen ihre Intimpartner*innen' geschaffen werden. Zu Beginn werden Unterschiede in der Bezeichnung aufgezeigt und begründet, weshalb sich hier für den Begriff ‚häusliche Gewalt' (von Frauen in intimen Paarbeziehungen) entschieden wurde. Im Anschluss wird erklärt, was in diesem Band unter dem Begriff ‚Intimpartner*in' bzw. ‚intime Paarbeziehung' zu verstehen ist. An zweiter Stelle werden die unterschiedlichen Formen häuslicher Gewalt expliziert. Im Anschluss wird der Kontext, in dem häusliche Gewalt stattfinden kann, in den Fokus genommen. Dabei wird spezifisch auf das Phänomen der Gewalt in Paarbeziehungen eingegangen. Zum Schluss dieses Kapitels werden zwei für den deutschsprachigen Raum geltende Definitionen zu häuslicher Gewalt wiedergegeben, die auch im vorliegenden Buch als Grundlage dienen sollen.

1.1 Bezeichnungsformen

In der wissenschaftlichen Literatur sind verschiedene Bezeichnungen über Gewalt, die sich innerhalb von Familien abspielt, zu finden. Hierdurch scheint bereits ein erster Faktor gegeben, der eine einheitliche Definition über ‚häusliche Gewalt' erschwert. In der englischsprachigen Literatur liest man bspw. die Ausdrücke ‚family violence' und ‚domestic violence'. Im Deutschen werden analog dazu die Begrifflichkeiten ‚familiale Gewalt' oder ‚Gewalt in der Familie' sowie ‚häusliche Gewalt' oder auch ‚verhäuslichte Gewalt' verwendet. Die unterschiedlichen Bezeichnungen unterliegen aber nicht immer unterschiedlichen Definitionen. (vgl. Godenzi 1994, S. 39) Geht es speziell um Gewalt zwischen Intimpartner*innen, werden synonym z.B. auch die Begriffe ‚Partnergewalt' oder ‚Beziehungsgewalt' angewendet. Durch den historisch bedingten Fokus auf Frauen als Opfer von Gewalt durch ihre Partner, wird im deutschsprachigen Raum vorwiegend von ‚Gewalt gegen Frauen' gesprochen. (vgl. Stövesand 2011, S. 194) Bei der Verwendung dieser Formulierung sollte jedoch beachtet werden, dass ‚Gewalt gegen Frauen' nicht nur häusliche Gewalt meint, sondern auch andere Formen der Gewalt, die sich gegen Frauen richten können, wie bspw. Genitalverstümmelung, Vergewaltigung oder Zwangsverheiratung (vgl. Istanbul-Konvention 2017, Präambel S. 7). Durch die Benutzung dieses Begriffs im Kontext von häuslicher Gewalt zwischen Intimpartner*innen erscheint die Möglichkeit ausgeschlossen, dass Frauen Gewalt ausüben können. Hinsichtlich der Verwendung des Begriffes ‚Gewalt gegen Frauen' liegt demnach ein Klärungsbedarf vor. (vgl. Kavemann 2009, S. 46f.) Auch der Begriff ‚Gewalt im Geschlechterverhältnis' findet in der Literatur zunehmend Anwendung. Mit dieser Bezeichnung wird u.a. impliziert, dass die ausgeübte Gewalt mit der Geschlechtlichkeit von Opfer und Täter*in zusammenhängt. (vgl. Hagemann-White 2008, S. 8) Kavemann (2009) stellt fest, dass Präventions- und Interventionsmaßnahmen maßgeblich davon abhängen, welches Spektrum von häuslicher Gewalt die jeweils verwendeten Begriffe umfassen. Daher ist davon auszugehen, dass durch heterogen verwendete Begrifflichkeiten unscharf bleibt, was unter Gewalterleben und Gewalthandeln gefasst werden kann.[4] (vgl. Kavemann 2009, S, 47)

Im vorliegenden Werk wird der Begriff ‚häusliche Gewalt' präferiert, da hierbei deutlich wird, dass es sich um Gewalt handelt, die sich innerhalb eines Haushaltes abspielt. Die Gewalt kann bei dieser Begriffsverwendung sowohl von Frauen als auch von Männern gegen andere Familienmitglieder wie Partner*innen, Kinder oder Eltern ausgehen. Daher wird der Begriff anlässlich des Themas dieser Bandes konkretisiert, indem von ‚Häusliche Gewalt von Frauen gegen Intimpartner*innen' bzw. ‚Häusliche Gewalt von Frauen in intimen Paarbeziehungen' gesprochen wird. Unter den Bezeichnungen ‚intime Paarbeziehung(en)' bzw. ‚Intimpartnerschaft(en)', die synonym verwendet werden, wird hier jede vor-, außer- oder eheliche Beziehung zwischen zwei erwachsenen Personen verstanden, die zum Zeitpunkt der stattfindenden häuslichen Gewalt in einem gemeinsamen Haushalt leben bzw. gelebt haben.

4 Auf die Problematik der unterschiedlichen subjektiven Bewertungsmöglichkeiten eines gleichen Sachverhalts, wird in Kap. 1.2, Kap. 3 und Kap. 5 erneut Bezug genommen.

1.2 Formen häuslicher Gewalt

In der gängigen Literatur lässt sich ein relativ einheitlicher Konsens darüber finden, in welchen Formen häusliche Gewalt auftreten kann und was unter diesen konkret verstanden werden kann (vgl. z.B. Peichl 2015, S. 31ff.; Gloor und Meier 2003, S. 2f.).

Körperliche bzw. physische Gewalt bedeutet jegliche Handlung, die gegen den Körper des Gegenübers gerichtet ist, wie bspw. mit Händen oder Gegenständen schlagen, beißen, treten, schütteln, mit Gegenständen werfen o.Ä. Auch die Androhung körperlicher Gewalt, um andere Personen zu bestimmten Verhaltensweisen zu veranlassen, kann unter diese Form der physischen Gewalt gefasst werden. Als psychische Gewalt, auch seelische Gewalt genannt, lässt sich jedes Verhalten bezeichnen, welches die psychische Integrität einer anderen Person verletzt bzw. schädigt. Darunter fallen bspw. Demütigung, Stalking, schwere Drohungen, Einschüchterung, soziale Kontrolle, Einschränkung des sozialen Lebens und ähnliche Handlungen, die meistens nicht im Einzelnen, jedoch aufgrund ihrer Wiederholungen als psychische Gewalt zu bewerten sind. Sexuelle Gewalt[5] bezeichnet intime Körperkontakte oder sexuelle Handlungen, die eine Person einer anderen aufzwingt, wodurch diese eine Schädigung und Verletzung erfährt. Wirtschaftliche oder ökonomische Gewalt bezieht sich auf die alleinige Bestimmung über die finanziellen Ressourcen, indem eine Person seinem*ihrem Partner*in bspw. den Lohn wegnimmt, oder auch indem sie ihm*ihr verbietet, eine berufliche Tätigkeit aufzunehmen. (vgl. Peichl 2015, S. 31ff.)

Körperliche Gewalt scheint am einfachsten als solche identifizierbar zu sein, da sich die Folgen leichter erkennen lassen, als bei anderen Formen und diese auch in der alltagssprachlichen Begriffsbestimmung häufig im Fokus steht. Nichtphysische Gewalt hingegen, worunter die anderen Formen gefasst werden können, lässt sich zumeist schwieriger

5 Bis 1997 bezog sich der Tatbestand der Vergewaltigung lediglich auf sexuelle Übergriffe auf weibliche Opfer außerhalb der Ehe. Seit der Einführung des geschlechtsneutral formulierten § 177 StGB können sowohl Männer als auch Frauen per Definition als Opfer oder Täter*in sexueller Gewalt in Partnerschaften identifiziert werden. (vgl. Krahé 2003, S. 370)

nachweisen, kann aber gravierendere Folgen haben. (vgl. Imbusch 2002, S. 38)

1.3 Kontext und Bewertung häuslicher Gewalt

Um den Akt der häuslichen Gewalt in seiner gänzlichen Bedeutung zu erfassen, ist neben den unterschiedlichen Formen sowohl die subjektive Bewertung der beteiligten Personen als auch der Kontext, in dem sie sattfindet, zu beachten. Puchert et al. (2004) stellen fest, dass subjektive Empfindungen der Personen, die häusliche Gewalt erfahren und ausüben, sowie andere äußere Umstände, die die Tat(en) beeinflussen, wiederum ihre eigene Bewertung des Geschehenen beeinflusst. In der Folge können objektiv gleich zu bewertende Akte der Gewalt subjektiv in Bezug auf die Identifikation als solche überhaupt und in Bezug auf die Schwere der Gewalt unterschiedlich bewertet werden.[6] (vgl. Puchert et al. 2004, S. 26)

Unter den Kontext häuslicher Gewalt kann bspw. die Intention der gewaltausübenden Person gefasst werden (vgl. Kavemann 2002, S. 49). Nach Puchert et al. (2004) kann diese entweder instrumentell oder expressiv sein. Unter instrumenteller Intention werden konkrete Ziele verstanden, wie zum Beispiel den eigenen Willen gegenüber einer anderen Person durchzusetzen, Kontrolle über eine Situation oder jemand anderen zu erlangen oder Verfügungsgewalt über bestimmte Dinge zu bekommen. Expressive Gewalt entsteht aus subjektiv empfundener Ohnmacht, Überforderung oder Wut und geschieht eher im Affekt ohne konkrete Zielrichtung. (vgl. Puchert et al. 2004, S. 21)

Da sich das vorliegende Buch auf häusliche Gewalt in Intimpartnerschaften bezieht, erscheint es an dieser Stelle sinnvoll, diese näher zu betrachten. In der Fachliteratur ist spezifisch für diese Art von häuslicher Gewalt die häufig vorgenommene Unterscheidung zwischen situationaler und systematischer Gewalt in Paarbeziehungen vorzufinden. Diese basieren auf verschiedenen Problemsituationen. Die Soziologin-

6 In Kapitel 3 wird darauf noch einmal eingegangen, denn die subjektive Bewertung von häuslicher Gewalt kann die Forschung zu dieser Thematik maßgeblich beeinflussen (vgl. Puchert et al. 2004, S. 26).

nen Gloor und Meier (2003) konkretisieren ‚Gewalt als spontanes Konflikterhalten' und ‚systematisches Gewalt- und Kontrollverhalten'. (vgl. Gloor und Meier 2003, S. 2f.) Diese Differenzierungen sind auf Michael P. Johnson (1995), der als Experte auf dem Forschungsgebiet zu Gewalt in Paarbeziehungen gesehen wird, zurückzuführen[7]. Gewalt als spontan auftretendes, situatives Konfliktverhalten bezeichnet er als ‚common couple violence', ‚intimate partner violence' oder ‚situational couple violence'. Das von Gloor und Meier bezeichnete systematische Gewalt- und Kontrollverhalten nennt Johnson (1995) ‚patriarchal terrorism' oder ‚intimate terrorism'. (vgl. Peichl 2015, S. 21ff.) Spontane, situative Gewalt kann im Kontext von Auseinandersetzungen geschehen, wenn sich die Situation zuspitzt und der zunächst verbale Konflikt entgleitet. Die*der Täter*in wendet nach dieser Auffassung aufgrund von Frustration, Wut und/ oder Stress expressive physische Gewalt an. Das Opfer kann, muss aber in der Situation nicht zwangsläufig gänzlich eine schwächere Position einnehmen. Es kann sich dabei sowohl um ‚leichte' Übergriffe als auch um schwerwiegende Gewaltanwendungen handeln. Die zweite Gewaltform, das systematische Gewalt- und Kontrollverhalten, begrenzt sich nicht auf spontane, affektive Handlungen in gelegentlichen Konfliktsituationen, sondern die*der Täter*in wendet physische oder nichtphysische Gewalt regelmäßig gegenüber ihrem*seiner Partner*in an, um sie*ihn dauerhaft in eine unterlegene Position zu versetzen. Bei physischer Gewalt wird wie bereits in Kapitel 1.2.1 beschrieben, der Körper des Gegenübers angegriffen, indem die betroffene Person geschlagen, getreten, gewürgt oder mit Gegenständen beworfen wird. Unter nichtphysischer Gewalt fassen Gloor und Meier psychische, sexuelle, ökonomische und soziale[8] Ge-

7 Johnson entwickelte außerdem die Theorie über ein weiteres Muster von Gewalthandeln, welches er als ‚vio-lent resistence' bezeichnet. Hiermit ist die Gegenwehr in akuten Gewaltsituationen von Frauen gegen ihre Partner gemeint, denen jahrelange Unterdrückung und Gewalt durch ihren Partner vorangeht. (vgl. Kavemann 2009, S. 49) Dieses Phänomen kann im Rahmen der vorliegenden Buches nicht weiter behandelt werden.

8 Es fällt auf, dass bei Gloor und Meier (2003) soziale Gewalt explizit erwähnt wird (vgl. Gloor und Meier 2003, S. 3). In der Istanbul-Konvention findet diese Erwähnung nicht statt (vgl. Istanbul-Konvention 2017, Art. 3c) und auch z.B. Peichl fasst soziale Gewalt wie sozial isolieren und einsperren unter psychische Gewalt (vgl. Peichl 2015, S. 32f.).

walt zusammen. Physische und nichtphysische Verhaltensweisen verstärken sich nach ihrer Auffassung gegenseitig. Diese beiden unterschiedlichen Kategorien von häuslicher Gewalt sollten bei der Interpretation von Forschungsergebnissen bzgl. dieser Thematik unbedingt Beachtung finden. (vgl. Gloor und Meier 2003, S. 2f.) Darauf wird in Kapitel 3 konkreter eingegangen.

Weitere Aspekte, die besonders bei häuslicher Gewalt in Paarbeziehungen eine Rolle spielen und dementsprechend auch in der Arbeit mit Täter*innen beachtet werden sollten, sind die Dynamik der Gewalt sowie die Art der Beziehung. Es wird davon ausgegangen, dass zumeist eine wechselseitige Abhängigkeit zwischen gewaltausübender und gewalterfahrender Person besteht, was bedeutet, dass sie in der Gewaltsituation zusammenwirken. Diese Abhängigkeit lässt sich auf die Persönlichkeitsmerkmale der betroffenen Personen zurückführen und sollte daher in der Arbeit mit ihnen berücksichtigt werden, um gewisse Muster zu verstehen und letztendlich aufbrechen zu können. (vgl. Gabriel und Wolffersdorff 2006, S. 18) Basierend auf diesen Überlegungen zu Kontext und Bewertung häuslicher Gewalt, kann geschlussfolgert werden, dass ohne Präzisierung der subjektiven Bewertung von erlebter und ausgeführter häuslicher Gewalt unzureichende Erkenntnisse über die Bedeutung von häuslicher Gewalt für die beteiligten Personen gewonnen werden können. Es kann davon ausgegangen werden, dass diese Erkenntnisse darüber einen "Schlüssel für wirksame Intervention und bedarfsgerechten Schutz" (Kavemann 2009, S. 47) darstellen würden.

1.4 Definitionsvorschläge

Im Februar 2018 ist in Deutschland das ‚Übereinkommen des Europarats zur Verhütung und Bekämpfung von Gewalt gegen Frauen und häuslicher Gewalt' als völkerrechtlich bindendes Menschenrechtsinstrument in Kraft getreten. Es verpflichtet alle 33 ratifizierenden Staaten (Stand im Januar 2019) umfassende Maßnahmen zu ergreifen, um Gewalt gegen Frauen und häusliche Gewalt zu bekämpfen. (vgl. Rabe 2019, o.S.) Die der Konvention zugrunde liegende Definition über häusliche Gewalt gilt in Deutschland dementsprechend als rechtsgültige Definition in der politischen Dimension (vgl. Gelles 2002, 1044). In Artikel 3 wird häusliche Gewalt als

> „*alle Handlungen körperlicher, sexueller, psychischer oder wirtschaftlicher Gewalt, die innerhalb der Familie oder des Haushalts oder zwischen früheren oder derzeitigen Eheleuten oder Partnerinnen beziehungsweise Partnern vorkommen* [definiert], *unabhängig davon, ob der Täter beziehungsweise die Täterin denselben Wohnsitz wie das Opfer hat oder hatte*“ (Istanbul-Konvention 2017, Art. 3b).

Die Bundesarbeitsgemeinschaft Täterarbeit Häusliche Gewalt (BAG TäHG)[9] legt folgende Definition fest:

> „*Unter Gewalt wird […] jede zielgerichtete Verletzung der körperlichen, seelischen und sozialen Integrität einer anderen Person verstanden. Häusliche Gewalt kann ein Muster von kontrollierendem Verhalten beinhalten, das ernsthafte und lang anhaltende negative Auswirkungen auf Wohlergehen, Selbstwertgefühl, Autonomie, körperliche und seelische Gesundheit der geschädigten Person haben kann. Häusliche Gewalt beinhaltet physische, psychische, sexualisierte, soziale, emotionale und ökonomische Gewalt, Isolation, Stalking, Bedrohung und Einschüchterung.*“ (BAG TäHG 2018, S. 4)

Die Definition der Istanbul-Konvention gilt in Deutschland seit der Ratifizierung als Handlungsgrundlage politischer Maßnahmen bzgl. häuslicher Gewalt (vgl. Rabe 2019, o.S.). Die Definition des Interessensverbandes BAG TäHG gilt insbesondere für deren Mitgliedseinrichtungen, die mit Täter*innen häuslicher Gewalt arbeiten (vgl. BAG TäHG 2018, S. 3). Es kann festgestellt werden, dass in der Definition der Istanbul-Konvention nicht auf den möglichen Kontext sowie die Auswirkungen der häuslichen Gewalt für die Betroffenen eingegangen wird. Demgegenüber werden in der Definition der BAG TäHG die in Kapitel 1.3 behandelten Differenzierungen häuslicher Gewalt sowie mögliche Auswirkungen aufgegriffen.

Die dargelegten Definitionen gelten auch in diesem Buch als definitorische Grundlage. Bezugnehmend auf vorherige Ausführungen sei jedoch darauf hingewiesen, dass in der praktischen wie theoretischen Verwendung des Begriffes ‚häusliche Gewalt‘ subjektive Selbstverständlichkeiten zum Tragen kommen, die eine heterogene Auseinandersetzung mit diesem Phänomen auf sämtlichen Ebenen bewirken.

9 Auf diese wird in den Kapiteln 2.2.3 und 7.1 konkreter eingegangen.

(vgl. Hagemann-White 2002a, S. 126f.) In der folgenden Auseinandersetzung mit dem Phänomen der weiblichen häuslichen Gewalt wird das Ausmaß sichtbar gemacht.

Mit diesem Kapitel sollte ersichtlich gemacht werden, dass häusliche Gewalt in Intimpartnerschaften bereits in der Bezeichnung und in Definitionsansätzen eine komplexe Heterogenität aufweist. Insbesondere verschiedene Kontexte sowie sich unterscheidende subjektive Bewertungen beteiligter Personen häuslicher Gewalt scheinen eine einheitliche Auffassung zu diesem Phänomen zu erschweren. Die Folgen dieser Problematik werden in den nachkommenden Kapiteln ersichtlich.

2. Die gesellschaftliche und politische Wahrnehmung des Phänomens häusliche Gewalt in Deutschland

Das folgende Kapitel soll erschließen, wie sich in Deutschland die Wahrnehmung des Phänomens der häuslichen Gewalt entwickelte. Zunächst werden kurz die Frauenbewegungen umrissen und erklärt, wie häusliche Gewalt besonders durch ihren politischen Kampf seither als soziales Problem wahrgenommen wird. Im Anschluss werden Strukturen und Prozesse zum Umgang mit häuslicher Gewalt wie auch politische Entwicklungen und zielgruppenorientierte Projekte in den Blick genommen. Ziel ist dabei, ein umfangreiches Verständnis über die Entwicklungen der politischen und sozialen Arbeit auf dem Gebiet der häuslichen Gewalt in Intimpartnerschaften zu schaffen.

2.1 Häusliche Gewalt als soziales Problem

In der Literatur wird bzgl. häuslicher Gewalt teilweise von einer ‚neuen' Form von Gewalt gesprochen. Dabei handelt es sich aber keineswegs um ein neues Phänomen. Dennoch wird häusliche Gewalt erst seit etwa 50 Jahren in der Öffentlichkeit diskutiert und als ein soziales Problem wahrgenommen. (vgl. Lamnek et al. 2013, S. 8) Die wissenssoziologische Perspektive bezeichnet ein soziales Problem als solches, wenn das betreffende Phänomen für mindestens eine Institution oder bestimmte Kreise innerhalb einer Gesellschaft von Interesse ist, materielle oder symbolische Kosten für die Gesellschaft verursacht werden, ein Konsens darüber vorherrscht, dass bestimmte Maßnahmen das Phänomen minimieren oder sogar eliminieren können und es bestimmte Normen verletzt, bzw. als abweichendes Verhalten gilt. Kriterien für abweichendes Verhalten werden ebenfalls gesellschaftlich festgelegt und in einem kulturhistorischen Aushandlungsprozess von Zeit zu Zeit verändert. (vgl. Lamnek et al. 2013, S. 24; Schetsche 2015, S. 2ff.) In Deutschland kann festgestellt werden, dass die Frauenbewegungen ab den 1970er Jahren maßgeblich dazu beigetragen haben, dass häusliche Gewalt als ein soziales Problem politische und gesellschaftliche Aufmerksamkeit erfährt und sich der öffentliche Umgang zugunsten von Frauen, die häusliche Gewalt erfahren haben, veränderte (vgl. Schäfer 2002, S. 201). Es wird davon ausgegangen, dass sich seit dem 17. Jahrhundert in Deutschland und anderen Ländern immer wieder Gruppen von Frauen zusammenschließen, um für mehr Gleichberechtigung zwischen Männern und Frauen zu kämpfen (vgl. Schilling o.J., o.S.). Durch ihre Kampagnen haben die Frauenbewegungen einen maßgeblichen Beitrag zu mehr Geschlechtergerechtigkeit geleistet. Gleichstellungspolitiken und veränderte Gesetze führten in vielen Lebensbereichen von Frauen zu verbesserten Teilhabechancen. (vgl. Gerhard 2012, S. 123f.) In Deutschland können seit dem 18. Jahrhundert drei Wellen von Frauenbewegungen differenziert werden. Besonders die zweite[10] und dritte Welle werden als ausschlaggebend für

10 Während der Zeit der zweiten Frauenbewegung etablierte sich in Deutschland zunehmend die Bezeichnung ‚Feminismus' (vgl. Gerhard 2012, S. 110), weshalb an dieser Stelle ein kurzer Hinweis auf die Unterschiede zwischen den Begriffen ‚Frauenbewegung' und ‚Feminismus' gegeben sei. Gerhard (2013) unterscheidet „[…] zwischen dem historischen Phänomen Frauenbewegung als soziale[…] und politische[…] Bewegung und dem Feminismus als einer Form der Gesellschaftskritik, als Wissensbestand und theoriegeleitete Perspektive" (Gerhard 2013, S. 72) Der Feminismus kann ebenfalls in verschiedene Strömungen aufgeteilt werden, in denen immer das Ziel im Vordergrund steht, sexuelle und geschlechtliche Selbstbestimmung für Alle zu erreichen (vgl. Lenz 2018, o.S.). Ein*e Feminist*in kann, muss aber nicht zu einer Frauenbewegung zugehörig sein (vgl. Gerhard 2013, S. 72). Im Zusammenhang mit den Frauenbewegungen, insbesondere mit den Autonomiebestrebungen vieler Vertreter*innen wird der Begriff Feminismus teilweise mit einer radikalen Färbung verwendet. (vgl. Gerhard 2012, S. 116f.). Radikale Feminist*innen setzen an der Betonung von Geschlechterunterschieden an und fordern Solidarität unter Frauen sowie Widerstand gegen die patriarchale Männerherrschaft (vgl. Lenz 2018, o.S.).

die Entwicklung einer veränderten Sichtweise auf häusliche Gewalt gesehen. Während der zweiten Welle begannen die beteiligten Frauen das Ziel zu verfolgen, sich von männlicher Dominanz zu befreien und weibliche Solidarität zu stärken. (vgl. Hertrampf 2008, S. 2) Dabei wurden auch zum ersten Mal Misshandlungen von Kindern und Frauen durch eigene Familienmitglieder problematisiert und kritisiert. Unter der Parole ‚Das Private ist politisch' wurde häusliche Gewalt zu einem öffentlichen und politischen Diskussionsthema. Es begannen ein bis heute andauernder Kampf gegen häusliche Gewalt und eine öffentliche Solidarisierung mit den betroffenen Personeny. (vgl. Gabriel und Wolffersdorff 2006, S. 26) Das Familienleben steht seither vermehrt im Fokus der Öffentlichkeit. Es ist davon auszugehen, dass die Anhänger*innen der Frauenbewegungen maßgeblich dazu eigetragen haben, dass in Gesellschaft, Politik und Justiz ein veränderter, strengerer Umgang mit gewalttätigem Verhalten innerhalb von Familien stattfindet. (vgl. Lamnek et al. 2013, S. 5) Somit handelt es sich heutzutage in Deutschland, wie auch in vielen anderen Ländern, bei häuslicher Gewalt nicht mehr um ein Phänomen, welches im Privaten stattfindet, sondern Frauenrechtsbewegungen haben die zuvor als legitim geltende Gewalt im familiären Kontext öffentlich thematisiert und zu einem sozialen Problem gemacht. (vgl. ebd., S. 24f.)

2.2 Maßnahmen zur Bekämpfung von häuslicher Gewalt in Deutschland

In Deutschland werden Prävention und Schutz vor Gewalt sowie die Unterstützung von Betroffenen und die Bestrafung gewaltausübender Personen als wesentliche sozialpolitische und menschenrechtliche Ziele gesehen (vgl. Schröttle 2017, S. 12). Im Folgenden wird die bundesdeutsche Entwicklung von Maßnahmen gegen häusliche Gewalt fokussiert. Dabei werden private wie politische Initiativen, die als bedeutsam gelten, sowie ihre dahinterstehenden Intentionen geschildert.

2.2.1 Opferschutz

Nachdem Vertreter*innen der Frauenbewegung in den 1960er und 1970er Jahren begannen, öffentlich gegen häusliche Gewalt von Männern gegen Frauen ein- und aufzutreten, ließen sich in Deutschland bald erste Maßnahmen zum Opferschutz feststellen (vgl. BMFSFJ 2010, S. 5). Im Anschluss an das ‚Internationale Tribunal Gewalt gegen Frauen' in Brüssel wurde in Berlin 1976 das erste Frauenhaus gegründet. Dort sollten weibliche Opfer von häuslicher Gewalt Zuflucht vor ihren gewalttätigen (Ehe-)Partner*innen finden. (vgl. Hertrampf 2008, S. 2) In der Folge entstanden in Westdeutschland weitere Frauenhäuser, Projekte wie z.B. das Notruftelefon sowie andere Vereine und Initiativen, die sich für den Schutz von Frauen, die von häuslicher Gewalt durch ihre Partner*innen betroffen waren, einsetzten. Teilweise wurden die Angebote bereits staatlich subventioniert, teilweise durch private Wohlfahrtsverbände. Nach der Wiedervereinigung erfolgte auch in der ehemaligen DDR der Aufbau von Schutz- und Beratungseinrichtungen für Frauen, die sich häuslicher Gewalt ausgesetzt sahen. (vgl. Augstein 2013, S. 7f.) Mittlerweile können für Frauen, die von häuslicher Gewalt bedroht oder betroffen sind, ungefähr 350 Frauenhäuser sowie rund 600 weitere Beratungs- und Unterstützungseinrichtungen gezählt werden (vgl. Ulrich 2018, o.S.). Obwohl viele Angebote für Frauen, die Opfer häuslicher Gewalt wurden, geschaffen wurden, zeigten verschiedene Studien zunächst keinen zahlenmäßigen Rückgang an den Vorkommnissen häuslicher Gewalt (vgl. Augstein 2013, S. 8). Anfang der 1990er lässt sich daher ein erster Perspektivwechsel in der öffentlichen Diskussion über häusliche Gewalt feststellen. Das Zusammenwirken unterschiedlicher Einrichtungen, Institutionen und Projekte rückte ins Blickfeld. (vgl. BMFSFJ 2010, S. 5) Inspiriert durch das Kooperationskonzept Domestic Abuse Intervention Projekt – DAIP, welches in Duluth, USA entwickelt und erfolgreich umgesetzt wurde, entstand in Deutschland im Jahr 1993 das erste deutsche Kooperations- und Interventionsprojekt gegen häusliche Gewalt, das Berliner Interventionsprojekt BIG e.V. (Berliner Initiative gegen Gewalt an Frauen). Finanziert durch das Bundesfrauenministerium und die Berliner Senatsverwaltung für Frauen, machte sich das BIG als Bundesmodellprojekt von 1995 bis 2000 zum Ziel, alle Behörden und Projekte, die an der Bekämpfung von häuslicher Gewalt beteiligt sind, an einen Runden Tisch zusammenzubringen, um gemeinsam neue Konzepte und Ideen zu entwickeln und umzusetzen. Seitdem lassen sich auf verschiedenen Ebenen diverse positiv zu bewertende Entwicklungen feststellen, die offenbar zu einem verbesserten Opferschutz beitragen. Beispielsweise entstand bereits 1996 in Zusammenarbeit mit dem Runden Tisch der Vorschlag zum Gesetz zum zivilrechtlichen Schutz vor Gewalttaten und Nachstellungen, kurz Gewaltschutzgesetz bzw. GewSchG, welches 2002 in Kraft getreten ist. (vgl. Felbinger o.J., o.S.) Dieses Gesetz gilt als Rechtsgrundlage für polizeiliche und gerichtliche Maßnahmen im Falle von körperlich gewalttätigen Auseinandersetzungen zwischen Paaren, die in einem gemeinsamen Haushalt leben. Wenn Körper, Freiheit oder Gesundheit einer Person durch den*die Partner*in verletzt wird oder damit gedroht wird, ist es Polizeibeamt*innen möglich, Verbote bezüglich Kontaktaufnahme, Näherung und Belästigung auszusprechen. (vgl. BKA 2017, S. 14) Konkret bedeutet dies, dass der*die vermeintlich gewalttätige Partner*in für eine gewisse Zeit der Wohnung verwiesen werden kann, während das Opfer, auch wenn die Person nicht im Mietvertrag aufgenommen wurde, dortbleiben darf (vgl. Matzke 2002, S. 24). Auf der organisationstrukturellen Ebene wurden in bestimmten Institutionen, wie der Polizei, Sonderzuständigkeiten für häusliche Gewalt geschaffen. Zusätzlich wurden Aus- und Fortbildungsangebote integriert. (vgl. BMFSFJ 2010, S. 27) BIG e.V. entwickelte unter anderem Leidfäden für polizeiliche Interventionen bei häuslicher Gewalt und für Ärzt*innen im Umgang mit Patient*innen, die von häuslicher Gewalt sind. In Anlehnung an das erfolgreich umgesetzte Projekt BIG e.V., entstanden in der gesamten Bundesrepublik weitere Kooperations- und Interventionsprojekte sowie Runde Tische, die nach dessen Vorbild arbeiten. Im Jahr 2000 wurde das Bundesmodellprojekt abgeschlossen und BIG e.V. besteht seitdem weiter als ständige Einrichtung, gefördert von der Senatsverwaltung für Wirtschaft, Arbeit und Frauen. Der Verein arbeitet stetig an einer verbesserten Kooperation zwischen allen beteiligten Instanzen in Fällen häuslicher Gewalt. Als ein weiterer Erfolg dahingehend kann z.B. die Einrichtung von ‚BIG Prävention' im Jahr 2006 genannt werden. Dieses Projekt legt den Fokus auf Präventions- und Aufklärungsarbeit für Kinder, Eltern und pädagogische Fachkräfte. (vgl. Felbinger o.J., o.S.) Des Weiteren wurden Interventionsstellen errichtet, deren angestellte Fachkräfte nach Polizeieinsätzen bei häuslicher Gewalt, den betroffenen Personen Beratung anbieten. Durch dieses niedrigschwellige Hilfsangebot sollen noch mehr Personen erreicht werden, die von ihren Intimpartner*innen häusliche Gewalt erfahren. (vgl. Augstein 2013, S. 10) Nachweisbar wurden durch die Kooperations- und Interventionsprojekte konträre Sichtweisen verschiedener Institutionen verschränkt, und durch den interdisziplinären Austausch das Blickfeld aller Beteiligten erweitert (vgl. BMFSFJ 2010, S. 28).

Jedoch kann festgestellt werden, dass BIG e.V. sowie andere Kooperationsprojekte und Opferschutzeinrichtungen den Fokus ihrer Arbeit stark auf Frauen und Kinder als Betroffene häuslicher Gewalt legen. Bezüglich der Wahrnehmung von männlichen Opfern häuslicher Gewalt lassen sich im wissenschaftlichen und gesellschaftlichen Diskurs wenige Indizien finden. (vgl. Poprawa 2018, o.S.) Lediglich vereinzelt können wissenschaftliche Auseinandersetzungen und Beiträge in den Medien zum Thema Männer als Opfer häuslicher Gewalt gefunden werden (vgl. z.B. Gemünden 1996, 2003; Akyol 2009; Poprawa 2018). Initiativen, die sich für Männer einsetzen, denen häusliche Gewalt widerfahren ist, lassen sich in Deutschland ebenfalls wenige finden. Anfang 2000 wurde in Ketzin, Brandenburg das erste Männerhaus errichtet, welches seitdem Männern Zuflucht bietet, die sich häuslicher Gewalt ausgesetzt sehen. Bald darauf folgte das Zweite in Oldenburg. Sie werden allerdings nicht staatlich subventioniert und müssen sich daher über Spenden finanzieren. (vgl. Poprawa 2018, o.S.) Aufgrund dessen, so die Aussagen der Leiter*innen der Einrichtungen, kann der Bedarf nicht gedeckt werden. Die Wohnungen können für zu wenig schutzsuchende Männer, die sich häuslicher Gewalt durch die*den Partner*in ausgesetzt sehen, Platz bieten. (vgl. Schweindt 2012, o.S) Als staatlich unterstützte Initiative kann zunächst das Männerhaus Osterode genannt werden. Als Pilotprojekt war die Subventionierung allerdings zeitlich begrenzt, weshalb die Einrichtung wieder geschlossen werden musste, obwohl ein Bedarf nachgewiesen werden konnte. (vgl. Rordorf 2017, o.S.) Andere Initiativen konnten sich durchsetzen. Beispielsweise werden das Männernetzwerk Dresden e.V. und LEMANN e.V. in Leipzig vom kommunalen Sozialverband Sachsen gefördert und bieten neben Beratung seit 2017 auch Schutzwohnungen für Männer, die vor häuslicher Gewalt fliehen. (vgl. Siegmund o.J., o.S.; Scheinert und Lommatzsch o.J., o.S.) Als neueste Entwicklung in der politischen Auseinandersetzung mit der Thematik der häuslichen Gewalt gegen Männer kann die geplante Zusammenarbeit zwischen den Bundesländern Bayern und Nordrhein-Westfalen genannt werden. Kerstin Schreyer, Sozialministerin und Gleichstellungsbeauftrage von Bayern und Ina Scharrenbach, Ministerin für Heimat, Kommunales, Bau und Gleichstellung von Nordrhein-Westfalen stellten im Juni 2019 ihren Kooperationsplan vor. Sie planen den Aufbau einer Hotline für gewaltbetroffene Männer, sowie den Aufbau von Beratungsangeboten (auch digital) und Schutzeinrichtungen. Des Weiteren wollen sie die gesellschaftliche Aufklärung bzgl. des sozialen Problems der (häuslichen) Gewalt gegen Männer fördern. Die geplante Zusammenarbeit zwischen den beiden Bundesländern wird als ein Meilenstein in der Bekämpfung von häuslicher Gewalt gesehen. (vgl. Bayerisches Staatsministerium für Familie, Arbeit und Soziales 2019, o.S.) Insgesamt wird nach diesen Ausführungen jedoch ein heterogener Umgang und mit männlichen Opfern in Deutschland deutlich. Es sind kaum Anlaufstellen für diese Zielgruppe vorhanden.

Zuletzt sei angemerkt, dass auch homosexuelle Frauen, die häusliche Gewalt durch ihre Partnerin erfahren, größtenteils eine Exklusion aus dem Hilfesystem erfahren. Es kann festgestellt werden, dass Interventionsnetzwerke und Unterstützungseinrichtungen ihr Angebot selten direkt an diese Personengruppe richten. Genauso wenig werden andere Lebensentwürfe wie bspw. Transsexualität angesprochen. (vgl. Ohms 2014, S. 19ff)

2.2.2 Die Istanbul Konvention

Als ein besonders bedeutsamer Entwicklungsschritt in der Bekämpfung häuslicher Gewalt, gilt die Ratifizierung der Istanbul-Konvention (vgl. Rabe und Leisering 2018, S. 7). Aus diesem Grund soll sie an der Stelle näher in den Blick genommen werden, allerdings nicht kritiklos. Das Gesetz zum Übereinkommen des Europarats zur Verhütung und Bekämpfung von Gewalt gegen Frauen und häuslicher Gewalt, kurz die Istanbul-Konvention, wurde 2011 verabschiedet und im Jahr 2017 von Deutschland ratifiziert (vgl. Istanbul-Konvention 2017, Art. 1, 2).

Dieser völkerrechtliche Vertrag verpflichtet Deutschland so wie alle anderen Vertragsländer dazu, umfassende Präventionsmaßnahmen in Bezug auf Gewalt gegen Frauen und häuslicher Gewalt vorzunehmen (vgl. ebd., Kapitel III), Schutz- und Unterstützungsangebote für Opfer (häuslicher) Gewalt bereitzustellen (vgl. Istanbul-Konvention 2017, Kapitel IV), und rechtliche Grundlagen hierfür zu schaffen (vgl. ebd., Kapitel V, VI, VII). Die Konvention gilt in Deutschland als rechtlich bindendes Menschenrechtsinstrument, um jegliche Form von Gewalt gegen Frauen und häusliche Gewalt zu bekämpfen. Diese nicht trennscharfe Unterteilung ist der Tatsache geschuldet, dass es im Europarat zwei gegensätzliche Positionen bzgl. der Ausrichtung der Konvention gab. Während einige Länder einen Fokus auf geschlechtsspezifische Gewalt gegen Frauen forderten, legten andere Wert auf die Fokussierung der Thematik häuslicher Gewalt, welche Männer und Kinder als Opfer und Frauen als Täterinnen miteinschließen würde. In Folge dessen wurden beide Positionen, allerdings mit dem Schwerpunkt auf der Bekämpfung geschlechtsspezifischer Gewalt übernommen. (vgl. Rabe und Leisering 2018, S. 10f.) In Artikel 2 lässt sich z.B. nachlesen, dass das Übereinkommen „Anwendung [findet], auf alle Formen von Gewalt gegen Frauen, einschließlich der häuslichen Gewalt, die Frauen unverhältnismäßig stark betrifft" (Istanbul-Konvention 2017, Art. 2, Abs. 1). Folglich sind in den Forderungen der Konvention bzgl. des Ausbaus an Beratungs- und Unterstützungsangeboten für Opfer von häuslicher Gewalt immer Frauen und Mädchen als Zielgruppe gemeint. Die Länder sind dementsprechend nicht dazu verpflichtet, sondern es wird ihnen lediglich empfohlen, Maßnahmen zum Schutz von Männern und Jungen, die Opfer häuslicher Gewalt werden, zu ergreifen. Des Weiteren kann festgestellt werden, dass im Wortlaut der Istanbul-Konvention an der Zweigeschlechtlichkeit festgehalten wird, obwohl sie das soziale Geschlecht als eine Konstruktion bewertet. An der Stelle stellt sich die Frage, wieso in der Istanbul-Konvention überhaupt zwischen Männern und Frauen unterschieden wird und anhand dieser Tatsache bspw. auch Transmänner, intergeschlechtliche Personen, sowie Schwule, die eigentlich auch in besonderem Maße von Gewalthandlungen betroffen sind, als Zielgruppe ausgeschlossen werden. Diese Problematik wird u.a. von LGBTIQ-Verbänden kritisiert. (vgl. Rabe und Leisering 2018, S. 12) Die Istanbul-Konvention definiert in

Artikel 3 auch, dass es sich bei Gewalt gegen Frauen, einschließlich der häuslichen Gewalt gegen Frauen um eine Menschenrechtsverletzung handelt (vgl. Istanbul-Konvention 2017, Art. 3). Auch hier werden Männer und Jungen als Opfer häuslicher Gewalt ausgeklammert. Demzufolge ist zwar häusliche Gewalt gegen Frauen als Menschenrechtsverletzung zu bewerten, nicht aber häusliche Gewalt, die sich gegen Männer und Jungen richtet. Anhand des geschlechtsspezifischen Fokus in der Konvention scheint als Folge in der Praxis eine Diskriminierung von Personen, die unter häuslicher Gewalt leiden, und in dem Sinne nicht dem weiblichen Geschlecht zugeordnet werden können, naheliegend. (vgl. Rabe und Leisering 2018, S. 12)

Im Sinne des Opferschutzes verlangt die Istanbul-Konvention von den ratifizierenden Staaten auch, dass umfassende Täter*innenprogramme installiert werden. An dieser Stelle sei auf den positiv zu bewertenden Aspekt hingewiesen, dass im entsprechenden Artikel 16 auch Täterinnen als Zielgruppe genannt werden. (vgl. Istanbul-Konvention 2017, Art. 16) Nun bleibt abzuwarten, ob und wie in Deutschland die Forderung, auch Programme für Täterinnen mit staatlicher Unterstützung zu etablieren und auszubauen umgesetzt wird.

Mit der Verabschiedung der Istanbul-Konvention und ihrer Ratifizierung scheint die Bundesrepublik einen äußerst bedeutenden Schritt in der Bekämpfung häuslicher Gewalt getan zu haben, was hier keineswegs denunziert werden soll. Allerdings werden durch die Sprache in der Konvention bestimmte Personengruppen ausgeklammert. Auch wenn Täterinnen häuslicher Gewalt Beachtung finden, verpflichtet die Konvention nicht dazu, Schutzmaßnahmen für nicht-weibliche Opfer häuslicher Gewalt einzurichten und auszubauen. Die Vermutung liegt nahe, dass, wenn nicht-weibliche Opfer häuslicher Gewalt wenig bis keine Beachtung in der Konvention und letztendlich in ihrer Umsetzung finden, auch weibliche Personen, die häusliche Gewalt ausüben selten in das Blickfeld politischer Maßnahmen geraten.

Zuletzt sei darauf verwiesen, dass die Istanbul-Konvention in Artikel 11 alle Vertragsstaaten und somit auch Deutschland dazu verpflichtet, regelmäßig genau aufgeschlüsselte Daten unter anderem bzgl. des Vorkommens von Fällen häuslicher Gewalt zu sammeln (vgl. Istanbul-

Konvention 2017, Art. 11). Inwieweit aktuell die Umsetzung dieses Artikels erfolgt, kann anhand des dritten Kapitels nachvollzogen werden.

2.2.3 Täter*innenarbeit

Der Aufbau vereinzelter Beratungsangebote für Männer, die häusliche Gewalt gegen ihre Partnerinnen verübten, lässt sich schon auf die 1980er Jahre datieren. Aber diese Angebote, sowie der fachliche Austausch darüber und Vernetzungen fanden zunächst eher im Verborgenen statt. (vgl. Gabriel und Wolffersdorff 2006, S. 30f.) Beispielsweise entstand in Hamburg um 1984 die Gruppe ‚Männer gegen Männer-Gewalt®', initiiert durch den Hochschuldozenten Hans-Peter Lütjen. Die Gruppe richtete ein Sorgentelefon ein und warb u.a. über Plakataktionen in U-Bahnen für weitere Mitglieder. In ihren Grundsätzen ist das Postulat der Freiwilligkeit fest verankert. Die ehrenamtlich tätigen Mitglieder der Gruppe bzw. seit 1987 des Vereins, arbeiteten mit Männern aus dem Dunkelfeld, die häusliche Gewalt gegen ihre Partner*innen verübten, mit dem Ziel, an persönlichen Ressourcen anzuknüpfen, um in Zukunft ein gewaltfreies Leben zu erreichen. Auch wurde präventiv gearbeitet und auf diesem Ansatz basierend bspw. das Konzept der ‚verstehenden Jungenarbeit' entwickelt. Joachim Lempert, der ab der Gründung 1988 bis 1998 Geschäftsführer der ‚Kontakt- und Beratungsstelle Männer gegen Männer-Gewalt®' war, entwickelte weitere Konzepte zum Thema häusliche Gewalt, wie z.B. den Gewaltkreislauf[11]. Aus der Erkenntnis resultierend, dass es einer Professionalisierung des Beratungsangebots bedarf, entwickelte er außerdem den Arbeitsansatz ‚Gewaltberatung' und später mit seinem Kollegen Burkhard Oelemann Didaktik und Methodik für die berufsbegleitende Ausbildung ‚integrative Gewaltberatung und Gewaltpädagogik'[12]. Der Selbsthilfegedanke in der Arbeit mit gewalthandelnden Personen rückte in den Hintergrund und das Angebot wurde strukturiert und professionalisiert. Das in diesem Kontext entwickelte Gruppenprogramm ‚Wohin mit meiner Wut' gilt als erstes deutschsprachiges professionelles Trainingsprogramm mit männlichen Tätern häuslicher Gewalt. Der

---

11 Auf diesen Gewaltkreislauf wird in Kapitel 5.4 eingegangen.

12 Dieser Ansatz wird in Kapitel 7.2 behandelt.

Arbeitsansatz der ‚integrativen Gewaltberatung und Gewaltpädagogik' etablierte sich im deutschsprachigen Raum und dient seither in vielen Einrichtungen als Basis für die Arbeit mit gewalthandelnden Personen. (vgl. Bräuer und Rehberg (a) o.J., o.S.) ‚Männer gegen Männer-Gewalt®' hat sich zu einem Netzwerk von über 20 Beratungsstellen in Deutschland, Österreich und der Schweiz etabliert (vgl. Wielsch o.J., o.S.). Die Männerberatungsstelle ‚Männer gegen Männergewalt® ' in Hamburg stellte allerdings Anfang 2017 ihr Angebot aufgrund einer Unstimmigkeit mit der Sozialbehörde ein (vgl. Knödler 2017, o.S.).

Auf der öffentlich politischen Ebene in Deutschland ließ sich lange keine einhellige Meinung darüber finden, wie sich die Arbeit mit Personen, die häusliche Gewalt verübten, gestalten lässt. Juristische Sanktionen wie Geldstrafen bargen die Gefahr, dass letztlich auch die Partner*innen negativ von diesen betroffen sein könnten. (BMFSFJ 2010, S. 24) Als erste alternative politische Maßnahme kann die Einrichtung einer telefonischen Täterhotline genannt werden. Der Gewaltberatungs-Dachverband ‚EUGET' (Europäische Gesellschaft Tätertherapie), der diese Hotline etablierte, wurde vom Daphne I Programm der Europäischen Union von 2000 bis 2005 finanziert. (vgl. Bräuer und Rehberg o.J.(a), o.S.) Nach Beendigung des Projektes wurde die Hotline zu einer dauerhaften Einrichtung in Deutschland, Österreich, Schweiz und Luxemburg ausgebaut (vgl. Lempert und Vogel o.J., o.S.). Die Ziele des BIG e.V. waren zunächst ausschließlich auf die verbesserte Erreichbarkeit und Unterstützung von Frauen, denen häusliche Gewalt widerfahren ist, gerichtet (vgl. Felbinger o.J., o.S.). Durch die starke Vernetzungsarbeit mit anderen Institutionen, wie Polizei und Justiz, die der Verein förderte, verschob sich das Interesse zunehmend auch zu Männern, die Gewalt ausübten. Seit 2002 wird die Täter*innenarbeit vermehrt in Kooperationsprojekte mit einbezogen. (vgl. BMFSFJ 2010, S. 24) Ergebnisse internationaler Projekte, wie das bereits erwähnten DAIP-Kooperationskonzept aus den USA, zeigten, dass in der Arbeit mit häuslich gewalttätigen Personen, die Vernetzung zwischen Justiz, Polizei und psychosozialer Praxis, zielführend für den Schutz der Opfer ist (vgl. Gabriel und Wolffersdorff 2006, S. 30f.). Im Jahr 2008 richtete der Verein BIG e.V. daher den Fachbereich Täterorientierte Intervention ein. An der Stelle sei der Hinweis gegeben, dass auf der Website von BIG e.V. gezielt Männer als Täter und Frauen als

Opfer häuslicher Gewalt benannt werden. Das Ziel dieses Fachbereiches ist es, Angebote für Männer, die gegen ihre Intimpartnerinnen gewalttätig wurden, auszubauen. Sowohl länger andauernde täterorientierte Programme als auch ergänzende Kurzzeitinterventionen sollen Tätern häuslicher Gewalt die Möglichkeit bieten, ihr gewalttätiges Verhalten anzugehen. (vgl. Felbinger o.J., o.S.) Da Täter*innen häuslicher Gewalt entweder von sich aus oder durch justizielle Weisungen zu solchen Programmen gelangen, sei hier kurz auf den Ablauf solcher Weisungen eingegangen. Auf der Ebene von Amts- und Staatsanwaltschaften kann eine Weisung für Personen ausgesprochen werden, die (häuslich) gewalttätig und der Justiz durch eine Anzeige bekannt geworden waren. Die einzelnen Behörden können individuell entscheiden, wen sie für ein Täter*innenprogramm geeignet halten. Stimmt die betreffende Person einem solchen Programm zu und absolviert dieses erfolgreich, erfolgen in der Regel im Anschluss keine weiteren Sanktionen. Andernfalls wird eine Anklage erhoben. (vgl. BMFSFJ 2010, S. 24) Ein weiterer Schwerpunkt des Fachbereiches Täterorientierte Intervention von BIG e.V. stellt den Ausbau eines integratives Kooperationsmodells dar. Neben Fortbildungsangeboten für Instanzen und Behörden, die mit Tätern in Kontakt kommen, beinhaltet dieses Modell auch die parallele Angliederung von Partnerinnen der gewaltausübenden Männer an ein Beratungsangebot. Des Weiteren wirkte der Fachbereich Täterorientierte Intervention an der Entwicklung eines einheitlichen Standards für die Arbeit mit Tätern häuslicher Gewalt mit. (vgl. Felbinger o.J., o.S.) Für die Etablierung dieses Standards[13] gründete sich im Mai 2006 die Bundesarbeitsgemeinschaft Täterarbeit Häusliche Gewalt (BAG TäHG). Auch die BAG TäHG spricht vordergründig Männer als gewaltausübende und Frauen als gewalterfahrende Personen an. (vgl. Hertel et al. o.J., o.S.)

Fachbereiche, Arbeitsgemeinschaften, Standards o.Ä. die sich explizit dem Phänomen der Gewaltausübung von Frauen widmen oder gar auf eine Koppelung an ein Geschlecht verzichten, konnten bis zum Zeitpunkt des Abschlusses des vorliegenden Bandes nicht gefunden wer-

13 Die Inhalte dieses Standards werden in Kap. 7.1 behandelt.

den.[14] Aus diesem Grund wird der Standard sowie weitere Veröffentlichungen der BAG TäHG als richtungsweisend für die Arbeit mit allen Personen, die häusliche Gewalt ausüben, unabhängig ihres Geschlechts, bewertet. Deshalb wird im Folgenden konträr zu den Originalquellen eine gendergerechte Sprache angewendet.

Die Hauptziele der Mitglieder der BAG TäHG sind eine Vernetzung unter den Mitgliedseinrichtungen zu fördern, Standards für Täter*innenarbeit weiterzuentwickeln und auf bundesweiter Ebene umzusetzen, um dadurch die Qualität der Arbeit zu steigern. Weitere Ziele sind unter anderem, die Forschung und Evaluation von Täter*innenarbeit zu fördern, lokale Strategien und Konzepte bzgl. der Umsetzung von Täter*innenarbeit zu diskutieren und weiterzuentwickeln und den Fachaustausch auch auf internationaler Ebene zu fördern. Das Bundesministerium für Familie, Senioren, Frauen und Jugend unterstützt die Evaluation und die Fachtagungen des Vereins. (vgl. Hertel et al. o.J., o.S.) Derzeit (2020) lassen sich 78 Einrichtungen aus Deutschland und der Schweiz zählen, die dem Verein angehören und nach dessen Standard arbeiten. (vgl. Hertel et al. 2019, S. 1) Darunter fallen ebenfalls Einrichtungen, wie bspw. Triade e.V. in Leipzig, die auch Unterstützungsangebote für Frauen in ihren Aufgaben implementiert haben (vgl. Hertel et al. o.J., o.S.). Insgesamt konnten nach eigener Recherche in den jeweiligen Selbstdarstellungen der Mitgliedseinrichtungen im Internet 14 Einrichtungen ausgemacht werden, die nicht nur für Männer, sondern auch für Frauen, die gegen ihre*n Partner*in häusliche Gewalt verübten, Beratung und Anti Gewalt Training offerieren.

In der Stellungnahme der BAG TäHG vom Juni 2019 ist zu entnehmen, dass die Finanzierung von Täter*innenarbeit bei häuslicher Gewalt in den Bundesländern in Deutschland sehr heterogen erfolgt. Des Weiteren wird kritisiert, dass Täter*innenarbeit teilweise nur bei Anbindung an die jeweiligen Justizministerien finanziell subventioniert wird. Dabei erfolgt nur für die Teilnehmenden eine Übernahme der

14 Zum Beispiel wird auch im Abschlussbericht über die ‚Forschungsergebnisse der Wissenschaftlichen Begleitung der Interventionsprojekte gegen häusliche Gewalt', herausgegeben vom BMFSFJ im Jahr 2010, ebenfalls explizit erwähnt, dass die täterorientierten Angebote ausschließlich an Männer gerichtet sind, die gegen ihre (Ex-)Partner*innen häusliche Gewalt verübten (vgl. BMFSFJ 2010).

Kosten, die aufgrund einer justiziellen Weisung in einem Täter*innenprogramme sind. Allerdings ist dies nur bei 20–30 % der Klient*innen der Fall. Bei den restlichen 70–80 % der Klient*innen erfolgt die Aufnahme in ein Täter*innenprogramm freiwillig. Daher empfehlen die Vertreter*innen der BAG TäHG, die Finanzierung der Täter*innenarbeit aufgrund des präventiven Ansatzes bei den jeweiligen Innenministerien der Bundesländer zu verankern. Zudem wird eine Verbesserung der Zusammenarbeit mit der Polizei für zielführend gehalten. (vgl. Hertel et al. 2019, S. 2ff.) Zuletzt sei auf die Bemerkung von Gemünden (2003) hingewiesen, dass sich bei häuslicher Gewalt in intimen Paarbeziehungen Personen gegenüberstehen, die durch Liebe, Intimität und eine gemeinsame Vergangenheit miteinander verbunden sind und die Gewaltausübung zum partnerschaftlichen Kommunikationsprozess gehört (vgl. Gemünden 2003, S. 334f.). Auch im österreichischen Gewaltbericht von 2001 konnte festgestellt werden, dass besonders Männer, die von ihren Intimpartnerinnen häusliche Gewalt erfahren, relativ selten die Beziehung beenden (vgl. Cizek et al. 2002, S. 295f.). Daher scheint es unabdingbar, nicht nur Opfern, sondern auch Täter*innen häuslicher Gewalt Unterstützungsangebote zur Bearbeitung ihrer spezifischen Probleme zu offerieren, um in Zukunft eine gewaltfreie Beziehung für alle Beteiligten zu ermöglichen.

Zusammenfassend lassen sich in Deutschland seit der öffentlichen Sichtbarmachung des Phänomens der häuslichen Gewalt positiv zu bewertende Entwicklungen feststellen, um dieses Problem anzugehen. Insbesondere Maßnahmen zum Schutz von Frauen, die häuslicher Gewalt ausgesetzt sind, werden stetig hinsichtlich der Quantität und Qualität ausgebaut. An einigen Stellen scheint aber auch noch Verbesserungsbedarf zu bestehen. Beispielsweise lassen sich drastisch weniger Unterstützungsangebote für männliche Opfer häuslicher Gewalt finden, obwohl der Bedarf vorhanden zu sein scheint. Auch Frauen, die durch ihre Partnerin häusliche Gewalt erfahren haben, werden selten als Zielgruppe angesprochen. Des Weiteren konnte festgestellt werden, dass Täter*innenarbeit im Vergleich zum Auf- und Ausbau von Opferschutzmaßnahmen spät ins öffentliche und politische Blickfeld gerückt ist. Neben Angeboten für Personen, denen häusliche Gewalt widerfahren ist, kann davon ausgegangen werden, dass es für die Gewährleistung ihres permanenten Schutzes unbedingt notwendig ist, auch mit Täter*innen an ihrem Verhalten zu arbeiten. Aus diesem Grund lässt sich das Beratungs- und Trainingsangebot für Verursacher*innen häuslicher Gewalt insgesamt als äußerst ausbaufähig bewerten. (vgl. Hagemann-White 2002a, S. 144f.) Aufgrund der heteronormativen Ausrichtung vorhandener Strukturen bzgl. der Opfer- und Täter*innenarbeit lassen sich dabei insbesondere für Frauen, die häusliche Gewalt in ihrer intimen Paarbeziehung ausgeübt haben wenig Angebote feststellen.

3. Aktuelle Studien

Wie bereits im vorangegangenen Kapitel thematisiert, ist in Deutschland ein vermehrtes Unterstützungsangebot für Frauen zu finden, die sich als Betroffene häuslicher Gewalt durch ihre Partner wahrnehmen. Im Bereich der Täter*innenarbeit richtet sich der Fokus fast ausschließlich auf Männer und eher in seltenen Fällen auf Frauen. Auch in Bezug auf die Forschung und die öffentliche Diskussion zum Thema häusliche Gewalt lässt sich feststellen, dass Theoretiker*innen sich eher auf weibliche Opfer und männliche Verursacher konzentrieren, während Männer, die häusliche Gewalt in intimen Paarbeziehungen erfahren und Frauen, die diese verüben, als vermeintliche Ausnahmeerscheinungen häufig in den Hintergrund treten. (vgl. Hagemann-White 2002b, S. 33) Zudem lässt sich insgesamt eine heteronormative Ausrichtung in Bezug auf die sexuelle Orientierung feststellen (vgl. Ohms 2014, S. 22). Es stellt sich die Frage, ob es sich bei weiblicher Gewalt in Intimpartnerschaften tatsächlich um Ausnahmeerscheinungen handelt. Im vorliegenden Kapitel wird dahingehend die öffentliche Wahrnehmung und Behandlung von Forschungsergebnissen kritisch in den Blick genommen. Zunächst werden unterschiedliche Herangehensweisen bei Untersuchungen erklärt, die eine Vergleichbarkeit von Ergebnissen zumeist unmöglich machen. Für ein vertiefendes Verständnis werden im Anschluss beispielhaft drei Untersuchungen vorgestellt, die u.a. einen Fokus auf häusliche Gewalt von Frauen in Intimpartnerschaften gesetzt hatten. Zuerst wird die US-amerikanische Conflict Tactics Scale (CTS), die in den 1970er Jahren entwickelt wurde, vorgestellt. Sie hat die Diskussion über weibliche Gewalt maßgeblich beeinflusst (vgl. Gemünden 2003, S. 336f.) und ist daher als besonders relevant zu betrachten. In der Folge werden die Ergebnisse der Pilotstudie ‚Gewalt gegen Männer' aus dem Jahr 2004 zusammengefasst. Zum Vergleich werden die Sonderauswertungen zu Gewalt in Intimpartnerschaften der Studie ‚Lebenssituation, Sicherheit und Gesundheit von Frauen in Deutschland' herangezogen. Zum Schluss erfolgt die Darstellung der Ergebnisse der polizeilichen Kriminalstatistik (PKS) bzgl. häuslicher Gewalt in Paarbeziehungen. Während die anderen Studien sogenannten Dunkelfelduntersuchungen zuzuordnen sind, dient die PKS als Beispiel für eine Hellfelduntersuchung. Das Ziel dieses Kapitels ist, die zuvor erklärte Heterogenität der Herangehensweisen in Untersuchungen sichtbar zu machen, wodurch sich differierende Ergebnisse entstehen.

3.1 Heterogenität von Untersuchungen zum Thema der häuslichen Gewalt von Frauen in intimen Paarbeziehungen

Seit etwa 1970 werden empirische Untersuchungen zum Thema ‚häusliche Gewalt' durchgeführt (vgl. Kavemann 2002, S. 42). Die Daten werden international entweder durch klinische, meist nur stichprobenartige Studien von Berater*innen, Psycholog*innen oder Psychiater*innen, durch offizielle Berichte aus Krankenhäusern oder Strafverfolgungsbehörden oder durch verschiedene sozialwissenschaftliche Untersuchungen gewonnen. Die Ergebnisse dieser Untersuchungen weichen allerdings häufig stark voneinander ab und können auch kaum miteinander verglichen werden. Die Gründe hierfür basieren auf gravierenden Unterschieden in den Messungen. Neben uneinheitlichen Definitionen über das Phänomen der häuslichen Gewalt in intimen Paarbeziehungen, lassen sich außerdem verschiedene Herangehensweisen zur Erfassung der Vorkommnisse feststellen. (vgl. Gelles 2002, S. 1045ff.) Die Herangehensweisen unterscheiden sich z.B. in den konkreten Forschungszielen, den Fragestellungen, den angewandten Methoden zur Befragung sowie den Umständen der Befragung oder den Zielgruppen sowohl bezüglich Alter und Geschlecht als auch bezüglich ihres Kontextes[15]. Des Weiteren können die Gewaltformen, die erhoben werden und die subjektive Bewertung derer sowie der berücksichtigte Zeitraum der Gewalthandlungen und die Erfassung von Kontext und Motivation der häuslichen Gewalt variieren. (vgl. Kavemann 2002, S. 43) Wyss (2002) stellt außerdem vielzählige methodische Mängel in Befragungen fest, die zu nicht repräsentativen Ergebnissen führen können (vgl. Wyss 2002, S. 14). Es sei auch darauf hingewiesen, dass sich Studien über die Quantität bestimmter Ereignisse durch die Indikatoren Inzidenz und Prävalenz unterscheiden. Während bspw. in Kriminalstatistiken die Inzidenzrate festgehalten wird – sprich die Zahl bekanntgewordener Fälle innerhalb eines festgelegten Zeitraumes (in diesem Fall ein Kalenderjahr) – wird bei der Prävalenz, die in den meisten Studien über Opfererfahrungen und Täter*innenhandlungen häuslicher Gewalt erhoben wird, danach gefragt, wie viele Personen überhaupt schon einmal in ihrem Leben häusliche Gewalt in Intimpartnerschaften erlebt oder ausgeübt haben. Auch darauf sollte bei der Verwendung bestimmter Untersuchungsergebnisse geachtet werden. (vgl. Krahé 2003, S. 370f.) Diese Unterschiede machen es nahezu unmöglich, die bisherigen Studien und Statistiken bzw. ihre Ergebnisse zum Thema der häuslichen Gewalt miteinander zu vergleichen (vgl. Kavemann 2002, S. 43). Ein besonderes Augenmerk ist zusätzlich auf die Unterschiede zwischen Hellfeld- und Dunkelfelduntersuchungen zu richten. Diese werden im Folgenden Abschnitt erklärt.

3.2 Dunkelfeld und Hellfeld

Dunkelfelduntersuchungen sind „Studien, in denen häusliche Gewalt unabhängig davon gemessen wird, ob sie öffentlich gemacht wird oder nicht“ (Bock 2002, S. 28). In sogenannten Familienkonfliktstudien werden mittels Fragebögen oder Interviews Populationsbefragungen durchgeführt, um bzgl. bestimmter Fragestellungen zu häuslichen Gewalterfahrungen repräsentative Zahlen zu erheben (vgl. Peichl 2015,

15 Zum Beispiel kann es sich dabei um Insassen von Strafanstalten, Frauenhausbewohnerinnen oder Student*innen oder auch um einen repräsentativen Bevölkerungsdurchschnitt handeln (vgl. Kavemann 2002, S. 43).

S. 11). Ihre Daten können als unausgelesene Fälle häuslicher Gewalt bezeichnet werden (vgl. Bock 2002, S. 28). In Deutschland lassen sich bislang sehr wenige Dunkelfelduntersuchungen bzgl. der Prävalenz von häuslicher Gewalt in Intimpartnerschaften, die von Frauen ausgeht, finden. Bei der Betrachtung von Untersuchungsergebnissen aus anderen Ländern kann in etwa eine gleich häufige Prävalenz von häuslicher Gewalt in Paarbeziehungen von Männern wie Frauen festgestellt werden.[16] (vgl. Vogl 2009, S. 29) Daneben repräsentieren bspw. polizeiliche Anzeigenstatistiken das sogenannte Hellfeld (vgl. Wyss 2002, S. 12f.). Ihre Ergebnisse hängen stark von der Anzeigebereitschaft der betroffenen Personen ab. Diese kann von verschiedenen Faktoren, wie Misstrauen gegenüber Behörden, Scham o.Ä. beeinflusst sein. Deshalb ist bei den Hellfelduntersuchungen insgesamt von einer großen Dunkelziffer auszugehen. (vgl. Krahé 2003, S. 370; Wyss 2002, S. 13) Gemünden (2003) vermutet bspw., dass in etwa nur jede 20. Gewalttätigkeit in Intimpartnerschaften der Polizei gemeldet wird (vgl. Gemünden 2003, S. 347). Bundesfamilienministerin Franziska Giffey geht davon aus, dass die Dunkelziffer um das Fünffache höher ist als in der PKS ersichtlich wird (vgl. Roßbach und Mayer 2018, o.S.).

Zusätzlich kann aber davon ausgegangen werden, dass die inneren und äußeren Hürden von Männern, häusliche Gewalterfahrungen öffentlich anzusprechen und anzuzeigen oder sich beraterische Unterstützung zu suchen, deutlich größer ist als bei eiblichen Opfern (vgl. Bock 2002, S. 30). Diese These kann z.B. des österreichischen Gewaltberichts aus dem Jahr 2001 bestätigt werden, dem entnommen werden kann, dass Frauen eher eigene häusliche Gewalterfahrungen anzeigen, als Männer (vgl. Cizek et al. 2002, S. 287f.). Die Hürden bei Männern, eine Anzeige zu stellen, entstehen laut Bock (2002) dadurch, dass gleiches Verhalten von Mann und Frau aufgrund bestimmter gesellschaftlicher Rollenverständnisse – auf die in Kapitel 5 detaillierter eingegangen wird – unterschiedlich wahrgenommen und bewertet wird. So wird in der Fachliteratur häufig die These aufgestellt, dass Männern, die Opfer häuslicher Gewalt werden, zumeist nicht geglaubt wird oder sie gar ausgelacht werden. (vgl. Bock 2002, S. 30) Im Gegensatz dazu

16 Debatten, die sich um den Wahrheitsgehalt solcher Studien drehen, werden in Kapitel 3.3.1 behandelt.

kann festgestellt werden, dass Frauen in ihrer Opferrolle von Anderen eher akzeptiert werden. Wie bereits in Kapitel 2 behandelt, stoßen sie auf ein breiteres Feld an Unterstützungsangeboten. Diese sind darauf ausgerichtet, ihnen neue Lebensperspektiven zu ermöglichen und ihre seelische, juristische, soziale und ökonomische Lage zu verbessern. Demgegenüber lassen sich in der Bundesrepublik verhältnismäßig wenige Einrichtungen finden, die ein entsprechendes Angebot an Männer richten, die häuslicher Gewalt entkommen möchten. Es ist also davon auszugehen, dass einerseits die Furcht vor den beschriebenen Reaktionen Anderer und andererseits fehlende Unterstützungsangebote dazu führen, dass männliche Opfer häuslicher Gewalt sich seltener an öffentliche Behörden und Expert*innen wenden als weibliche. Tun sie es doch, kann in zweiter Linie die moralische Beurteilung der Gewaltakte durch Andere, die Hellfeldstudien und -statistiken beeinflussen. Hiermit ist die bereits erwähnte Bagatellisierung von Gewalt, die von Partnerinnen ausgeht, gemeint. Zum Beispiel können Polizist*innen konträr zu einem Sachverhalt handeln und Fälle häuslicher Gewalt von Frauen nicht als solche verzeichnen. (vgl. Bock 2002, S. 30; Peichl 2015, S. 11; Gabriel et al. 2007, S. 42ff.) Folglich können Hellfeldstatistiken nicht nur insgesamt keine repräsentativen Ergebnisse bieten, sondern es kann davon ausgegangen werden, dass die Dunkelziffern von Männern, die häusliche Gewalt erfahren und Frauen, die häusliche Gewalt ausüben im Verhältnis weitaus höher sind, als die Dunkelziffern von gewaltausübenden Männern und gewalterfahrenden Frauen (vgl. Bock 2002, S. 30). Dennoch werden in der Öffentlichkeit vordergründig Ergebnisse von klinischen Studien oder Kriminalstatistiken – also von sogenannten Hellfelduntersuchungen von Krankenhäusern, der Polizei, sozialen Einrichtungen o.Ä. – bekanntgemacht und diskutiert. Dieser Aspekt wird in der wissenschaftlichen Auseinandersetzung bzgl. statistischer Zahlen zu häuslicher Gewalt häufig kritisiert. (vgl. Bock 2002, S. 27f.; Gemünden 2003, S. 333ff.; Peichl 2015, S. 10f.) Denn dadurch, dass lediglich ausgelesene Fälle von tatsächlichen oder angeblichen Gewalterfahrungen – die in Wahrheit also nur einen Ausschnitt des gesamten Ausmaßes repräsentieren – in den Blick genommen werden, kann davon ausgegangen werden, dass ein verzerrtes Bild der Realität geschaffen wurde bzw. stetig reproduziert wird. Um zu einem realitätsnäheren Ergebnis bzgl. des Vorkommens von häuslicher

Gewalt in Intimpartnerschaften insgesamt und im Speziellen ausgehend von Frauen zu kommen, erscheint es daher unabdingbar, in der wissenschaftlichen sowie öffentlichen und politischen Auseinandersetzung mit der Thematik, Dunkelfeldstudien heranzuziehen sowie sekundäranalytische Arbeiten, die diese hinterfragen und zusammenfassen. (vgl. Bock 2002, S. 27ff.) Insgesamt kann ein Mangel an adäquaten, repräsentativen Forschungen zu Gewalt von Frauen in Intimpartnerschaften bzw. Gewalt gegen Männer festgestellt werden (vgl. Cizek et al. 2002, S. 277f.).

3.3 Vorstellung dreier Untersuchungen

Im vorangegangenen Abschnitt wurde ersichtlich gemacht, inwiefern es gefährlich ist, verschiedene Untersuchungen zu vergleichen. Nun sollen verschiedene Forschungsergebnisse zusammengefasst werden, die in der Debatte zum Thema der häuslichen Gewalt von Frauen in intimen Paarbeziehungen eine Rolle spielen.

Zunächst wird die CTS-Methode aus den USA vorgestellt. Sie entfachte eine bis heute andauernde Diskussion über die Existenz und das Ausmaß von häuslicher Gewalt von Frauen gegen Intimpartner*innen (vgl. Gemünden 2003, 336f.). In Deutschland gelten die Pilotstudie ‚Gewalt gegen Männer' sowie die repräsentative Untersuchung zu Gewalt gegen Frauen in Deutschland im Auftrag des BMFSFJ als zentrale Quellen für die Erfassung von häuslicher Gewalt zwischen Intimpartner*innen (vgl. Schröttle 2017, S. 1). Die Ziele, Inhalte und Forschungsergebnisse der Pilotstudie werden in Kapitel 3.3.2 zusammengefasst und peripher mit den Untersuchungsergebnissen zu Partnergewalt gegen Frauen verglichen. Zum Schluss erfolgt eine Betrachtung der polizeilichen Kriminalstatistik aus dem Jahr 2017. Sie repräsentiert unter anderem das Hellfeld von Vorfällen häuslicher Gewalt in Deutschland.

Mit der Vorstellung dieser unterschiedlichen Untersuchungen soll zum einen verdeutlich werden, welche Aspekte klare Aussagen über Vorkommen und Schwere häuslicher Gewalt verhindern. Zum anderen soll das Vorhandensein häuslicher Gewalt von Frauen gegen ihre

(Ex-)Partner*innen ersichtlich werden, auch wenn keine konkreten Zahlen dazu genannt werden können.[17]

3.3.1 Die CTS-Studie und ihre Folgen

Bereits 1975 wurde in den USA eine erste repräsentative Dunkelfeldstudie über Gewalt in Familien veröffentlicht, deren Ergebnis war, dass Frauen annähernd so häufig häusliche Gewalt ausüben, wie Männer.[18] Die Forscher*innen und Soziolog*innen Murray Straus, Richard Gelles, und Suzanne Steinmetz[19] führten dabei mit ihrer eigens und als Forschungsinstrument entwickelten Konflikttaktikskala (kurz: CTS, bzw. seit 1996 existiert die revidierte Version CTS2 (vgl. Krahé 2003, S. 371)) amerikaweit 2.341 Befragungen durch und entfachten damit die bis heute andauernde Debatte über die Existenz häuslicher Gewalt, die von Frauen ausgeht. In den 80er Jahren wurden weitere Untersuchungen mit der CTS sowie eine Nachuntersuchung von Straus et al. (1985) selbst, mit einem nahezu dreimal so großen Sample (6.002 Befragte) durchgeführt. Diese brachten fast durchgehend ähnliche Ergebnisse hervor. Gemünden (2003) hält es bei der Konflikttaktikskala für entscheidend, dass faktisches Verhalten erhoben und dadurch verhindert wurde, dass die Antworten der Befragten durch subjektive Bewertungen von Handlungen verändert sind. Es ließ sich feststellen, dass

17 Im vorliegenden Werk wird lediglich auf geschlechterdifferenzierende Studienergebnisse eingegangen. Weitere Studien, die die Zusammenhänge von häuslicher Gewalt und anderen Merkmalen von Personen, wie bspw. Migrationshintergrund oder Behinderung untersucht haben, können in diesem Rahmen nicht berücksichtigt werden. Zur weiteren Vertiefung vgl. z.B. Schröttle (2017).

18 Bei 27% der Paare, bei denen Gewalt schon einmal vorkam, war nur der Mann gewalttätig, bei 24% nur die Frau und bei 49% waren die Partner*innen wechselseitig gewalttätig (vgl. Gemünden 2003, S. 335).

19 Die Soziologin Suzanne Steinmetz erregte in den Folgejahren weitere breite Aufmerksamkeit durch diverse Publikationen zum Thema der häuslichen Gewalt von Frauen gegen Männer wie bspw. den Aufsatz ‚The Battered Husband Syndrome'. Im Zuge der gerade erst begonnenen öffentlichen Thematisierung der häuslichen Gewalt von Männern gegen Frauen entstanden bereits in den 1970er Jahren Diskussionen darüber welches Geschlecht mehr als Opfer und welches mehr als Täter*in zu identifizieren sei. Damals wie heute scheint dies streng an politische Subventionen entsprechender Hilfseinrichtungen gekoppelt zu sein, weshalb sich Steinmetz aufgrund ihrer ‚provokanten' Veröffentlichungen massiven Drohungen ausgesetzt sah. (vgl. Cizek et al. 2002, S. 275f.)

Handlungen, die innerhalb der CTS als Gewalttaten gelten, von Männern – eher als von Frauen – subjektiv nicht als solche bewertet werden. (Gemünden 2003, S. 335ff.) Auch in Deutschland wird die CTS-Methode in vereinzelten Datenerhebungen – wie z. B. der Studie ‚Schläge in jeder dritten Familie' von Luetke und Lamnek (2002), die das Vorkommen häuslicher Gewalt in bayerischen Familien analysiert – angewendet. Die Befragung von 2.008 Haushalten ermittelte 5,9% Partnerschaften, in denen es zu physischen Gewalthandlungen kam, wobei insgesamt sogar mehr Männer (6,0%) als Frauen (2,7%) angaben, schon einmal Opfer davon gewesen zu sein. (vgl. Luedtke und Lamnek 2002, S. 9; Krahé 2003, S. 371) Gemünden (2003) stellt allerdings fest, dass die Ergebnisse der CTS-Studien in der wissenschaftlichen Debatte bzgl. der Thematik der häuslichen Gewalt, wenig ernst genommen wurden. Es finden sich kaum weitere Forschungen, in denen bspw. qualitative Interviews mit männlichen Opfern zu ihren Erfahrungen durchgeführt wurden. Des Weiteren versuchten verschiedene Autor*innen die Zahlen mit Ergebnissen aus anderen Untersuchungen, wie Kriminalstatistiken zu widerlegen. (Gemünden 2003, S. 336.) Wie bereits erklärt, ist es jedoch nicht möglich, solch unterschiedliche Untersuchungen miteinander zu vergleichen (vgl. Kap. 3.1; Kap. 3.2). Zusätzlich wurde die CTS-Methode dahingehend kritisiert, dass dem jeweiligen Kontext der Gewaltanwendungen in der Darstellung der Ergebnisse keine Beachtung geschenkt würde und dass Ergebnisse systematisch zum Nachteil der Frauen verzerrt würden. Obwohl diese Vorwürfe weitgehend entkräftet werden konnten bzw. die CTS diesbezüglich korrigiert wurde, lassen sich in der wissenschaftlichen und öffentlichen Debatte seither unterschiedliche Standpunkte und Argumentationsweisen finden, die die Repräsentativität dieser und ähnlicher Studien in Frage stellen. Sowohl die von den Befragten angegebene Intensität als auch die Häufigkeit häuslicher Gewaltausübung von Frauen wird hinterfragt. Auch werden vermeintliche Unterschiede bzgl. der Folgen für Männer oder Frauen als Opfer von häuslicher Gewalt durch den*die Intimpartner*in kontrovers diskutiert. (vgl. Peichl 2015, S. 11f.; Gemünden 2003, S. 336f.)

In den Diskussionen kann ein gewisses Konkurrenzdenken zweier Fronten ausgemacht werden. Auf der einen Seite lassen sich Personen verorten, die anhand von Studien bei beiden Geschlechtern eine gleiche Bereitschaft sowie ein zahlenmäßig similäres Vorkommen der häuslichen Gewalt beweisen wollen. In emotional aufgeladenen Beiträgen erklingt häufig der Vorwurf, dass politische und rechtliche Maßnahmen zur Unterstützung weiblicher Opfer häuslicher Gewalt, das Leid von Männern, die häusliche Gewalt erfahren, ignorieren. Auf der anderen Seite befinden sich Kritiker*innen, die eine Geschlechtersymmetrie bei situativer häuslicher Gewalt in Frage stellen. Sie werfen ihren Gegner*innen eine antifeministische Haltung vor. (vgl. Kavemann 2009, S. 46) Sie scheinen teilweise auch eine vermutlich nicht unbegründete Furcht vor der Relativierung der patriarchalen häuslichen Gewalt von Männern gegen Frauen zu haben (Peichl 2015, S. 12.). In diesem Werk kann und soll diese Diskussion nicht aufgelöst werden. Wie bereits erklärt, lassen sich viele Aspekte finden, die den Vergleich unterschiedlicher Untersuchungen erschweren. Zudem wird sich hier von Vergleichen zwischen der Gewaltausübung von Männern und Frauen distanziert. Es wird die Meinung vertreten, dass Opfer und Verursacher*innen häuslicher Gewalt unabhängig ihres Geschlechts wahr- und ernst zu nehmen sind. Frauen und Männer können je nach Kontext als verletzungsoffen oder verletzungsmächtig identifiziert werden, weshalb Frauen genauso wie Männer häusliche Gewalt ausüben können (vgl. Kavemann 2009, S. 46). Mit der Vorstellung der CTS-Studie wurde der historische Beginn der Forschung bzgl. häuslicher Gewalt, die von Frauen ausgeht und gegen Männer gerichtet ist, sowie die dadurch entstandene, emotional aufgeladene Diskussion über Häufigkeit und Schwere weiblicher häuslicher Gewalt, die bis heute andauert, aufgezeigt. Es sollte erkenntlich werden, dass es äußerst schwer ist, dahingehend valide Aussagen zu treffen.

3.3.2 Pilotstudie ‚Gewalt gegen Männer'

Obwohl mittlerweile von einigen Expert*innen davon ausgegangen wird, dass ein großes Dunkelfeld an Fällen von häuslicher Gewalt gegen Männer verzeichnet werden kann, existieren dazu nach wie vor kaum belastbare Studien. In Deutschland wurde als größere Untersuchung lediglich die Pilotstudie ‚Gewalt gegen Männer' durchgeführt, die 2004 vom Bundeministerium für Familie, Senioren, Frauen und Jugend (BMFSFJ) in Auftrag gegeben wurde. (vgl. Siegel 2014, o.S.) In dieser Studie wird insgesamt das Thema ‚Gewalt gegen Männer' im häuslichen wie auch im außerhäuslichen Bereich behandelt. Puchert et al. (2004) nennen als zentrales Ziel der Studie, bisher kaum wahrgenommene Gewaltwiderfahrnisse von Männern sichtbar zu machen, um so dazu beizutragen, dass es in Zukunft mehr Geschlechtergerechtigkeit und weniger Gewalt gibt. Dafür wurden sowohl qualitative Interviews durchgeführt als auch quantitative Erhebungen vorgenommen. Folglich wurden nicht nur Inzidenz und Prävalenz von Gewalterlebnissen erfragt, sondern der Fokus lag auch auf der subjektiven Bewertung der Interviewpartner über diese Erfahrungen. Eine wichtige Erkenntnis war, dass die Befragten eher über Gewaltwiderfahrnisse berichteten, wenn sie explizit nach einzelnen Gewalthandlungen gefragt wurden, ohne dass der Begriff der Gewalt tatsächlich verwendet wurde. Puchert et al. (2004) nehmen dies als einen deutlichen Hinweis darauf wahr, dass Männer Gewalt oft gar nicht als solche identifizieren. Des Weiteren gehen sie davon aus, dass männlichen Opfern von Gewalt häufig die Worte fehlen, um die erlittene Gewalt auszudrücken. Bilder oder Vorstellungen, die die Emotionen besser beschreiben könnten, scheinen ebenso wenig zu bestehen. (vgl. Puchert et al. 2004, S. 14ff.) Cizek et al. (2002) gehen im 2002 erschienenen Bericht über Gewalt in Österreich von den gleichen Gründen aus, die dazu führen, dass männliche Gewalterfahrungen durch ihre Partnerin seltener publik werden (vgl. Cizek et al. 2002, 279ff.).[20] Aufgrund dieser Überlegungen war es ein weiteres Ziel des Forschungsverbundes ‚Gewalt gegen Männer', mit ihrer Studie die Gewalterlebnisse von Männern „denkbar, wahrnehmbar, fühlbar, besprechbar und erst damit wirklich empirisch erforschbar zu machen" (Puchert et al. 2004, S. 26). Um das Gewaltfeld ‚Gewalt in Lebensgemeinschaften' zu beleuchten, wurde eine quantitative Befragung durchgeführt, in der eine Stichprobe von rund 200 Männern einen Fragebogen ausfüllten. Dabei sollten sie ihre Angaben entweder auf die aktuelle Partnerschaft beziehen oder falls sie zum Zeitpunkt der Befragung in keiner festen Partnerschaft waren, auf die letzte. (vgl. Lenz et al. 2004, S. 183f.) Zunächst ist festzuhalten, dass

20 Als Ursache für solch verschiedene Wahrnehmungen und Umgangsweisen werden die gesellschaftlichen Vorstellungen von Männlichkeit und Weiblichkeit gehalten, die sich in den Habitus integrieren und ständig reproduziert werden (vgl. Lamnek et al. 13ff.). Diese Thematik wird in Kapitel 5 behandelt.

durch die Studie die Thesen bestätigt werden konnten, dass Männer nicht nur psychische Gewalt, sondern auch physische und sexuelle Gewalt durch ihre (Ex-)Partnerinnen in den verschiedensten Schweregraden erfahren (haben). Auch die in der Literatur verbreitete Annahme, dass Gewalt in Partnerschaften häufig nicht einseitig, sondern wechselseitig ist konnte bestätigt werden. In solchen Fällen, so ließ sich feststellen, wird zumeist der Mann als Täter und die Frau als Opfer von der Justiz oder anderen Hilfseinrichtungen behandelt. (vgl. ebd., S. 193ff.) Insgesamt gab in der quantitativen Befragung jeder vierte der rund 200 antwortenden Männer an, von ihrer jetzigen oder letzten Partnerin mindestens einmal körperlich angegriffen worden zu sein. Der Forschungsverbund ‚Gewalt gegen Männer' merkt an dieser Stelle aber an, dass auch leichtere Akte mit inbegriffen sind, die nicht eindeutig als körperliche Gewalt identifiziert werden können. 36 von 196 antwortenden Männern gaben jedoch an, mindestens einmal von der aktuellen oder letzten Partnerin weggeschubst worden zu sein, 18 von ihnen wurden ‚leicht geohrfeigt', 13 Männer wurden ‚gebissen oder gekratzt, sodass es weh tat', zehn wurden ‚schmerzhaft getreten, gestoßen oder hart angefasst' und bei ebenfalls zehn Männern hat die Partnerin ‚etwas nach ihnen geworfen, das verletzen konnte'. Etwa fünf Prozent der befragten Männer wurden mindestens einmal im Zuge häuslicher Gewalt durch die aktuelle oder ehemalige Partnerin verletzt oder hatten Angst davor, verletzt zu werden. Keiner der Befragten hat dabei jemals die Polizei gerufen. Von psychischen Gewaltwiderfahrnissen wird insgesamt häufiger berichtet, insbesondere von sozialer Kontrolle. 38 von 199 Männern berichten von Eifersucht und von Kontaktverbot zu bestimmten Personen durch die (Ex-)Partnerin. Die Partnerinnen von 35 Männern kontrollierten bzw. kontrollieren genau, wie lange und wo sie wann, mit wem und was unternehmen. 16 Männer berichteten, dass ihre aktuelle oder letzte Partnerin Post, E-Mails oder Anrufe kontrolliert bzw. kontrollierte. Des Weiteren wurde in geringerer Häufigkeit erzählt, dass die betreffenden Frauen bestimmen bzw. bestimmten, was ihre (Ex-)Partner tun dürfen oder nicht und/ oder dass durch sie Einschüchterungen, Beleidigungen, Beschimpfungen, Demütigungen u.Ä. stattfinden bzw. stattgefunden haben. Hierbei wurde festgestellt, dass Männer, die von ihrer Partnerin sozial kontrolliert werden, mit einer großen Wahrscheinlichkeit auch körperlich von ihr angegriffen werden. Zum Thema sexualisierte Gewalt gaben lediglich fünft Befragte an, dass ihnen sexuelle Bedürfnisse der Partnerin rücksichtslos aufgedrängt wurden, drei Männer wurden zu sexuellen Handlungen gedrängt, die sie nicht wollten und einer wurde dazu gezwungen. Die Mitarbeiter des Forschungsverbundes ‚Gewalt gegen Männer' vermuten allerdings, dass in Wahrheit mehr Männer sexueller Gewalt durch ihre (Ex-)Partnerin ausgesetzt sind bzw. waren, aber aufgrund von Scham und eingangs erwähnter Sprachbarriere sehr selten darüber sprechen. (vgl. Jungnitz et al. 2004, S. 10ff.)

Als Pendant zu dieser Pilotstudie kann die Studie mit dem Titel ‚Lebenssituation, Sicherheit und Gesundheit von Frauen in Deutschland' gesehen werden. In den Jahren von 2002 bis 2004 wurden mehr als 10.000 in Deutschland lebende Frauen zwischen 16 und 85 Jahren zu ihren Opfererfahrungen bzgl. häuslicher Gewalt in Intimpartnerschaften befragt. Sie gilt als erste und bis dato einzige repräsentative Dunkelfeldstudie zu diesem Thema bundesweit. (vgl. Schröttle 2017, S. 1f.) Es soll dabei nicht unerwähnt bleiben, dass die Items zur Erfassung von Partnerschaftsgewalt, trotz beschriebener Diskussionen, sehr stark an modifiziere Items der CTS-Skala angepasst wurden (vgl. Müller und Schröttle 2004, S. 224). Ein vorsichtiger Vergleich zwischen diesen beiden Studien würde ebenfalls ergeben, dass Männer wie Frauen in Paarbeziehungen in etwa gleich häufig von Gewalthandlungen mittleren Ausmaßes betroffen sind. Schwerwiegende, folgereiche Körperverletzungen in Intimpartnerschaften gehören nach diesen Studien eher einer männlichen Domäne als Täter an. Zuletzt sei angemerkt, dass sich aktuell in Deutschland keine repräsentativen Untersuchungen finden lassen, die Gewalt in lesbischen Paarbeziehungen untersuchen. (vgl. Schröttle 2017, S. 3ff.) Daher kann diese Thematik im vorliegenden Band nicht explizit behandelt bzw. Forschungsergebnisse darüber nicht vorgestellt werden. Es kann davon ausgegangen werden, dass Untersuchungen zu häuslicher Gewalt in lesbischen Intimpartnerschaften ebenfalls Aufschluss über das Phänomen der Täterinnenschaft geben würden (vgl. Schröttle 2010, S. 142).

3.3.3 Ergebnisse der polizeilichen Kriminalstatistik 2017

In der seit 2011 jährlich veröffentlichten polizeilichen Kriminalstatistik (PKS) über Partnerschaftsgewalt werden alle angezeigten Delikte und Vergehen zwischen Personen, die in einem intimen Partnerschaftsverhältnis stehen, festgehalten. Dementsprechend handelt es sich dabei, wie schon erklärt, um eine Hellfelduntersuchung. (vgl. BKA 2017, S. 2) Laut den Ergebnissen der Studie zu ‚Lebenssituation, Sicherheit und Gesundheit von Frauen in Deutschland' ist bei lediglich 13% der Frauen, die häusliche Gewalt in einer Paarbeziehung erlebten, in wenigstens einer der Gewaltsituationen die Polizei eingeschaltet worden. 8% berichteten von einer Anzeige. Es wird vermutet, dass zumindest bei weiblichen Opfern häuslicher Gewalt die Anzeigebereitschaft in den letzten Jahren gestiegen ist. Über ein verändertes Anzeigeverhalten von Männern, die häuslicher Gewalt durch ihre*n Partner*in erleben, ist nichts bekannt. Für die Entwicklung unter den Frauen gelten als Gründe verstärkte Öffentlichkeitsarbeit und Schulungen von Polizeibeamt*innen zum Thema häusliche Gewalt sowie zurAnwendung des Gewaltschutzgesetzes. Dennoch scheint nach wie vor ein Großteil der Personen, die sich häuslicher Gewalt durch die*den Intimpartner*in ausgesetzt sehen, keine polizeiliche Hilfe in Anspruch zu nehmen. (vgl. Schröttle 2017, S. 5) Nichtsdestotrotz erfahren die Ergebnisse der PKS jährlich großes politisches wie öffentliches Interesse (vgl. Roßbach und Mayer 2018, o.S.; Ulrich 2018, o.S.).

In der PKS wird die Opfer-Tatverdächtigen-Beziehung sowohl in Hinblick auf deren Art als auch auf den räumlich-sozialen Kontext abgebildet. Es werden Differenzierungen in ‚Ehepartner', ‚eingetragene Lebenspartnerschaft', ‚Partner nichtehelicher Lebensgemeinschaften' und ‚ehemalige Partnerschaften' vorgenommen. Die Gewalttaten werden in die Kategorien ‚Mord und Totschlag', ‚gefährliche Körperverletzung', ‚schwere Körperverletzung', ‚Körperverletzung mit Todesfolge', ‚vorsätzliche einfache Körperverletzung', ‚Vergewaltigung, sexuelle Nötigung', ‚Bedrohung, Stalking, Nötigung (psychische Gewalt)' (neu seit 2017), ‚Freiheitsberaubung' (neu seit 2017), ‚Zuhälterei' (neu seit 2017) und ‚Zwangsprostitution' (neu seit 2017) unterteilt. Bei der Analyse der Statistik ist zu beachten, dass Personen, die häufiger Opfer werden, jedes Mal neu als Opfer aufgenommen werden, sprich die Opferwerdungen gezählt werden. Täter*innen, die in einem vollendeten Fall gegenüber mehreren Personen gewalttätig geworden sind, werden nur einmal gezählt. Zusammenfassend wird in der PKS festgestellt, dass der Anteil an weiblichen Opfern aller vollendeter oder versuchter Straftaten, die unter Partnerschaftsgewalt fallen, bei 82,1% liegt und dementsprechend der Anteil männlicher Opfer bei 17,9%. Insgesamt wurden im Jahr 2017 183.893 Opferwerdungen von Partnerschaftsgewalt registriert. Dies bedeutet, dass 114.031 Frauen und 24.861 Männer Partnerschaftsgewalt erlebten und diese anzeigten.[21] Im Vergleich zu allen polizeilich aufgenommenen Opferwerdungen (844.130) waren 34,0% der weiblichen Opfer von Partnerschaftsgewalt betroffen und 4,9% der männlichen. Auffällig ist, dass insbesondere in den Kategorien ‚Vergewaltigung und sexuelle Nötigung', ‚Bedrohung, Stalking, Nötigung' und ‚Freiheitsberaubung' die Anzahl an weiblichen Opfern deutlich höher als die der männlichen ist. (vgl. BKA 2017, S. 2ff.). Etwa die Hälfte der Opfer von Partnerschaftsgewalt lebte zum Tatzeitpunkt mit der*dem Partner*in zusammen. Dabei konnte nur ein geringer Geschlechterunterschied festgestellt werden. Während etwa 49,1% aller weiblichen Opfer von Partnerschaftsgewalt in einem gemeinsamen Haushalt mit der*dem Täter*in lebten, waren es bei den männlichen Opfern 52,8%, sprich prozentual gesehen ein wenig mehr (insgesamt 13.131 Männer). Neben den 183.893 Opferwerdungen wurden im Jahr 2017 von der Polizei 116.043[22] Tatverdächtige erfasst, denen versuchte oder ausgeführte Gewalt gegen ihre*n Partner*in vorgeworfen wurde. 80,6% von ihnen waren Männer, 19,4% Frauen. In Zahlen bedeutet dies, dass über 22.500 Frauen als Ausübende von häuslicher Gewalt gegen ihre*n Partner*in polizeilich registriert wurden. Interessant ist

21 [Bei etwa 350 Frauenhäusern in Deutschland fallen aus dem Hellfeld folglich im Durchschnitt in etwa 325 Frauen jährlich auf ein Frauenhaus. Im Umkehrschluss würde dies bedeuten, dass es in Deutschland, selbst wenn lediglich diese Hellfeldstudie als Handlungsgrundlage gelten würde, mindestens 76 Männerhäuser geben müsste, um pro Männerhaus die gleiche Anzahl an Klienten pro Jahr aufnehmen zu können, Anm. d. Verf.]

22 Der Unterschied zu den Opferwerdungen ergibt sich, wie bereits erwähnt, dadurch, dass die Tatverdächtigen hier jeweils nur einmal aufgenommen wurden. Es sei allerdings angemerkt, dass es sein kann, dass dieselbe tatverdächtige Person in den unterschiedlichen Kategorien mehrmals erfasst wurde. (vgl. BKA 2017, S. 12)

hierbei die Anzahl der Personen, die wegen Straftaten nach § 4[23] Gewaltschutzgesetz registriert wurden. Neben 92,3% männlichen Tatverdächtigen waren es lediglich 7,7% weibliche. (vgl. BKA 2017, S. 9ff.) Dies kann als Hinweis darauf gesehen werden, dass das Gewaltschutzgesetz eher bei männlichen als weiblichen Gewalttäter*innen angewendet wird. Schröttle (2017) vermutet hier einen Zusammenhang mit der Schwere der begangenen Delikte (vgl. Schröttle 2017, S. 8). Es kann aber auch so interpretiert werden, dass Polizist*innen im Zweifelsfall aufgrund der bereits erwähnten vorherrschenden Rollenvorstellungen eher auf der Seite der Frau stehen und den Mann als Täter festnehmen bzw. des gemeinsamen Haushalts verweisen. Beispielsweise stellt auch Gemünden (2003) fest, dass es teilweise im Ermessen der zuständigen Polizeibeamt*innen liegt, wen sie im Falle häuslicher Gewalt als Verursacher*in und wen als Opfer identifizieren und entsprechend in die Akte eintragen (vgl. Gemünden 2003, S. 347). Des Weiteren lässt sich nachweisen, dass die Anzahl an Tatverdächtigen wegen Straftaten nach § 4 Gewaltschutzgesetz jährlich ansteigt (vgl. BKA 2017, S. 16). Hier stellt sich die Frage, ob die Zahl tatsächlich gestiegen ist oder ob die Polizeibeamt*innen entweder aufgrund der wachsenden Routine mit diesem Gesetz oder aufgrund vorschnellen Anwendens des Gesetzes häufiger Personen nach § 4 Gewaltschutzgesetz festnehmen. Zusammenfassend wird in der PKS festgestellt, dass seit 2013 sowohl bei männlichen als auch weiblichen Opfern häuslicher Gewalt ein Anstieg zu verzeichnen ist. Die meisten Opferzahlen sind in den Straftatenbereichen ‚vorsätzliche einfache Körperverletzung', ‚Bedrohung, Stalking, Nötigung' und ‚Vergewaltigung, sexuelle Nötigung' verzeichnet worden. In der Statistik wird betont, dass es sich bei dieser Hellfeldstudie lediglich um eine Annäherung an die Realität handelt und die Ergebnisse stark vom Anzeigeverhalten der Betroffenen abhängen. (vgl. ebd., S. 22)

Mit diesem Kapitel wurde der Bedarf an repräsentativen Studien zum Phänomen der häuslichen Gewalt von Frauen in intimen Paarbezie-

23 *„Die Strafbewehrung nach § 4 (Wer einer bestimmten vollstreckbaren Anordnung nach § 1 Abs. 1 Satz 1 oder 3 jeweils auch i. V. m. Abs. 2 Satz 1, zuwiderhandelt, wird mit Freiheitsstrafe bis zu einem Jahr oder mit Geldstrafe bestraft; die Strafbarkeit nach anderen Vorschriften bleibt unberührt.) schafft im jeweiligen Einzelfall die tatbestandliche Voraussetzung für eine (spätere) Straftat“* (BKA 2017, S. 14).

hungen ersichtlich gemacht. Bezugnehmend auf die Vorstellung der Ergebnisse der CTS-Studie, der Pilotstudie ‚Gewalt gegen Männer' sowie der PKS von 2017 kann geschlussfolgert werden, dass häusliche Gewalt von Frauen in intimen Paarbeziehungen ein Phänomen ist, welches definitiv existiert. Durch die Definitions- und Wahrnehmungsproblematik häuslicher Gewalt sowie durch unterschiedliche Beurteilungen von gleichen Gewaltakten erscheint es anhand der aktuellen Forschungslage allerdings unmöglich, spezifische Äußerungen zu Schwere und Vorkommen häuslicher Gewalt von Frauen in intimen Paarbeziehungen zu machen (vgl. Kavemann 2009, S. 47f.). Folglich wäre es für eine verbesserte umfangreiche Erforschung des Phänomens der häuslichen Gewalt zielführend und notwendig, individuelle Gewalt- und Viktimisierungserfahrungen geschlechtersensibel abzufragen (vgl. Schröttle 2013, S. 7), wobei „immer auch Kontexte, Schweregrade und Folgen, sowie Dynamiken und Bedeutungen aber auch gesellschaftlich-strukturelle Hintergründe mit erfasst und/ oder beschrieben werden [sollten]" (ebd., S. 7).

Bis dahin sollte mit einem geschärften Blick an bestehende Forschungsergebnisse zu dieser Thematik herangegangen werden. Der Verdacht liegt nahe, dass ein sensibler Umgang mit Untersuchungen, die häusliche Gewalt zum Gegenstand haben, zu einer veränderten Meinung bezüglich Täter*in-Opfer-Konstellationen führt.

4. Das ökologische Erklärungsmodell zur Entstehung von Gewalt

Gewalt, inklusive häusliche Gewalt in Intimpartnerschaften repräsentiert ein äußerst komplexes Phänomen, welches in Wechselwirkung mit diversen Faktoren in sozialer kultureller, biologischer, politischer und wirtschaftlicher Hinsicht erfolgt (vgl. WHO 2002, S. 13). Dementsprechend handelt es sich nicht um ein monokausales Phänomen, dessen Ursachen genau bestimmt werden können. Vielmehr ist davon auszugehen, dass das Zusammenwirken vieler verschiedener Faktoren, die Wahrscheinlichkeit Gewalt auszuüben bzw. zu erfahren erhöhen oder verringern kann. (vgl. Egger und Schär Moser 2008, S. 10ff.) Je nachdem, auf welcher Ebene die Ursachen von Gewalt vermutet werden, gehen wissenschaftliche Überlegungen zu den Entstehungsbedingungen zum Teil sehr weit auseinander. Die verschiedenen Theorien können in personenzentrierte, sozialpsychologische und soziokulturelle bzw. soziostrukturelle Ansätze unterteilt werden. Auf der Ebene der personenzentrierten Theorien finden sich psychopathologische Erklärungsversuche, die Gewaltausübung als Ursache innerlicher Abweichungen und Abnormalitäten bewerten. Sozialpsychologische Theorien ergründen den Zusammenhang zwischen Gewalt und den Beziehungen der Gewaltausübenden mit ihnen nahestehenden Personen oder bestimmten Gruppen. Hier lassen sich bspw. Stress- und Lerntheorien verorten. Bandura (1973), der maßgeblich zur Entwicklung sozial-kognitiver Lerntheorien beigetragen hat, geht davon aus, dass aggressives und gewalttätiges Verhalten mit Beobachtungserfahrungen sowie eigenen Gewalterfahrungen in der Kindheit in Zusammenhang gebracht werden kann. Stresstheoretische Modelle begründen Gewaltausübung mit stresshaften Belastungen, wie Arbeitslosigkeit oder auch Karrieredruck, psychischen wie physischen Problemen oder Eheproblemen. Auf der Ebene der soziokulturellen bzw. soziostrukturellen Ansätze wird individuelle Gewalt mit kulturellen Werten und Normen sowie gesellschaftlichen Strukturen in Verbindung gebracht. Teilweise werden dabei personenzentrierte und sozialpsychologische Theorien integriert, wie z.B. in systemtheoretischen Ansätzen. Die Familie wird dabei als System gesehen. Straus (1980) geht z.B. davon aus, dass häusliche Gewalt ein kontinuierliches Element in Familien darstellt, welches durch entsprechende Reaktionen außerhalb und/ oder innerhalb des Familiensystems verstärkt oder verringert werden kann. (vgl. Cizek und Pflegerl 2002, S. 37ff.)

Neuere Theorien versuchen sämtliche Ansätze in einem einheitlichen Konzept zu vereinen, welches davon ausgeht, dass diverse Gegebenheiten als Ursachen bzw. Risikofaktoren von Gewalt interpretiert werden können (vgl. Egger und Schär Moser 2008, S. 11f.). Exemplarisch für ein solches pluralistisches Konzept ist das ökologische Modell zur Erklärung von Gewalt, welches auch im Weltbericht zu Gewalt und Gesundheit der Weltgesundheitsorganisation (WHO) als Grundlage dient. Das Modell existiert bereits seit den 1970er Jahren und wird seitdem ständig weiterentwickelt. Es stellt ein Instrument dar, welches den vielschichtigen Charakter von Gewalt in ihren unterschiedlichen Formen und ihrem breiten Kontext in den Blick nimmt. Auf vier Ebenen können Faktoren ergründet werden, die das menschliche Verhalten beeinflussen und das Risiko Gewalt auszuüben oder Gewalt zu erfahren, erhöhen. (vgl. WHO 2002, S. 13) Im Folgenden werden die vier Ebenen näher in den Blick genommen und mit expliziten Beispielen für häusliche Gewalt in Intimpartnerschaften versehen. Es sei allerdings der Hinweis gegeben, dass in der Forschung von Ursachen und Risikofaktoren häuslicher Gewalt lediglich fundierte empirische Ergebnisse zu finden sind, die auf der Annahme basieren, dass Männer als gewaltausübende und Frauen als gewalterfahrende Personen zu identifizieren sind. Dementsprechend liegt ein Forschungsbedarf hinsichtlich der Ursachen und Risikofaktoren bei Frauen, die häusliche Gewalt gegen ihre*n Intimpartner*in ausüben, vor. Es gilt zu klären, ob sie sich im Vergleich zu denen von Männern unterscheiden und wenn ja, inwiefern. (vgl. EBG 2012, S. 2)[24]

Die erste Ebene vereint persönliche Entwicklungsfaktoren und biologische Gegebenheiten, die Einfluss auf das Verhalten von Menschen haben können. Beispielsweise fallen darunter demographische Kennzeichen, wie Alter oder Bildungsstand, psychische Einschränkungen, Persönlichkeitsstörungen, persönliche Erfahrungen von Missbrauch, Gewalt o.Ä. in der Kindheit oder das missbräuchliche Konsumverhalten bestimmter Substanzen, wie Alkohol. (vgl. WHO 2002, S. 13f.) Arbeitslosigkeit, Überlastung oder weitere Faktoren, die als Stressfakto-

24 [Das vorliegende Buch basiert auf der Annahme, dass hinsichtlich der Ursachen und Bedingungsfaktoren für häusliche Gewalt keine geschlechtsspezifischen Unterschiede gemacht werden sollten. Schlussendlich ist jede Person, die häusliche Gewalt in ihrer Intimpartnerschaft ausübt, als ein Individuum mit unterschiedlichen Erfahrungen und Eigenschaften anzusehen. Die folgenden aufgezählten Risikofaktoren sind als Beispiele zu bewerten, die im Einzelfall in der Praxis zu überprüfen wären, Anm. d. Verf.] Auch Sabine Hüdepohl (2009) stellte aufgrund langjähriger Berufserfahrung mit gewalttätigen Frauen fest, dass ihre problematischen Erlebens- und Verhaltensweisen häufig auf traumatisierende frühkindliche Erfahrungen zurückgeführt werden können, die lebensgeschichtlich betrachtet vor der eigenen Identifikation mit einem Geschlecht stattgefunden haben (vgl. Hüdepohl 2009, S. 254f.). Daraus schließt sie: „Wer als junger Mensch Verachtung erfährt, zweifelt an seinem Wert, und zwar nicht als Mann oder als Frau, sondern als Mensch“ (ebd., S. 255). Folglich sollten geschlechtsspezifische Aspekte in der Arbeit mit Personen, die häusliche Gewalt in ihrer intimen Paarbeziehung ausgeübt haben, vor individuellen, multikomplexen Risikofaktoren in den Hintergrund treten (vgl. ebd., S. 255). Diese Annahme wird in Kap. 7 noch einmal aufgegriffen.

ren identifiziert werden können, sind ebenfalls auf der individuellen Ebene zu verorten. Diese können insbesondere in Kombination mit weiteren anderen Risikofaktoren und fehlenden konstruktiven Bewältigungsstrategien als Auslöser für Gewalttätigkeit interpretiert werden. (vgl. EBG 2012, S. 4)

Die zweite Ebene stellt die Beziehungsebene dar. Dabei werden z.B. Freund*innen, Intimpartner*innen, Familienmitglieder oder Kolleg*innen hinsichtlich der Frage untersucht, inwieweit sie dazu beitragen, dass sich bei der untersuchten Person das Risiko, Gewalt auszuüben oder Opfer von Gewalt zu werden, erhöht. Im Fokus stehen dafür z.B. das Kommunikationsverhalten, die Machtverteilung innerhalb der Beziehung oder der Umgang mit Konflikten innerhalb einer Partnerschaft. (vgl. WHO 2002, S. 14) Hinsichtlich der Erforschung von Kommunikationsverhalten in Intimpartnerschaften und dem Zusammenhang mit häuslicher Gewalt lässt sich zwar ein Verbesserungsbedarf ausmachen, nichtsdestotrotz wird davon ausgegangen, dass in Intimpartnerschaften, in denen selten über Probleme gesprochen wird, ein erhöhtes Risiko von häuslicher Gewalt besteht. Bei ungleicher Machtverteilung verfügt eine Person auf einer oder mehreren Ebenen über mehr Ressourcen als die*der Partner*in. Beispielsweise kann durch ungleich verteilte sozioökonomische Ressourcen ein gewisses Macht-Abhängigkeitsverhältnis entstehen, welches zu häuslicher Gewalt in Intimpartnerschaften führen kann. Auch eine ungleiche Arbeitsteilung, z.B. im Haushalt kann mit dem Vorkommen häuslicher Gewalt teilweise in eine kausale Verbindung gebracht werden. Der am besten bewiesene Zusammenhang besteht zwischen der Ausübung von systematischem Kontroll- und Dominanzverhalten und häuslicher Gewalt in Intimpartnerschaften. Konflikte sind von Machtausübung bzw. ungleicher Machtverteilung abzugrenzen. Sie werden als Unvereinbarkeit von Handlungsabsichten, Zielen oder Interessen verstanden. Es lässt sich laut des Informationsblattes 2 über häusliche Gewalt des Eidgenössischen Büros für die Gleichstellung für Mann und Frau (EBG) der Schweiz (2012) ein deutlicher Zusammenhang zwischen Konflikten und häuslicher Gewalt nachweisen. Ebenfalls sind auf der zweiten Ebene des ökologischen Erklärungsmodells zur Entstehung von Gewalt belastende Lebensereignisse oder auch lebenszeitliche Ereignisse, wie Schwangerschaft oder Geburt als Risikofaktoren für häusliche Gewalt in Intimpartnerschaften zu verorten, wenn hierfür adäquate Umgangs- und Bewältigungsstrategien fehlen. (vgl. EBG 2012, S. 5f.)

Die dritte Ebene widmet sich dem näheren Umfeld, in dem durch soziale Beziehungen Gemeinschaften entstehen. Hiermit sind Orte wie Arbeitsplätze, Schulen, Nachbarschaften oder andere Settings gemeint, in denen sich Personen in einer Gemeinschaft befinden und die im Hinblick auf die Erfahrung oder Ausübung von Gewalt Risikofaktoren bergen können. Zum Beispiel könnte ein am Wohnort befindlicher Drogenumschlagsplatz als eine solche Einflussgröße bewertet werden. (vgl. WHO 2002, S. 14) Insbesondere eine geringe soziale Einbettung eines Intimpaares, welche sich an fehlenden bzw. wenigen Freundschaften wie auch Beteiligungen an Gruppen- oder Vereinsaktivitäten o.Ä. messen lässt, kann häusliche Gewalt in der Intimpartnerschaft aufgrund eines fehlenden Kontroll- und Unterstützungsnetzes, begünstigen. Zeitgleich kann die soziale Isolation auch als Folge auftreten. (vgl. EBG 2012, S. 6)

Auf der vierten Ebene stehen gesellschaftliche Faktoren im Zentrum. Dazu gehören z.B. kulturelle und soziale Normen, die den Umgang mit Gewalt und Geschlechterrollen beinhalten und zur Entstehung oder Verminderung von Gewalt beitragen können. Medien sowie die rechtliche und politische Ebene können zu einer Legitimierung und Manifestierung bestimmter Normen und Verhaltensweisen beitragen. (vgl. WHO 202, S. 14) Hier kann einerseits auf die Ausführungen im zweiten Kapitel verwiesen werden. Dort wurde bereits dargestellt, wie bezüglich der Behandlung der häuslichen Gewalt seit den 1970er Jahren ein Paradigmenwechsel festgestellt werden kann, der dazu führte, dass häusliche Gewalt, wenn sie gegen Frauen und Kinder gerichtet ist, mittlerweile gegen die gesellschaftlichen Werte und Normen in Deutschland verstößt und strafrechtlich wie auch sozial geahndet wird (vgl. Kap. 2.2.1). Andererseits – dies wird besonders im folgenden Kapitel ersichtlich – können bestehende Vorstellungen über die Geschlechterrollen, auch eine gesellschaftliche Toleranz gegenüber häuslicher Gewalt von Frauen in Intimpartnerschaften bewirken (vgl. Kap. 5). Im weiteren Sinne kann auf der vierten Ebene auch die Bildungs-, Gesundheits- und Wirtschaftspolitik lokalisiert werden, die Einfluss auf soziale und wirtschaftliche Verteilungen von Gütern in der Gesellschaft hat (vgl. WHO 2002, S. 14). Die in einer Gesellschaft vorherrschenden soziokulturellen Werte und Normen, die Gewaltverhalten begünstigen oder verhindern, können von einer oder mehreren dem Intimpaar nahestehenden Person(en) übernommen werden und sich dementsprechend in den anderen Ebenen manifestieren (vgl. EBG 2012, S. 6).

Die den jeweils unterschiedlichen Ebenen angehörigen Faktoren können sich gegenseitig verstärken und bedingen. Bei einer Person mit eher temperamentvollen Charakterzügen, steigt demzufolge das Risiko, Gewalt auszuüben, wenn sie in einem Umfeld aufwächst, in dem oft Gewalt angewendet wird, als wenn sie in einem friedlichen Zuhause groß wird. Mit dem ökologischen Modell soll ersichtlich gemacht werden, dass die Ursachen von Gewalt in einem komplexen Wechselverhältnis zueinanderstehen, weshalb zur gleichen Zeit auf mehreren Ebenen gehandelt werden sollte, um Gewalt zu verhindern bzw. zu verringern. In Bezug auf die Arbeit mit Personen, die häusliche Gewalt in ihrer Intimpartnerschaft ausgeübt haben, würde dies bspw. bedeuten, dass neben der Beschäftigung mit den persönlichkeitsbedingten Faktoren, die dieses Verhalten implizierten, auch eine Auseinandersetzung der persönlichen Beziehung mit dem*der Partner*in sowie weiteren potentiellen Familienmitgliedern stattfinden muss. Gegebenenfalls kann auch für die*den Partner*in das Angebot professioneller Hilfe und Unterstützung bereitgestellt werden. Des Weiteren erscheint es notwendig, auch die Situation im öffentlichen Umfeld in den Blick zu nehmen sowie weitere gesellschaftliche Faktoren, die ein Gewalthandeln begünstigten. (vgl. WHO 2002, S. 14f.) Im Falle der häuslichen Gewalt in Intimpartnerschaften, die von Frauen ausgeht, könnte dies auch die Auseinandersetzung mit vorherrschenden Geschlechterrollen bedeuten, die eventuell das Gewalthandeln in Form von Nicht-Wahrnehmung und Bagatellisierung dessen, begünstigen. Die folgenden Kapitel legen den Fokus auf diese Thematik und widmen sich dementsprechend der vierten Ebene des ökologischen Modells. Mit der Auseinandersetzung der Entstehungsbedingungen (häuslicher) Gewalttätigkeit sollte ersichtlich gemacht werden, dass Personen die häusliche Gewalt ausüben, zumeist in weiteren Lebensbereichen unter unterstützungswürdigen Problemen leiden. Daher können nicht nur die Idee des Opferschutzes, sondern an zweiter Stelle auch der Anspruch der Sozialen Arbeit als Menschenrechtsprofession, alle bedürftigen Personen bei der Lösung ihrer multikomplexen Problemlagen zu unterstützen (vgl. Staub-Bernasconi 2003, S. 17ff.), als Postulate dafür gesehen werden, Ausübenden häuslicher Gewalt ein adäquates Unterstützungs- und Beratungsangebot zu offerieren.

5. Weiblichkeit und häusliche Gewalt

Im dritten Kapitel wurde festgestellt, dass sich in der wissenschaftlichen und gesellschaftlichen Diskussion über häusliche Gewalt ein Fortbestehen von kulturell tradierten Vorstellungen über Männlichkeit und Weiblichkeit erkennen lässt. An der Debatte teilnehmende Personen scheinen dieses Phänomen selten zu reflektieren (vgl. Gemünden 1996, S. 276f.). Im vorliegenden Kapitel werden diese Vorstellungen sowie ihre Folgen in Bezug auf die Behandlung des Phänomens der häuslichen Gewalt von Frauen gegen ihre Intimpartner*innen behandelt. Zunächst wird an die Begriffe Geschlechterrollen, -stereotype und Gesellschaft in theoretischer Hinsicht herangeführt. Im Anschluss werden konkrete Vorstellungen über Geschlechterrollen und -stereotype in Bezug auf häusliche Gewalt erörtert. Es soll dabei ein Verständnis dafür geschaffen werden, inwiefern diese eine gesellschaftliche und politische Wahrnehmung häuslicher Gewalt von Frauen verhindern können. Dann wird der frauenspezifische Gewaltkreislauf als möglicher Grund für eine eingeschränkte Selbstwahrnehmung als Täterin expliziert. Zum Schluss wird der mediale Umgang mit der Thematik der häuslichen Gewalt kritisch in den Blick genommen.

5.1 Geschlechterrollen, Gesellschaft und Geschlechterstereotypen

Der Begriff ‚Rolle' findet insbesondere in der Schauspielerei Verwendung, ebenso wie seine bedeutungsähnlichen Wörter Maske, Person oder Charakter. Der*Dem Schauspieler*in, wird durch das Tragen einer Rolle von außen etwas vorgegeben, das sich als ein Komplex von Verhaltensweisen zusammenfassen lässt. Dieser Komplex stellt den Teil eines Ganzen dar. Die*Der Schauspieler*in spielt somit durch ihre*seine Rolle, indem sie*er sich bestimmte Verhaltensweisen aneignet, einen Teil eines Ganzen. Vereint mit anderen Verhaltensweisen, die zu anderen Rollen gehören, wird das Ganze abgebildet. Vereinfacht stellt die Welt, übertragen auf die menschliche Gesellschaft demzufolge eine Bühne dar und jede Person übernimmt in ihrem Dasein verschiedene Rollen, bspw. als Mutter, Vater, Liebhaber*in, Schüler*in, Mann oder Frau. Das beschriebene Ganze, kann als Identität eines Menschen gesehen werden, in der all seine Rollen verankert sind. (vgl. Dahrendorf 2006, S. 26ff.) Die gesellschaftlich vorgegebenen Verhaltensweisen und Attribute sind an die vorherrschenden Werte gekoppelt (vgl. Lamnek et al. 2013, S. 20), die die*der Rollenträger*in, der Mensch, übernehmen muss. Personen, die sich gegen die Forderungen wehren, bestimmte Rollen zu übernehmen, bewahren sich zwar eine gewisse Unabhängigkeit, können allerdings durch nichtkonformes Verhalten die Missgunst der Gesellschaft erregen (vgl. Dahrendorf 2006, S. 30f.). In der Folge können sie Sanktionen in Form von Verspottung, Ausgrenzung, Kritik o.Ä. erhalten (vgl. Athenstaedt und Alfermann 2011, S. 13). Mit der Rollenübernahme einhergehend müssen die Menschen eine Vielzahl an sozialen Positionen bzw. Stellungen einnehmen. Zu jeder sozialen Position gehört eine soziale Rolle. Der Unterschied zwischen Position und Rolle ist der, dass eine Position nur Orte in Bezugsfeldern benennt. Rollen machen währenddessen gleichzeitig die Art der Beziehung zwischen verschiedenen Positionsträger*innen desselben Feldes ersichtlich. (vgl. Dahrendorf 2006, S. 34ff.) Geschlechterrollen sind im Vergleich zu anderen Rollen eher diffus, weil sie für jeden Menschen gelten und als bedeutsam für eine Vielzahl an zwischenmenschlichen Prozessen gesehen werden. Parsons und Bales (1955) teilen die Funktionen von Geschlechterrollen in instrumentelle (aufgabenorientiert) und expressive (beziehungsorientiert) ein, deren Ziel es sei, ein harmonisches, soziales Zusammenleben zu gewährleisten. Dabei lässt sich ein gesellschaftliches Ungleichgewicht zwischen Männern und Frauen wahrnehmen, welches sich in den verschiedenen sozialen Rollen, die sie übernehmen, wiederspiegelt. Beispielsweise sind Frauen eher für die Kindererziehung und den Haushalt verantwortlich, während Männer durch das Ausüben bestimmter Berufe häufig mehr gesellschaftliches Ansehen erfahren können. Geschlechterrollen können als dynamisch bezeichnet werden, da sie sich ändern können, wenn sich die Erwartungen an Männer und Frauen wandeln. (vgl. Athenstaedt und Alfermann 2011, S. 13f.)

Der Begriff Gesellschaft bezeichnet ein verflochtenes soziales Gefüge. Dieses funktioniert nach bestimmten Regeln und Organisationsprinzipien, welche soziale Gruppen zueinander in eine Beziehung setzen. Demzufolge stehen sich Männer und Frauen als zwei soziale Gruppen gegenüber, denen unterschiedliche Rollen zugeteilt werden. (vgl. Bereswill 2009, S. 13f.)

Ein weiterer Begriff, der im vorliegenden Band häufig verwendet wird, ist der Begriff ‚Geschlechterstereotyp'. Geschlechterstereotype beruhen auf den traditionellen Geschlechterrollen und erlauben gesellschaftliche Unterschiede zwischen den Geschlechtern. Sie bezeichnen bestimmte Eigenschaften, die entweder Frauen oder Männern zugeschrieben werden. Eine Funktion dieser Typisierungen kann sein, dass die soziale Wahrnehmung der Menschen untereinander vereinfacht wird. Zum Beispiel können Statusunterschiede zwischen verschiedenen sozialen Gruppen aufgrund von Typisierungen gemacht werden, ohne diese zu hinterfragen. Auch systemische Praktiken wie bspw. Ablehnung gewisser Gruppen können dadurch als legitim gelten. Geschlechterstereotype können einerseits als präskriptiv betrachtet werden, da sie vorgeben, wie Frauen und Männer zu sein haben. Andererseits als deskriptiv, da sie aufzeigen, wie Frauen und Männer zu sein scheinen. (vgl. Athenstaedt und Alfermann 2011, S. 14f.)

5.2 Historischer Rückblick: Frauen als Täterinnen

Gildemeister und Wetterer (1995) gehen davon aus, dass die Vorstellung über menschliche Zweigeschlechtlichkeit ein Phänomen darstellt, welches mindestens seit Beginn der Geschichtsschreibung in der Gesellschaft existiert und lange nicht hinterfragt wurde (vgl. Gildemeister und Wetterer 1995, S. 201). Die Geschlechterrollen bzw. die Vorstellungen darüber scheinen sich im Laufe der Zeit verändert zu haben. Diese Veränderungen können mit historischen Entwicklungen in Verbindung gesetzt werden. Im Folgenden werden drei Phasen umrissen, die zu einem Wandel bezüglich des Bildes über das Wesen der Frau in Bezug auf Gewalttätigkeit bzw. abweichendem Verhalten geführt haben können. Gleichzeitig können diese Veränderungen dazu geführt haben, dass häusliche Gewaltausübung durch Partner bzw. Ehemänner zeitweise als legitim wahrgenommen wurde. Die Phasen, die dahingehend im Folgenden betrachtet werden, sind die Hexenverfolgung, die Kindsmorddebatte stellvertretend für die Zeit der Aufklärung und die Entwicklungsphase des Kapitalismus. Ziel dabei ist es, den Ursprung der in westlichen Kulturen aktuell vorherrschenden Rollenvorstellungen von Mann und Frau nachvollziehen zu können, die das Phänomen der Täterinnenschaft häuslicher Gewalt derzeit kaum möglich erscheinen lassen.

Im ausgehenden 15. Jahrhundert wurde damit begonnen, Menschen – fast ausschließlich Frauen – wegen Hexerei zu verfolgen. Der Mythos der Hexerei lieferte bis Ende des 17. Jahrhunderts Erklärungen für Leben, Tod und Krankheit und wurde dem naturnahen, ‚wilden aber zähmbaren' weiblichen Geschlecht zugeschrieben. Das Phänomen der Hexenverfolgungen scheint allerdings nicht nur einen ideologischen, sondern vielmehr einen politischen Zweck erfüllt zu haben. Denn dadurch wurde die Einmischung des Staates in das bäuerliche, ländliche Familienleben von den Machthabern als legitim erachtet, was zu einer sozialen Polarisierung führte. Politische Spannungen wurden auf die Ebene privater Kontroversen verlagert. Boatcă (2003) schließt daraus, dass die Züchtigung der Frau zu dieser Zeit in der Gesellschaft an Normalität gewann. (vgl. Boatcă 2003, S. 65f.)

In der Zeit der Aufklärung im 18. und 19. Jahrhundert ereigneten sich zunehmend Morde von Neugeborenen durch ihre eigenen Mütter, welche laut Ludi (2000) zu einem Wandel in der Typisierung von Weiblichkeit führten. Zu Beginn der steigenden Kindsmordrate wurden die Täterinnen allein für diese Taten verantwortlich gemacht. In der folgenden sogenannten Kindsmorddebatte, die als ein Schauplatz des Geschlechterkampfes bezeichnet werden kann, erfolgte schließlich eine Viktimisierung der Frauen. Einerseits wurden die Tötungen ihrer eigenen Kinder mit der neu entstandenen Geschlechtertheorie begründet. Diese ging davon aus, dass Frauen aufgrund ihrer biologischen Veranlagung allgemein schwach und ihren eigenen Gefühlen ausgeliefert wären. Andererseits erfolgte eine Viktimisierung der Kindsmörderinnen dadurch, dass die Mitverantwortung der Umgebung für ihre Verbrechen aufgezeigt wurde. Es ließ sich feststellen, dass unverheiratete

Frauen, die ungewollt schwanger wurden, häufig aus Angst vor gesellschaftlicher Ächtung, Bestrafung und Verstoßung keine andere Wahl blieb, als ihr neugeborenes Baby zu töten. Somit scheinen sie auch von außen zu diesem Handeln getrieben worden zu sein, ohne sich dagegen wehren zu können. Die Kindsmörderin wurde mit diesen Erklärungen für ihr Verhalten zu einer allgemeinen Repräsentantin des weiblichen Geschlechts mit angeblich angeborenen Wesensmerkmalen wie emotionale Labilität, Empfindsamkeit und Sehnsucht nach Liebe. Deshalb, so wurde zu der Zeit von Männern geschlussfolgert, würde sie einem besonderen Schutzbedürfnis unterliegen. Als Resultat dieser Viktimisierung der Frau wurde formelle wie informelle soziale Kontrolle über alle Frauen als legitim wahrgenommen. Die Intention dieser Kontrolle sei dabei gewesen, sie vor den Folgen ihrer angeblichen konstitutionellen Ohnmacht und Hilflosigkeit zu beschützen. Ludi (2000) stellt außerdem fest, dass als ein weiteres Resultat der weiblichen Viktimisierung ein neues Bild über die Frauen entstand, die mit damals geltenden Gesetzen in Berührung kamen. Verbrecherinnen aber auch weibliche Opfer von Verbrechen wurden von Politik und Justiz sexualisiert, indem ihr Handeln auf die Funktion bzw. vermutete Dysfunktion ihrer eigenen Geschlechtsorgane reduziert wurde. Sie wurden zu Opfern ihrer eigenen Weiblichkeit und damit, so die damalige Wahrnehmung der Gesellschaft, zu Opfern ihrer ungebändigten Triebhaftigkeit erklärt. Fasst man beide Überlegungen in der Zeit der Aufklärung zusammen, lässt sich feststellen, dass das Wesen der Frau insgesamt als schwach galt und die Meinung vorherrschte, dass sie nur durch Erziehung und Kontrolle bestimmte Eigenschaften wie Feinfühligkeit und Mütterlichkeit entfalten konnte. Normverletzende Verhaltensweisen von Frauen wurde als Ausdruck ihrer ungezähmten Weiblichkeit betrachtet. Durch das Zusammenspiel von Viktimisierung und Sexualisierung wurde Frauen ihre Handlungsfähigkeit als Resultat biologischer Minderwertigkeit abgesprochen. Als Folge dessen hoben sich die Kategorien Täterin und Opfer auf. Hier kann der Ursprung der bis heute anhaltenden Auffassung von vielen Personen gesehen werden, dass Kriminalität eher von Männern ausgehe. Frauen, die Delikte begehen, werden seitdem eher als Ausnahmeerscheinung gesehen und scheinen daher häufig zu Unrecht pathologisiert und medikalisiert zu werden. (vgl. Ludi 2000, S. 13ff.) Auch Ottermann (2003) stellt fest, dass Mädchen und Frauen, die Gewalt ausüben, sich eher als Patientinnen in psychologischer Behandlung, psychiatrischen Kliniken oder ähnlichen Hilfseinrichtungen wiederfinden, während gewalttätige Jungen und Männer eher als Straftäter behandelt werden und zu Gefängnisaufenthalten verurteilt werden oder Auflagen für sozialpädagogische Betreuung oder Diversionsmaßnahmen erhalten (vgl. Ottermann 2003, S. 171).

Es lässt sich erkennen, dass Frauen sowohl zur Zeit der Hexenverfolgung im 15. Jahrhundert als auch während der Aufklärung im 18. Jahrhundert verallgemeinernde Attribute zugeschrieben wurden, die als negativ zu bewerten sind. Es ist davon auszugehen, dass diese Zuschreibungen nicht nur zum Nachteil für Frauen, sondern zum Vorteil für andere Gesellschaftsgruppen waren. Zum Beispiel für Staatsmänner, die durch die Unterdrückung von Frauen bestimmte eigene Ziele verfolgen konnten. Die Konstruktion der weiblichen Identität als kontrollbedürftig, kindlich und naturhaft führte bspw. dazu, dass Frauen im Anschluss an die französische Revolution von politischen Entscheidungsprozessen und infolgedessen später aus der kapitalistischen Weltwirtschaft ausgeschlossen wurden. Stattdessen gerieten ihre Aufgabenbereiche in den Hintergrund des öffentlichen Geschehens. Durch die entstandene Arbeitsteilung von Mann und Frau, gemäß ihrer vorgeschriebenen sozialen Rollen, erfolgte nicht nur eine Stigmatisierung der ‚Nicht-Arbeit' der Mutter und Hausfrau, sondern häusliche Gewalt von Männern gegen Frauen als Mittel der Züchtigung galt bis ins 20. Jahrhundert hinein als legal. (vgl. Boatcă 2003, S. 63ff.)

In diesen Ausführungen, die jedoch nur einen kleinen Einblick in historische Entwicklungen geben, wird erkennbar, dass Frauen über Jahrhunderte nicht nur gesellschaftlich und politisch ausgeschlossen wurden, sondern auch in ihrem Privatleben unterdrückt wurden und häusliche Gewalt erfahren mussten. Um nachvollziehen zu können, wie diese Rollenaufteilungen und Vorstellungen von Weiblichkeit und Männlichkeit weibliches Gewalthandeln zulassen können bzw. die Wahrnehmung davon verhindern können, muss die Verfestigung derer trotz des sozialen Wandels seit den 1970ern betont werden. Wie bereits erwähnt, sind die Frauenbewegungen unter der Parole ‚Das Private ist politisch', das soziale Problem der häuslichen Gewalt von Männern gegen ihre Intimpartnerinnen und Kinder angegangen. Das Phänomen unterliegt mittlerweile formell-öffentlicher Kontrolle durch Polizei, Jugendämter und anderen Institutionen. (vgl. Lamnek et al. 2013, S. 3) Schutzeinrichtungen und Unterstützungsmaßnahmen wurden für Frauen geschaffen, die Opfer häuslicher Gewalt werden (vgl. Bock 2002, S. 26). Es lässt sich ein Paradigmenwechsel feststellen, denn häusliche Gewalt scheint von der Gesellschaft seitdem immer weniger als legitim wahrgenommen zu werden. Jedoch veränderte sich das Bild über Männer durch die eher einseitige Thematisierung häuslicher Gewalt offenbar zu einem negativen, während sie vorher, den literaturbasierten Ausführungen nach zu urteilen, für ‚die besseren Menschen' gehalten wurden. Es kann geschlussfolgert werden, dass sich in Gesellschaft, Politik und Justiz die Vorstellung über die weibliche Wesensart gleichzeitig positiv verändert hat. Es lässt sich ein Kampf der Geschlechter erkennen, in dem sich das Bild der vergeschlechtlichten Täter-Opfer-Konstellation verfestigt zu haben scheint: Männer üben Gewalt aus, schwache Personen, wie Kinder, Ältere und Frauen sind Opfer. (vgl. Boatcă und Lamnek 2003, S. 15; Ottermann 2003, S. 168ff.) Frauen, die (häusliche) Gewalt ausüben, können nicht in diese Vorstellungen passen, genauso wenig, wie männliche Opfer dem vorherrschenden Bild von Männlichkeit entsprechen können (vgl. Lamnek et al. 2013, S. 23). Im nächsten Abschnitt wird aufgezeigt, welche konkreten Bilder über Männlichkeit und Weiblichkeit aktuell in der westlichen Gesellschaft als geltend wahrgenommen werden. Sie werden als Gründe dafür bewertet, dass viele Personen bei weiblicher Gewalt gegen Intimpartner*innen eher wegschauen als diese wahr- und ernst zu nehmen.

5.3 Aktuelle Rollenbilder in Zusammenhang mit häuslicher Gewalt von Frauen gegen ihre Intimpartner*innen

Die Vorstellungen über die Geschlechterrollen in physiologischer, moralischer und sozialer Hinsicht (vgl. Lamnek et al. 2013, S. 20ff.) „als natürliche, selbstverständliche, eindeutige und letztlich nicht anzweifelbare Tatsache" (Butler 2002, o.S.), scheint die Welt in eine ‚Männer'- und in eine ‚Frauenwelt' zu teilen. Dabei können jedes Verhalten, jede Tätigkeit, jede Körperlichkeit und jeder Charakter einer dieser Welten zugeordnet werden (vgl. Lamnek et al. 2013, S. 20ff.). Wie bereits ausgeführt, wird vielfach angenommen, dass Gewalttätigkeit eher mit Männern in Verbindung gebracht wird. Währenddessen sprechen gängigen Rollenbilder Frauen Aggressivität nicht nur ab, sondern im Gegenteil dazu wird häufig ein gewisses Konfliktlösungspotential von ihnen erwartet. (vgl. Wyss 2002, S. 16; Popp 2003, S. 195; Puchert et al 2004, S. 13) Des Weiteren gelten zum Beispiel Eigenschaften wie Durchsetzungsfähigkeit, Unabhängigkeit sowie körperliche Kraft eher als ‚männlich', während Unterordnung, Abhängigkeit oder Emotionalität größtenteils Frauen zugeschrieben wird. Aufgrund des ständigen Versuchs jede Person als Frau oder als Mann einzuordnen, werden soziale Identitäten vorgeschrieben. Diese können Einfluss auf die Kultur sowie den eigenen Körper und die Persönlichkeit haben. Die Zuordnungen der Eigenschaften und Verhaltensweisen schreiben Männern offenbar einen höheren sozialen Status zu als Frauen. Diese sogenannte patriarchale Hierarchisierung, die gleichzeitig dem Mann mehr Macht beimisst, wird als ‚natürliche' Ordnung gesehen. Es ist davon auszugehen, dass die Vorstellung über diese Ordnung nach wie vor in vielen Paarbeziehungen eine unterbewusste Rolle spielt. (vgl. Lamnek et al. 2013, S. 20ff.) Frauen, die Gewalt ausüben, gelten in der Gesellschaft eher als unweiblich. Aus diesem Grund werden ihnen häufig Attribute wie Irrationalität, Krankhaftigkeit oder ein Überschuss an biologischer Männlichkeit zugeordnet, um dieses für untypisch gehaltene Verhalten zu erklären. (vgl. Schmerl 1999, S. 210) Komplementär dazu, so stellen bspw. Puchert et al. in ihrer Pilotstudie fest, wird der Mann häufig für generell unverletzlich gehalten. Dieser Mythos wird durch Glaubenssätze, die in der westlichen Kultur zu finden sind, wie ‚Männer weinen nicht' oder ‚Männer können sich wehren' untermauert. (vgl. Puchert et al. 2004, S. 24) Als ein weiteres Beispiel dafür, dass häusliche Gewalt, die von Frauen ausgeht, vermutlich sehr oft nicht nur ignoriert, sondern sogar bagatellisiert wird, kann bspw. die bekannte und wenig hinterfragte bildliche Darstellung der Frau herangezogen werden, die mit einem Nudelholz oder einer Bratpfanne hinter der Haustür auf den Ehemann wartet, der zu spät und/ oder betrunken nach Hause kommt. Solche und ähnliche karikierende und im Ausdruck übertreibenden Bilder, die weibliche Gewalt gegen Männer als legitim darstellen, können bei den Betrachter*innen dazu führen, dass sie diese Wahrnehmung der Legitimität in ihrem Habitus integrieren. Eine mögliche Folge ist, dass die Verletzbarkeit von Männern hinter den zugeschriebenen Rollenklischees verschwindet. Dadurch kann es passieren, dass Probleme von Männern, besonders männliche Opfererfahrungen, nicht als solche anerkannt und daher ignoriert werden. (vgl. ebd., S. 13) Männer, denen häusliche Gewalt durch die*den Partner*in widerfährt, können auch selbst dazu beitragen, das Bild der hegemonialen Männlichkeit[25] aufrechtzuerhalten, indem sie die erfahrene Gewalt herunterspielen und sich keine Hilfe suchen (vgl. Vogl 2009, S. 31). Wie männliches Opfersein scheint weibliche Gewalt ebenfalls aufgrund gesellschaftlicher Vorstellungen über Männlichkeit und Weiblichkeit selten öffentliche Aufmerksamkeit zu erfahren (vgl. Lamnek et al. 2013, S. 23). Nicht nur ihre Rollenzuschreibung als Opfer, sondern auch ihre Idealisierung als sanftmütiges Wesen sind offensichtlich Gründe dafür (vgl. Knoblauch 1994, S. 41). Zentraler Bestandteil von Weiblichkeit ist dementsprechend das ‚Dasein für Andere', insbesondere für die Familienmitglieder. Die Frage nach einer Täterinnenschaft ist in der wissenschaftlichen Auseinandersetzung mit häuslicher Gewalt erst seit kurzem überhaupt ein Thema, da dadurch eine dunkle Seite der Frauen offenbar würde, die dem Bild der femininen Friedfertigkeit widersprechen würde. Einerseits machten emanzipatorische Bestrebungen auf die Handlungsfähigkeit und Selbstständigkeit von Frauen aufmerksam. Doch die damit einhergehende Fähigkeit der Gewalt- und Machtausübung, das Schuldig-Werden an der

25 Dieses Konzept beinhaltet die These, dass es nicht nur eine sozial und kulturell konstruierte Männlichkeit gibt, sondern diese sich in viele Untergruppen unterteilt, die wiederum mit weiteren sozialen Rollen bzw. Differenzierungsmustern wie bspw. Alter, Ethnie und Schicht verbunden sind. Demnach existieren viele verschiedene Männlichkeiten, die in einer hierarchischen Beziehung angeordnet sind. Das dominante Bild von Männlichkeit, welches aktuell in vielen Gesellschaftsschichten vorherrschend ist, wird als hegemoniale Männlichkeit bezeichnet. Das Modell gliedert sich in drei Ebenen. Auf der Ebene der ‚Macht bzw. Machtbeziehungen' erfolgt ein Dominanzverhältnis über Frauen aber auch zwischen den Männern, auf der Ebene der ‚Produktion bzw. Produktionsbeziehungen' findet eine konstruierte Ungleichverteilung des Wirtschaftskapitals statt und die Ebene der ‚emotionalen Bindungsstruktur' zwingt den Mann zu einer heterosexuellen Ausrichtung. Diese drei Ebenen wirken zusammen und konstruieren so die männliche Dominanz über die Frau aber auch die Hierarchieverhältnisse zwischen Männern. (vgl. Döge 2002, o.S.)

Verletzung anderer Personen scheint noch schwer zu akzeptieren zu sein. (vgl. Gräßel 2003, S. 164f.) Als Folge lässt sich derzeitig ein geringer Wissensstand über Ursachen und Hintergründe, sowie Folgen von weiblicher Gewalt gegen Intimpartner*innen wahrnehmen (vgl. Kap. 2; Kap. 4). Wie bereits in Kapitel 2 festgehalten, wurde im Jahr 1975 durch die umstrittene CTS-Studie von Gelles, Steinmetz und Strauss, die Diskussion in den USA und schließlich auch im deutschsprachigen Raum ins Rollen gebracht, ob Frauen eigentlich überhaupt gegenüber ihren Intimpartner*innen gewalttätig sein können und falls ja, in welchem Umfang. Doch schnell fanden an den Diskussionen beteiligte Personen Begründungen, weshalb diese Ergebnisse anzuzweifeln sind. Zum einen seien Männer den Frauen körperlich überlegen, weshalb Frauen grundsätzlich mehr die Gewalt ihrer Partner fürchten müssten als andersrum. Zum andern, so wäre durch andere Studien bewiesen, würden Frauen tatsächlich häufiger unter den Folgen physischer Gewalt leiden. Physische Gewalt, so der damalige Tonus, sei nicht mit psychischer Gewalt gleichzusetzen, weshalb diese als weniger schlimm einzuschätzen wäre. Außerdem, so wurde behauptet, würden Frauen in den meisten Fällen nur dann Gewalt ausüben, wenn sie sich vor der ihres Partners schützen wollen. (vgl. Godenzi 1994, S. 164f.) Diese Debatte gibt einen Hinweis auf den Zusammenhang, dass hinter den Vorstellungen über die Geschlechterrollen Verhaltensweisen, die nicht zu den Stereotypen passen, verschwinden. Häusliche Gewalt von Frauen in intimen Paarbeziehungen kann dabei schwer wahrgenommen werden. Als Folge kann festgestellt werden, dass auch bezüglich der psycho-sozialen Arbeit mit Täterinnen aktuell ein geringer Forschungsstand vorherrscht, weshalb bisher keine allgemeingültigen Aussagen darüber gemacht werden können, inwiefern das aktuelle Wissen über Ursachen, Rückfallrisiken und Beratung bzw. Behandlung von Männern, die (häusliche) Gewalt in Intimpartnerschaften ausüben, auch auf Frauen übertragen werden kann. (vgl. Vogel et al. 2016, S. 280f.) Diese Frage wird besonders im Teil II der dieses Buches noch einmal aufgegriffen.

5.4 Die eigene Wahrnehmung als Gewalttäterin

Es kann vermutet werden, dass die im vorangegangenen Kapitel beschriebenen Geschlechterrollen und -stereotype nicht nur Gründe dafür darstellen, dass die breite Gesellschaft häusliche Gewalt von Frauen gegen ihre (Ex-)Intimpartner*innen nicht wahrnimmt oder als Bagatelle interpretiert, sondern auch bei den Täterinnen selbst dazu führt.[26]

Als Erklärungsmodell für eine unzureichende Selbstwahrnehmung als Gewalttäterin soll in diesem Kapitel der ‚humane Gewaltkreislauf' nach Lempert (1988), mit dem ‚frauenspezifischen Gewaltkreislauf' nach Sabine Seifert-Wieczorkowsky (2009) ergänzt werden.

Der von Lempert (1988) entwickelte ‚humane Gewaltkreislauf'[27] beinhaltet sechs verschiedene Phasen, die sowohl gewalttätige Männer als auch gewalttätige Frauen durchlaufen können, die gegenüber ihren Kindern und/ oder ihrer*ihrem Partner*in handgreiflich werden bzw. waren. Obwohl die Anordnung der Phasen zeitabhängig ist, bedeutet dies nicht, dass die Abfolge kausallogisch zu verstehen ist. Die eine Phase erfolgt demzufolge nicht, weil die andere geschehen ist. Des Weiteren geht Lempert davon aus, dass sich die Gewalttaten wiederholen, sie in ihrer Intensität steigen und die Zeitabschnitte dazwischen kürzer werden. Nach bzw. schon mit der Gewalttat erfolgt zunächst für die gewalttätige Person eine Entlastung. Im Anschluss erfolgt das Erschrecken und direkt danach Reue und Scham über die Tat. Die*Der Täter*in nimmt dabei das Opfer bewusst wahr. Die Dauer dieser zwei direkt aufeinanderfolgenden Phasen ist von unterschiedlichen Faktoren abhängig und kann nicht pauschal bestimmt werden. Fest steht laut Lempert (1988) jedoch, dass Erschrecken und anschließende Reue und Scham umso kürzer auftreten, je häufiger Gewalttaten ausgeübt

26 Es sei jedoch angemerkt, dass es sich hierbei nur um eine Sichtweise handelt. Schröttle (2013) bspw. geht davon aus, dass Frauen mit eigenem Gewalthandeln gerade in Beziehungen sensibler umgehen und es eher als solches identifizieren, während Männer dieses laut Schröttle eher bagatellisieren (vgl. Schröttle 2013, S. 4). [In dieser These wird allerdings ein Festhalten an Unterschieden zwischen Männern und Frauen bzw. eine Reproduktion von Geschlechterstereotypen deutlich, welche es in diesem Buch aufzuheben gilt, Anm. d. Verf.]

27 Ein ähnliches Modell stellt das ‚Rad der Gewalt' dar, welches 1979 von Leonore E. Walker entwickelt wurde (vgl. Best 2013, S. 8ff.).

werden. Dann erfolgt eine Verantwortungsabgabe. Die Schuld wird woanders, insbesondere beim Opfer, gesucht. Dabei erfolgt eine Umdeutung der eigenen Gewalttat, indem sie als eine berechtigte Gegengewalt legitimiert wird. Erwähnt sei an dieser Stelle, dass diese Verantwortungsübergabe nicht nur bei Beziehungsgewalt, sondern bei allen Gewalttaten festgestellt wird. Die letzte bzw. eigentlich die erste Phase des Gewaltkreislaufs ist die bewusste Entscheidung dazu, Gewalt auszuüben. Es handelt sich demnach immer um eine willentliche Tat, die selbst verantwortet werden muss. (vgl. Seifert-Wieczorkowsky 2009, S. 203ff.)

Seifert-Wieczorkowsky (2009) entwickelte diesen ‚humanen Gewaltkreislauf' zu einem ‚frauenspezifischen Gewaltkreislauf' weiter. Er basiert auf ihren eigenen langjährigen Beobachtungen als Beraterin in der Gewaltberatungsstelle Hamburg. Dabei stellte sie fest, dass sich der Gewaltkreislauf bei Frauen um weitere Phasen ergänzen lässt. Auch wenn von individuellen Unterschieden bei jeder Verursacherin häuslicher Gewalt auszugehen ist, durchlebt laut Seifert-Wieczorkowsky jede von ihnen folgende Phasen: Nach Reue und Scham erfolgt bei ihnen die ‚Einnahme der weiblichen Opferhaltung'. Damit ist gemeint, dass die Scham für die Täterin in ihrer gesellschaftlich vorgegebenen Rolle als fürsorgliche Ehefrau so unerträglich ist, dass sie die Tat zunächst selbst bagatellisieren muss. Dann nimmt die Täterin die Position ein, dass sie selbst ein Opfer äußerer Umstände wäre, die sie dazu gezwungen hätten, sich gewalttätig zu verhalten. Dementsprechend schiebt sie eine mögliche Schuld von sich, womit die ‚Verantwortungsabgabe' eingeleitet wird. Der geschlagene Partner[28] unterstützt diesen Prozess laut Seifert-Wieczorkowsky (2009) zumeist, indem er entweder selbst die Verantwortung für die Gewalttat übernimmt oder Entschuldigungen für die Täterin findet, die sie zu einem Opfer machen.[29] Die darauffolgende Phase nennt sich ‚Wiederherstellung der weiblichen Integrität'.

28 Wie sich der Gewaltkreislauf in einer lesbischen Paarbeziehung gestalten würde, wurde in den Ausführungen nicht ersichtlich. Dementsprechend wurde bewusst auf eine gendergerechte Sprache verzichtet, um zu verdeutlichen, dass sich der beschriebene Gewaltkreislauf lediglich auf heterosexuelle Paarbeziehungen bezieht. (vgl. Seifert-Wieczorkowsky 2009, S. 195ff.)

29 An dieser Stelle sei auf die bereits in Kapitel 5.2 erwähnte Pathologisierung weiblicher Gewalt verwiesen.

Die Frau betreibt offenbar einen doppelten Normverstoß. Einmal durch die Gewaltausübung selbst und dann als Angehörige des weiblichen Geschlechts, wodurch sie, wie in Kapitel 5.3 aufgezeigt, nach den gesellschaftlichen Vorstellungen keine (häusliche) Gewalt ausüben dürfte bzw. könnte. Daher deutet sie die Gewalt um. Die Tat wird in das Konzept von Weiblichkeit integriert, indem sich die Täterin einredet, richtig gehandelt zu haben, da sie sich lediglich gegen ihren Partner gewehrt habe. Leitsätze wie ‚Ich bin wehrhaft und durchsetzungsstark' oder ‚Ich lasse mir von einem Mann nicht alles gefallen' bestärken sie in ihrem Glauben, keinen Fehler gemacht zu haben. Seifert-Wieczorkowsky (2009) geht davon aus, dass Frauen eine große Angst davor haben, dass ihre Tat öffentlich bekannt wird. Einerseits aus dem Grund, dass ihnen Attribute ihrer Weiblichkeit abgesprochen werden könnten, andererseits, weil sie als krank tituliert werden könnten. Im Anschluss an diese Phase erfolgen daher die sogenannte ‚Rechtfertigung und vorauseilende weibliche Absolution im gesellschaftlichen Mainstream'. Damit ist gemeint, dass sich Frauen trotz der Angst vor Ächtung und Stigmatisierung zumeist einer nahestehenden Person oder auch einer Beratungsstelle anvertrauen. Damit wollen sie vermutlich sozusagen eine nachträgliche Erlaubnis für ihr Handeln erhalten. Aufgrund ihres gesellschaftlich implizierten Status' als Opfer ihrer Lebensumstände, scheint es für sie leichter, selbst im Falle einer Täterinnenschaft, diese Rolle zugeschrieben zu bekommen, nachdem sie Rechtfertigungsgründe hervorgebracht und Mitleid erzeugt haben. Im Gegensatz zu einer Auseinandersetzung mit der Tat und einer Verantwortungsübernahme erlaubt dann die Legitimation von außen, dass die Täterinnen selbst das Geschehene bagatellisieren, weiter in ihrem Opferstatus verharren und letztendlich ihre positive weibliche Integrität wiedererlangen. Auf diese Phase folgt ‚Schweigen, selbst produzierte Isolation'. Nicht nur die Frau, die häuslich gewalttätig geworden war, sondern auch häufig ihr Partner können sich in diese Phase begeben. Wie die Täterin ihre weibliche Integrität nicht verlieren möchte, hat das männliche Opfer meistens ebenso Angst vor gesellschaftlicher

Ächtung und davor, als schwach angesehen zu werden.[30] Das Ehepaar isoliert sich aufgrund des ‚gemeinsamen' Geheimhaltungsdrucks und versucht, in den normalen Alltag zurückzukehren. Sie vermeiden eine Konfrontation bzw. Auseinandersetzung mit dem Geschehenen sowie zugrunde liegender Konflikte. Allerdings erfolgt hierdurch nach Seifert-Wieczorkoswky (2009) zumeist eine ‚Verschärfung der Konflikte'. Die gewalttätige Frau spürt in ihrem Unterbewusstsein, dass sie die Verantwortung für ihr Handeln trägt, scheint sich allerdings zu weigern, sich dies einzugestehen. Sie manifestiert ihre Isolation einerseits nach außen, doch auch nach innen zu sich selbst. Daraus folgt zum einen, dass sie selbst- und fremdüberfordert ist, indem sie weiterhin versucht, die Schuld im Außen zu suchen. Zum anderen wertet sie sich selbst ab, weil sie das gewalttätige Verhalten durch die Schuldübertragung nicht verändern kann. Sie wertet ihren Partner ab, indem sie bei ihm nach Gründen sucht, weshalb er der Schuldige an der Gewaltausübung ist. Dabei verdrängt die Verursacherin häuslicher Gewalt weiterhin Gefühle wie Wut und Verzweiflung. Dies stellt die letzte Phase ‚Vermeidung von Wut und Verzweiflung' dar. Des Weiteren vermeidet sie, über das problematische Gewaltverhalten an sich zu sprechen, wodurch sich die Konflikte verschlimmern können. Sie kann erneute Vorwürfe, Beleidigungen und/ oder Abwertungen gegen ihren Partner richten, die bei ihm auf Unverständnis treffen und eine Verteidigungshaltung auslösen. Hierbei beginnt der Gewaltkreislauf von vorne und es kommt zu einer neuen Gewalttat. (vgl. Seifert-Wieczorkowsky 2009, S. 205ff.) Dieses Muster lässt sich auch in den Interviews von männlichen Opfern häuslicher Gewalt erkennen, die im Rahmen der veröffentlichten Magisterarbeit von Bennwitz-Heit (2008) befragt wurden. Fast alle der 17 Befragten gaben an, dass nach den Gewalthandlungen, insbesondere den physischen, selbst nach Aufforderung der Männer, die gewalttätigen Frauen nicht darüber sprachen und sie entweder die Angriffe verharmlosten und sich überhaupt nicht entschuldigten oder

30 Hier sei an das Konzept der hegemonialen Männlichkeit erinnert, welches bereits Erwähnung gefunden hat. Dieses besagt, dass es auch innerhalb der männlichen Geschlechtergruppe Hierarchien gibt, die von anderen Zuschreibungen abhängen. Je ‚weiblicher' die Attribute eines Mannes, bspw. Homosexualität als desto schwächer wird er betrachtet und näher an der Feminität angesiedelt. (vgl. Connell 1999, S. 97ff.)

sie sich entschuldigten und dafür erwarteten, dass ihre Partner ihnen verziehen und die Beziehung unverzüglich zu einem ‚Normalzustand' zurückkehrte. Doch es dauerte häufig nicht lange, bis eine erneute Gewalthandlung erfolgte. (vgl. Bennwitz-Heit 2008, S. 164f.)

Letztendlich kann jedoch festgestellt werden, dass sich die Frage nach potentiellen Rechtfertigungsstrategien von Gewalt insgesamt einer wissenschaftlichen Aufmerksamkeit entzieht (vgl. Lamnek 2002, S. 1393f.). Mit dem frauenspezifischen Gewaltkreislauf wurde lediglich eine Möglichkeit aufgezeigt, wie Frauen, die häusliche Gewalt in ihrer intimen Paarbeziehung ausüben bzw. ausgeübt haben, vermutlich damit umgehen. Ob dieser Gewaltkreislauf pauschal Anwendung finden kann, gilt es zu überprüfen.

5.5 Die Macht der Medien

Die Mitglieder einer Gesellschaft können in ihren Meinungen und Einstellungen durch sogenannte primäre Definierer*innen und Moralunternehmer*innen beeinflusst werden. Wie bereits geschildert, können bei der öffentlichen Thematisierung von häuslicher Gewalt in Deutschland, die Frauenbewegungen als Einflussgrößen genannt werden. Ihr Wissen stammt aus ihren praktischen Erfahrungen mit missbrauchten und misshandelten Kindern und Frauen. Diese Frauen und Kinder wurden zum Hauptgegenstand von gesellschaftspolitischen Kampagnen und Öffentlichkeitsarbeit. Massenmedien gelten dafür als Sprachrohr, um die breite Gesellschaft, sowie Politiker*innen zu erreichen. Die gesellschaftlichen und politischen Reaktionen auf die massenmediale Thematisierung von Frauen und Kindern als Opfer häuslicher Gewalt, wie bspw. die Errichtung von Frauenhäusern oder anderen Schutz- und Unterstützungsangeboten für die Opfer, fand bzw. findet wieder Eingang in der massenmedialen Berichterstattung. Lamnek et al. (2013) sehen hier die Gefahr, dass die Art und Weise der Deutungen und Präsentationen von Informationen durch die Massenmedien nicht nur dazu führt, dass bei den Gesellschaftsmitgliedern ein verzerrtes Bild über das Ausmaß an Vorfällen häuslicher Gewaltakte entsteht, sondern auch, dass sich ihre Konzepte von Vorstellungen über Männlichkeit und Weiblichkeit verfestigen. Durch diese Vorstellungen können Entscheidungsträger*innen wiederum beeinflusst sein und ihr Handeln danach ausrichten. Dementsprechend lässt sich ein Kreislauf erkennen. Kriminal- und familienpolitische Praktiken richten sich vermehrt an Frauen und Kinder als Opfer häuslicher Gewalt. (Lamnek et al. 2013, S. 221f.) Währenddessen scheint sich häusliche Gewalt, die von Frauen ausgeht oder das Phänomen der männlichen Opferschaft von häuslicher Gewalt, einer wissenschaftlichen, professionellen und gesellschaftlichen Bearbeitung zu entziehen (vgl. Gemünden 2003, S. 333). Dabei lässt sich eine (Re-)Definition und (Re-)Konstruktion des Phänomens häuslicher Gewalt als hauptsächlich männliche Gewalt gegen Frauen und Kinder feststellen (Lamnek et al. 2013, S. 222).

Als ein Beispiel hierfür kann die massenmediale Thematisierung von bereits erwähnten Hellfeldstudien genannt werden (vgl. Ottermann 2003, S. 171). In der Pressemitteilung des BKA vom Jahr 2016 werden die Opferzahlen bezüglich häuslicher Gewalt im Jahr 2015 vorgestellt. Es fällt auf, dass die Zahlen der weiblichen Opfer sehr in den Vordergrund gestellt werden, während die männlichen Opferzahlen keine Beachtung finden. Anstatt von häuslicher Gewalt gegen Frauen, Männer und Kinder spricht der damalige BKA-Präsident Holger Münch außerdem von Gewalt gegen Frauen, wodurch die männlichen Opferzahlen gänzlich in den Hintergrund geraten. (vgl. BKA 2016, o.S.) Wie in Kapitel 1 bereits erklärt, sind die Bedeutungen unterschiedlich zu verstehen. ‚Gewalt gegen Frauen' meint jegliche Form von Gewalt gegen Frauen, auch häusliche Gewalt. Häusliche Gewalt lässt sich, wie ebenfalls in Kapitel 1 ausgeführt, schwer definieren. In jedem Fall ist dabei aber personale Gewalt zwischen mindestens zwei Personen zu verstehen, wobei das Geschlecht von gewaltausübender und gewalterfahrener Person anhand dieses Begriffes nicht zu erschließen ist (vgl. Kap. 1). Es lässt sich schlussfolgern, dass bei der Verwendung des Begriffes ‚Gewalt gegen Frauen' bzgl. des sozialen Problems der häuslichen Gewalt, die Möglichkeiten von Täterinnenschaft und männlicher Opferschaft außer Acht gelassen oder gar ausgeschlossen werden. Auch als Münch von der hohen Dunkelfeldziffer von Opfern spricht, die durch entsprechende Hilfsangebote erreicht werden könnten, wird in der Sprache deutlich, dass damit nur Frauen gemeint sind. Am Ende der Mitteilung wird das Hilfetelefon ‚Gewalt gegen Frauen' mit dazugehöriger Nummer vorgestellt. Ein Pendant für Männer wird nicht erwähnt.

(vgl. BKA 2016, o.S.) Auch im November 2018 erreichte die polizeiliche Kriminalstatistik von 2017 große politische und öffentliche Aufmerksamkeit. Bundesfamilienministerin Franziska Giffey stellte die neuen Zahlen bzgl. Partnerschaftsgewalt vor. In mehreren Medien wurde darüber berichtet. Auffallend ist, dass zwar von Frau Giffey selbst sowie von den Berichterstatter*innen auch die Zahlen der Täterinnen und männlichen Opfer häuslicher Gewalt erwähnt werden, im Anschluss sich der Blick jedoch ausschließlich auf Frauen und Kinder richtet. Es wird festgestellt, dass es nach wie vor zu wenige Schutzeinrichtungen für sie gäbe. Was unerwähnt bleibt, sind die im komplementären Vergleich dazu noch weniger vorhandenen Schutzeinrichtungen für Männer. Überlegungen zum Ausbau von Beratungsangeboten für Männer, sowie Frauen, die als Ausübende häuslicher Gewalt zu identifizieren sind, finden in den Artikeln keine Erwähnung. (vgl. Roßbach und Mayer 2018, o.S.; Ulrich 2018, o.S.) Auffallend ist auch wieder, dass während der Vorstellung der Zahlen sowohl der Begriff ‚häusliche Gewalt', als auch der Begriff ‚Gewalt gegen Frauen' zum selben Sachverhalt verwendet werden. In der Berichterstattung darüber ebenfalls. (vgl. Ulrich 2018, o.S.) Diese Beispiele können als Indiz dafür behandelt werden, dass in der medialen Berichterstattung bzw. in der Öffentlichkeit zum Thema der häuslichen Gewalt häufig ein Prozess von Stigmatisierung von Männern als Täter und Frauen als Opfer vonstattengeht. Dadurch erfolgt eine Reproduktion der tradierten Geschlechterbilder. (vgl. Boatcâ und Lamnek 2003, S. 19) Boatcâ und Lamnek (2003) schlussfolgern, dass sich

> „[d]*as Konstrukt der geschlechtsspezifischen Verteilung der Gewalt in unserer Gesellschaft [...] dem öffentlichen Bewusstsein kraft medialer Wiederholung wirksam ein*[prägt] *und [...] schließlich in familienpolitischen Forderungen und Entscheidungen entsprechend wirksam* [wird]" (ebd., S. 20).

In der Folge richtet sie die staatliche Subventionierung, wie Giffey in der Pressemitteilung auch ankündigt, fast ausschließlich an Netzwerke und Hilfseinrichtungen, die ihr Angebot an weibliche Opfer häuslicher Gewalt und deren Kinder richten (vgl. Ulrich 2018, o.S.; Bock 2002, S. 26). Schutz- und Beratungseinrichtungen für Männer, an denen häusliche Gewalt ausgeübt wird, sind in Deutschland wie bereits in Kapitel 2.2.3 dargestellt, nur vereinzelt zu finden. Ebenfalls konnte festgestellt werden, dass die Arbeit mit Täter*innen häuslicher Gewalt erst später ein öffentliches und politisches Interesse erfuhr, obwohl davon auszugehen ist, dass diese massiv zum Schutz von Opfern beiträgt. Zudem lässt sich aus den Selbstdarstellungen solcher Projekte und Einrichtungen entnehmen, dass sich ihr Angebot fast ausschließlich an Männer richtet. (vgl. Kap. 2.2.3)

Auch gesellschaftspolitische Aufklärungskampagnen über häusliche Gewalt können durch eine einseitige Behandlung des Themas eine (Re-)Produktion von Vorstellungen über Männlichkeit und Weiblichkeit herbeiführen, die das Phänomen der weiblichen häuslichen Gewalt in Intimpartnerschaften ausschließt. (vgl. Ottermann 2003, S. 171) Gibt man in einer Suchmaschine wie Google den Begriff ‚häusliche Gewalt' ein, lassen sich unzählige Beispiele für die Darstellung von Frauen als Opfern und Männern als Verursacher häuslicher Gewalt in Aufklärungs- und Informationskampagnen finden. Als ein konkretes Beispiel sei hier kurz auf die hessische Kampagne ‚Rote Karte gegen häusliche Gewalt' eingegangen. In sämtlichen hessischen Apotheken als niedrigschwellige Anlaufstellen für potentielle Opfer häuslicher Gewalt wurden Flyer ausgelegt, die sowohl Zeug*innen als auch Opfer darüber aufklärten, welche Maßnahmen in Fällen von häuslicher Gewalt ergriffen werden können. Auffallend ist, dass dabei explizit von Männern als Gewaltausübende und Frauen als Gewalterfahrende die Rede ist. Zusätzlich werden neben der Polizei und dem ärztlichen Bereitschaftsdienst lediglich Schutzeinrichtungen aufgezählt, an die sich ausschließlich Frauen wenden können, die Opfer häuslicher Gewalt wurden. (vgl. Müller-Kuhl 2013, o.S.) Es ist davon auszugehen, dass diese wie andere Kampagnen, Flyer, Broschüren, und auch Filme sowie andere Sendungen im Fernsehen, die eine einseitige Fokussierung auf das Phänomen der häuslichen Gewalt vornehmen, das Bild über häusliche Gewalt als männliche Domäne verstärken (vgl. Bock 2002, S. 26).

Zusammenfassend scheint es im Moment in der deutschen Gesellschaft so zu sein, dass bestehende Vorstellungen von Männlichkeit und Weiblichkeit zu einer selektiven Wahrnehmung des Phänomens häuslicher Gewalt führen. Aufgrund dessen erfolgt eine selektive Berichterstattung und Forschung(sförderung), wodurch wiederum Rollenvorstellungen aufrechterhalten und reproduziert werden (vgl. Boatcâ und Lamnek 2003, S. 20).

Mit diesem Kapitel sollte deutlich werden, was unter Geschlechterrollen zu verstehen ist und welche Wesenszuschreibungen Männer und Frauen dadurch erfahren. Dabei lag der Fokus auf dem Thema häusliche Gewalt. Frauen scheinen in der westlichen Gesellschaft viel zu lange als Opfer ihrer eigenen biologischen Veranlagung betrachtet worden zu sein. Dadurch galten sie sehr lange als schwach und zu beschützend, während Männern Attribute wie Stärke, Durchsetzungsfähigkeit u.Ä. zugeschrieben wurden. Die Frauenbewegungen erreichten in vielerlei Hinsicht eine Veränderung im Geschlechterverhältnis, welches in verschiedenen Bereichen zu einer Gleichberechtigung von Männern und Frauen und damit zu einer Dekonstruktion von Geschlechterrollen führte (vgl. Gerhard 2013, S. 72). Wenn es um häusliche Gewalt geht, scheint die Skandalisierung des Phänomens allerdings zu einer Verfestigung der Geschlechterrollen und -stereotype geführt zu haben. Eine Folge ist, dass in der Gesellschaft die Meinung vorzuherrschen scheint, dass Frauen nicht dazu in der Lage wären, häusliche Gewalt gegen ihre Intimpartner*innen auszuüben. Die Gesellschaft scheint sich zu weigern, sich von den vorherrschenden Rollenbildern zu lösen, was die französische Philosophin und Feministin Elisabeth Badinter als ‚Falle des Essentialismus' bezeichnet. Obwohl Feministinnen sich dafür eingesetzt hatten, dass dem nicht mehr so ist, scheint nach wie vor ein Bild der Männlichkeit und ein Bild der Weiblichkeit vorherrschend zu sein, anstatt viele verschiedene Männlichkeiten und Weiblichkeiten wahrzunehmen und anzuerkennen. (vgl. Badinter 2005, S. 53ff.)

Zum Schluss dieses Kapitels sei erneut darauf hingewiesen, dass bisherige Entwicklungen im Kampf gegen häusliche Gewalt keinesfalls denunziert werden sollen. Jedoch kann festgestellt werden, dass in den meisten Fällen von massenmedialer Berichterstattung, politischen Aktionen oder Aufklärungskampagnen männliche Viktimisierung wie auch Täterinnenschaft ausgeklammert werden. In diesem Buch ist es ein Anliegen, den Blick hierfür zu schärfen, um in der Zukunft häusliche Gewalt als ein soziales Problem, losgelöst vom sozialen Geschlecht der ausübenden Person, zu betrachten und anzugehen.

6. Exkurs: Die soziale Konstruktion der Zweigeschlechtlichkeit

Bisher konnte festgestellt werden, dass es schwierig ist, häusliche Gewalt als solche wahrzunehmen und zu definieren. Des Weiteren lässt sich seit den Frauenbewegungen ab den 1970er Jahren eine eher einseitige gesellschaftliche und politische Behandlung des Phänomens erkennen. In Paarbeziehungen werden Männer zumeist als gewalthandelnde und Frauen als gewalterfahrende Personen identifiziert. Ferner wurde aufgezeigt, dass die verbreiteten Annahmen darüber, dass eher Männer häusliche Gewalt ausüben, nur bedingt mit wissenschaftlichen Untersuchungen belegt werden können. Als bedeutsamen Grund dafür, dass sich häusliche Gewalttätigkeit von Frauen weitestgehend einer gesellschaftlichen, politischen und wissenschaftlichen Wahrnehmung und Berücksichtigung entzieht, werden kulturell tradierte Vorstellungen über Männlichkeit und Weiblichkeit gehalten. Das vorangegangene Kapitel widmete sich dieser Thematik und konkretisierte, wie sich die Rollenverteilungen von Mann und Frau entwickelt haben und inwiefern bipolare Deutungsmuster in gesellschaftliches Denken und Handeln hineinwirken und reproduziert werden. Nun wird an die These der sozial konstruierten Zweigeschlechtlichkeit herangeführt. Dabei wird der Ansatz des ‚doing gender' in den Blick genommen. Im Anschluss wird auf Basis dieser Theorie ein Zusammenhang zwischen Geschlecht und Gewalt hinterfragt. Das Ziel des vorliegenden Kapitels ist es, die Notwendigkeit aufzuzeigen, bisherige Konstruktionsmuster aufzubrechen und häusliche Gewalt in Intimpartnerschaften weder als männliches noch als weibliches, sondern als ein geschlechtsunabhängiges Phänomen wahrzunehmen.

In der Diskussion über Geschlechterdifferenz und Geschlechterverhältnis können zwei Perspektiven unterschieden werden: Die ‚egalitäre Position' und die ‚dualistische Position'. Vertreter*innen beider Positionen beschäftigen sich mit der gesellschaftlichen Teilhabe von Frauen und verfolgen die These, dass Frauen benachteiligt sind, weil sie Frauen sind. Vertreter*innen der ‚egalitären Position' gehen davon aus, dass die Unterschiede zwischen Männern und Frauen gesellschaftlich bedingt sind. Daher fordern sie eine gesellschaftliche Überwindung dieser Differenzen, da diese für Frauen nötig sei, um sich von abhängigen und benachteiligenden Lebensumständen zu befreien. In der ‚dualistischen Position‘ wird davon ausgegangen, dass sich Männer und Frauen in biologischer, sozialer und psychischer Hinsicht unterscheiden. Es wird die These verfolgt, dass erst die Anerkennung dieser Unterschiede erfolgen muss, um im Anschluss gleiche Einwirkungs- und Teilhabemöglichkeiten für Männer und Frauen in der Gesellschaft zu erreichen. Die Perspektiven stimmen in der Identifizierung eines historisch bedingen Ungleichgewichts zwischen Männern und Frauen überein. Während in der erstgenannten Position davon ausgegangen wird, dass der weibliche Sozialcharakter als Ausdruck und Folge gesellschaftlicher Benachteiligung zu bewerten ist, konstatieren Vertreter*innen der zweitgenannten Position einen fundamentalen Unterschied zwischen Männern und Frauen, der in der Gesellschaft als Nachteil für Frauen zum Ausdruck kommt. Beide Perspektiven haben die Frauenbewegungen von Beginn an begleitet. (vgl. Gildemeister 1988, S. 487f.) Im vorliegenden Buch wird basierend auf den Ausführungen in Kapitel 5 die ‚egalitäre Position‘ eingenommen. Es wird davon ausgegangen, dass es sich bei den wahrgenommenen Unterschieden zwischen Mann und Frau um soziale Konstruktionen handelt, die sich teilweise in ihren Habitus verankert haben und nicht als genetisch bedingt zu bewerten sind. Auf der Basis dieser Grundgedanken der binären Klassifikation der Geschlechter wird unterstellt, dass Frauen genauso wie Männer häusliche Gewalt ausüben können. Entweder, scheinen sie aber aufgrund ihrer sozialisationsbedingten Geschlechtsidentität dazu gehemmt zu sein oder die Gesellschaft sowie die Täterinnen selbst, so wird vermutet, sind nicht in der Lage dazu, ihr Gewalthandeln gegen ihre Intimpartner*innen als solches zu identifizieren.

6.1 Der ethnomethodologische Ansatz des ‚doing gender‘

Das vorliegende Kapitel widmet sich der soziologischen Auseinandersetzung mit der These der Konstruktion der sozialen Zweigeschlechtlichkeit. Sozialisationstheoretische und konstruktivistische Überlegungen bspw. versuchen, bestehende Geschlechterrollen zu hinterfragen und die Ursachen und Funktionen für die Aufteilung in ‚weiblich‘ und ‚männlich‘ zu erforschen (vgl. Boatcă und Lamnek 2003a, S. 14) Damit einhergehend wird z.B. auch die Zuschreibung der Devianz und dementsprechend häusliche Gewalt als männliches Attribut hinterfragt (vgl. Bereswill 2009, S. 10ff.). Insbesondere in der interpretativen Soziologie befassen sich Theoretiker*innen mit dieser Thematik. Dieser wissenschaftstheoretischen Tradition liegt die These zugrunde, dass die soziale Wirklichkeit dadurch geschaffen wird, dass sozial handelnde[31] Personen die Realität interpretieren und nach einem gemeinsamen Sinn suchen. Über diesen tauschen sie sich in Interaktionen aus. Der symbolische Interaktionismus, sowie der Sozialkonstruktivismus und die Ethnomethodologie lassen sich darunter fassen. (vgl. Micus-Loos 2009, S. 56) Diese konstruktivistischen Ansätze „fragen nach den sozialen und kulturellen Konstruktionsprozessen sozialer Wirklichkeit und der ihr eingeschriebenen Geschlechterordnung" (Bilden und Dausien 2006, S. 8). Insbesondere Theorien aus der Ethnomethodologie und dem Symbolischen Interaktionismus lassen sich in der feministischen Forschung in Deutschland als bedeutsame Einflussgrößen in der Diskussion über die Geschlechterkonstruktion feststellen (vgl. Micus-Loos 2009, S. 56).

Der symbolische Interaktionismus ist eine mikrosoziologische Theorie. Sie wurde von Herbert Blumer in den 1960er Jahren entwickelt und ist besonders durch dessen Lehrer, George Herbert Mead geprägt (vgl. Misoch 2015, S. 8). Im Zentrum steht die Erforschung von menschlichem Verhalten und Zusammenleben. Der Ansatz unterscheidet sich zu vielen anderen sozialwissenschaftlichen und psychologischen Erklärungsansätzen dahingehend, dass er weniger nach den Ursachen von Handlungen bzw. den Faktoren, die Handeln beeinflussen fragt, als nach der Bedeutung, nach der Handlungsweisen ausgerichtet sind. Wird die Bedeutung von Dingen, die das Handeln beeinflussen, nicht berücksichtigt, wird dies beim symbolischen Interaktionismus als ver-

31 Soziales Handeln bedeutet nach Max Weber, jedes Handeln, welches sich nach dem subjektiven Sinn auf das Verhalten anderer Personen bezieht (vgl. Weber 1960, S. 18f.). Normalität entsteht in der Folge dadurch, dass die ‚interaktiv konstruierte soziale Wirklichkeit' von den sozial Handelnden als objektive, reale Wirklichkeit wahrgenommen wird, wodurch wiederum eine Gesellschaft geschaffen ist, innerhalb der aufgrund von selbst formulierten und aufrecht erhaltenen Regeln, ein Zusammenleben ermöglicht ist (vgl. Blumer 1981, S. 80ff.).

fälschte Untersuchung von Verhalten bewertet.[32] Der Ursprung der Bedeutung wird dabei weder in der inneren Beschaffenheit der Dinge an sich (wie beispielsweise die eines Stuhls, dass man darauf sitzen kann), noch in psychologischen Elementen der handelnden Person (wie persönliche Empfindungen, Wahrnehmungen und Gedanken), sondern im Interaktionsprozess zwischen Personen angesiedelt. Damit ist gemeint, dass Menschen sich davon beeinflussen lassen, welche Bedeutung andere Menschen einer bestimmten Sache beimessen und auf welche Art und Weise sie dann in Bezug auf ihre subjektive Bewertung handeln. Aufgrund dessen handelt es sich bei diesen Bedeutungen immer um soziale Produkte. (vgl. Blumer 1981, S. 83) Diese werden „in den und durch die definierenden Aktivitäten miteinander interagierender Personen hervorgebracht" (ebd., S. 83f.). Doch es findet laut dem Ansatz des symbolischen Interaktionismus nicht nur ein Interaktionsprozess mit anderen Personen statt, sondern jedes Individuum interagiert ebenfalls mit sich selbst und richtet sein Handeln auch danach aus, wie es bestimmte Dinge interpretiert. Zusammengefasst bedeutet dies, dass Menschen durch den Prozess des Zusammenlebens innerhalb einer Gesellschaft ihre Handlungen aufeinander abstimmen sowie ihr eigenes individuelles Benehmen entwickeln. (vgl. ebd., S. 84ff.)

Ethnomethodologische Konzeptualisierungen konkretisieren diese Überlegungen bspw. durch die Betrachtung von Geschlecht als ‚doing gender' (vgl. Micus-Loos 2009, S. 56). Die Ethnomethodologie wurde in den 1950er und 1960er Jahren von Harold Garfinkel begründet. Der Fokus dieses Ansatzes liegt auf der Analyse des sozialen Handelns. Dabei wird die Frage behandelt, wie die Menschen durch ihr und in ihrem Handeln eine soziale Ordnung bzw. die gesellschaftliche Wirklichkeit herstellen. (vgl. Misoch 2015, S. 10ff.) Der Ansatz des ‚doing gender' wurde 1987 von West und Zimmermann entwickelt. Die Geschlechtszugehörigkeit bzw. Geschlechtsidentität werden in diesem Konzept als angeborene Eigenschaft hinterfragt und als fortlaufender,

32 An der Stelle sei auf Kapitel 3 verwiesen. In der Beschäftigung mit Untersuchungen zum Thema häusliche Gewalt konnte ebenfalls festgestellt werden, dass unterschiedliche Untersuchungsergebnisse auch auf die subjektive Bedeutung, die beteiligte Personen einem bestimmten Sachverhalt zuschreiben, zurückgeführt werden können (vgl. Kap. 3).

sozialer Herstellungs- und Reproduktionsprozess interpretiert. Vertreter*innen dieser Theorie gehen demzufolge davon aus, dass die Geschlechtszuschreibung nicht als natürlicher Ausgangspunkt menschlicher Unterschiede im Handeln, Erleben und Verhalten zu bewerten ist, sondern in zwischenmenschlichen Interaktionen erfolgt.[33] Wie vorangehend erläutert, liegt dem symbolischen Interaktionismus die Theorie zugrunde, dass in sozialen Interaktionen Interpretationen und Zuschreibungen erfolgen.[34] In der Folge stellt das ‚Geschlecht' nach dem Ansatz des ‚doing gender' ein Klassifikationsschema dar, mit dem die Welt geordnet werden kann. West und Zimmermann unterscheiden ‚sex', ‚sex-category' und ‚gender'. ‚Sex' bezeichnet die Geburtsklassifikation, die basierend auf biologischen Kriterien erfolgt. ‚Sex-category' ist die soziale Zuordnung zu einem Geschlecht aufgrund bestimmter Verhaltensweisen. Die ‚sex-category' kann dem biologischen Geschlecht entgegenstehen. Die Zuschreibung des ‚gender' erfolgt durch die intersubjektive Validierung der ‚sex-caetegory', wenn die Verhaltensweisen den normativen Erwartungen entsprechen. Geschlecht (‚gender') liegt demzufolge in aktiven Verhaltensweisen (‚doing') begründet, welche der Geschlechtskategorie angepasst sind. Diese Überlegungen basieren auf den Studien über Transsexuelle von Harold Garfinkel (1967) sowie weitere Studien von Susann Kessler und Wendy McKenna (1978). Transsexualität tritt durch psychische Identifizierung mit dem Geschlecht, welches konträr zum physisch vorhandenen Geschlecht ist, sowie durch das Anstreben und der Vollziehung einer Geschlechtsanpassung in einen Gegensatz zu der Annahme, dass die

33 Für eine vertiefende Auseinandersetzung mit dem Gedanken, dass es keine biologische Zweigeschlechtlichkeit gibt, siehe z.B. auch Teubner, Ulrike (1995): Das Fiktionale der Geschlechterdifferenz. Sowie: wie geschlechtlich ist die Kategorie Geschlecht? In: Angelika Wetterer (Hg.): Die soziale Konstruktion von Geschlecht in Professionalisierungsprozessen. Frankfurt/Main: Campus-Verl., S. 247–262. oder Brückner, Margrit (1988): Die Sehnsucht nach den Kugelmenschen oder vom Wunsch nach Aufhebung der Geschlechtertrennung. In: Carol Hagemann-White und Maria S. Rerrich (Hg.): FrauenMännerBilder. Männer und Männlichkeit in der feministischen Diskussion. Bielefeld: AJZ-Verl. (Forum Frauenforschung, 2), S. 194–223.

34 Eine ergänzende These, die auf den Überlegungen Goffmans basieren, ist, dass Geschlechterdifferenzen nicht nur in Interaktionen zwischen Menschen produziert und reproduziert werden, sondern auch in Institutionen verankert sind (vgl. Micus-Loos 2009, S. 56; Knoblauch 1994, S. 41ff.).

Zugehörigkeit zum männlichen oder weiblichen Geschlecht eindeutig am Körper ablesbar und unveränderbar wäre. Anhand der operativen Geschlechtsumwandlung konnte festgestellt werden, dass auch transsexuelle Personen am Prinzip der Zweigeschlechtlichkeit festzuhalten scheinen, wenn sie ihr biologisches Geschlecht mit ‚gender' und ‚sex-category' in Einklang bringen wollen. In der Fallstudie ‚Agnes' die im Zuge ihrer Geschlechtsumwandlung auch ihr Verhalten und ihr Auftreten änderte, konnte Garfinkel bestimmte neu entwickelte Verhaltensweisen erkennen, die durch die vorhandenen Rollenstereotype eindeutig einem Geschlecht zugeordnet werden können. Er schlussfolgerte, dass Transsexuelle sich in besonders hohem Maße den Geschlechtsrollenerwartungen, für welches sie sich entschieden haben, anpassen müssen, da sie ansonsten mit gesellschaftlicher Ausgrenzung rechnen müssen. (vgl. Gildemeister 2004, S. 132ff.) Hier sei auf Kapitel 5.1 verwiesen, in dem bereits auf das Phänomen von Exklusion und Sanktionierung durch die Gesellschaft aufmerksam gemacht wurde, wenn Personen an sie gerichtete Rollenerwartungen unzureichend erfüllen (vgl. Kap. 5.1). Kessler und McKenna stellten in ihren Studien über die Geschlechtsidentifikation bei Erwachsenen und über die Geschlechtskonstruktion bei Transsexuellen zudem fest, dass die Unterstellung der binären Geschlechtlichkeit ständig, in jeder zwischenmenschlichen Interaktion sichtbar wird und sämtliches Verhalten basierend auf der biologischen Geschlechtszuschreibung interpretiert wird. Transsexualität kann dabei selbst als Ausdruck und Reproduktion der sozial konstruierten Zweigeschlechtlichkeit verstanden werden, indem Personen, deren ‚sex' und ‚gender' sich widersprechen, eine Anpassung wünschen, um den gesellschaftlichen Normen zu entsprechen. (vgl. Gildemeister 2004, S. 135) Butler (2000) fasst zusammen:

> *„Geschlecht ist nicht genau das, was jemand ‚ist' oder exakt das, was jemand ‚hat'. Geschlecht ist der ‚Apparat', mit dem die Erzeugung und Normierung von männlich und weiblich stattfindet – gemeinsam mit den hormonalen, chromosomalen, psychischen und performativen Zwischenformen, die ein Geschlecht annimmt."* (Butler 2000, o.S.)[35]

35 Butler bewertet auch das biologische Geschlecht als Konstruktion. Diese These gilt allerdings als umstritten. (vgl. Hinrich 2012, S. 72) Deshalb wird darauf nicht näher eingegangen.

Zimmermann und West schlagen in ihrem Aufsatz vor, dass bewusst auf die Unterscheidung von biologischem (‚sex') und sozialem (‚gender') Geschlecht verzichtet werden sollte. Denn wenn von der Existenz einer biologischen Binarität ausgegangen wird, so die These, wird die Debatte darüber, welche Merkmale als naturgegeben und welche als anerzogen zu bewerten sind, verstärkt. Dadurch würde wiederum die soziale bzw. kulturelle Zweigeschlechtlichkeit reproduziert werden. (vgl. Gildemeister und Wetterer 1995, S. 205ff.; Hagemann-White 1988, S. 230) Geht man davon aus, dass die „Beziehung zwischen biologischen und kulturellen Prozessen komplexer und vor allem reflexiver ist, als in der sex/ gender Trennung (und Parallelisierung) zunächst angenommen" (ebd., S. 211) und will man die Aporien der Unterscheidung von biologischem und sozialen bzw. kulturellen Geschlecht umgehen, so schlägt z.B. Hagemann-White die sogenannte ‚Null-Hypothese' vor. In dieser Hypothese wird davon ausgegangen, dass „es keine naturhaft vorgeschriebene Zweigeschlechtlichkeit gibt, sondern nur verschiedene kulturelle Konstruktionen von Geschlecht." (Hagemann-White 1988, S. 230) Weiter schreibt sie:

> *„Wissen wir doch, dass die Entdifferenzierung und Plastizität der Menschheit groß genug ist, um eventuell vorhandene hormonelle oder in der Körperbeschaffenheit liegende Gegebenheiten zu überspielen"* (ebd., S. 230).

Die Theorie des ‚doing gender' kann inzwischen auch anhand von Forschungsergebnissen untermauert werden. Auf dem Gebiet der Biologie bzw. Neuropsychologie lassen sich mittlerweile vielzählige Studien finden, in denen festgestellt wird, dass die Unterschiede zwischen Mann und Frau in biologischer Hinsicht minimal sind. Das, was als Rollenstereotype wahrgenommen wird, ist dementsprechend in einem kulturellen Prozess entstanden und wird fortlaufend reproduziert. Innerhalb der sozialen Geschlechter lassen sich weitaus größere Unterschiede konstatieren als zwischen ihnen. (vgl. Bredow 2007, S. 142ff.) In Bezug auf Untersuchungen zu Paarbeziehungen würde eine Einnahme der Perspektive des ‚doing gender' bedeuten, zu hinterfragen, wie die Rollenverteilungen eines Paares anhand ihrer prozesshaften Interaktion entstanden sind (vgl. Gildemeister 2004, S. 136). Es kann davon ausgegangen werden, dass durch den geschlechtertheoretischen Blick des ‚doing gender' auch Aufschlüsse über das Phänomen der häuslichen Gewalt von Frauen in Intimpartnerschaften erwartet werden können.

6.2 Der konstruierte Zusammenhang von Geschlecht und Gewalt

Basierend auf vorangegangenen Ausführungen lässt sich zusammenfassen, dass die Zweigeschlechtlichkeit, einhergehend mit konkreten Rollenerwartungen für Mann und Frau in Interaktionsprozessen von Personen ständig hergestellt und reproduziert wird. Rollenstereotype sind demnach nicht auf biologisch veranlagte Unterschiede von Männern und Frauen zurückzuführen, sondern sie sind als eine von Menschen geschaffene (Selbst-)Konstruktion zu bewerten.[36] Auf der Geschlechtszuschreibung basierend bewerten Menschen ihr Verhalten und ihr Handeln gegenseitig. (vgl. Gildemeister 1988, S. 497f.) Durch diese ständige Bewertung von innen und außen, handelt es sich um situationsgerechtes, der jeweils angehörigen Geschlechtskategorie angepasstes Handeln und Verhalten, welches wiederum den Anspruch auf die Zugehörigkeit zu diesem bekräftigt (vgl. West und Zimmermann 1991, zit. n. Gildemeister und Wetterer 1995, S. 213). Durch die ständige (Re-)Produktion von geschlechtsspezifischen Verhaltensweisen in sozialen Interaktionen handelt es sich demzufolge bei der Differenzierung von Männern und Frauen nicht wirklich um die Feststellung naturgegebener unterschiedlicher Kompetenzen, Identitäten oder Eigenschaften, sondern um Ergebnisse von Anpassungs- und Interaktionsprozessen (vgl. Butler 2000, o.S.). Dausien fasst zusammen:

> „*Nicht die geschlechtsspezifischen Unterschiede führen zur sozialen und kulturellen Geschlechterordnung, sondern umgekehrt, diese zwingt – via Sozialisation – den Individuen die Unterschiede auf*" (Dausien 1999, S. 231).[37]

36 Grundsätzlich soll nicht kritisiert werden, dass sich Menschen in sozialen Gruppen einordnen, denn dies scheint nötig für die Ausbildung einer Identität zu sein (vgl. Hagemann-White 1998, S. 233f.). Doch das Aufzeigen der Gefahr, bei einer unreflektierten Übernahme und Reproduktion bestimmter Zuordnungen, ist ein Anliegen im vorliegenden Kapitel.

37 Lösungsideen für die Problematik des Fortbestands der Zweigeschlechtlichkeit in Forschung und Wissenschaft können im Rahmen des vorliegenden Bandes nicht behandelt werden. Für eine vertiefende Auseinandersetzung siehe z.B. Dausien 1999, S. 235ff. oder Dausien 2006, S. 30ff.

Eine Gefahr ist dabei, dass diese unterstellten geschlechtsspezifischen Unterschiedlichkeiten durch die ständige Reproduktion naturalisiert werden (vgl. Butler 2000, o.S.).

In Kapitel 2 wurde bereits erläutert wie bestimmte Phänomene zu einem sozialen Problem gemacht werden können.[38] Häusliche Gewalt kann demzufolge ebenfalls als eine soziale Konstruktion bewertet werden.[39] Deshalb kann davon ausgegangen werden, dass sich die Zuschreibungen von Gewalt und Geschlecht gegenseitig stützen, durchkreuzen oder überlagern. Das Resultat wurde bereits deutlich gemacht: Männlichkeit und Gewalt wirken kompatibel, Weiblichkeit und Gewalt nicht. Studien, die sich mit den Zusammenhängen von Gewalt und Geschlecht befassen, führen die Geschlechterdifferenz häufig selbst bei einer Grundannahme von sozial konstruierter Zweigeschlechtlichkeit fort, indem sie Gewalttätigkeit bei Männern und Frauen unterschiedlich bewerten. Auch die einseitige öffentliche Thematisierung häuslicher Gewalt von Männern gegen ihre (Ex-)Partnerinnen führte offenbar dazu, dass die sozial konstruierte Zweigeschlechtlichkeit nicht nur aufrechterhalten wird, sondern sich die Bilder über Männlichkeit und Weiblichkeit sogar verfestigt haben oder gar eine Umkehr der Bewertung der Geschlechter bewirkten. Frauen haben zumeist die Rolle des friedfertigen Wesens inne, wie auch die des schwachen Opfers, während Gewalt, insbesondere die körperliche, vorwiegend als männlich und gefährlich gilt. (vgl. Lamnek et al. 2013, S. 22f.) Diese Polarisierung führte einerseits dazu, dass Frauen, die häusliche Gewalt erleben, heutzutage eine verbesserte Unterstützung und Betreuung erfahren können. Andererseits werden aber Personen, die nicht in diese Rollenvorstellungen passen – sei es das männliche Opfer oder die weibliche Täterin – bislang gesellschaftlich exkludiert. (vgl. Wyss 2002, S. 16) Denn diese ‚Rollenumkehr' wäre so gegensätzlich zu den bestehenden

38 Hier erscheint der Hinweis angebracht, dass in der Kriminologie, synonym zum Ansatz des ‚doing gender' in der Geschlechterforschung, mit dem Ansatz des ‚labeling approach' bzw. Etikettierungsansatz argumentiert wird. Abweichendes Verhalten wird als solches bewertet, da gesellschaftliche Entwicklungen dazu führen, dass bestimmte Verhaltensweisen, die zuvor als legitim galten, als soziale Probleme bewertet werden. (vgl. Bereswill 2009, S. 11). So auch häusliche Gewalt (vgl. Kap. 2).

39 Die zweite Null-Hypothese, die mit der erstgenannten verbunden werden kann, lautet folglich: „Es gibt keine primäre Form von Abweichung (und keine Kriminalität jenseits gesellschaftlicher Konstruktionen)" (Bereswill 2009, S. 13).

Geschlechterklischees, dass sie für die Mehrheit der Gesellschaft kaum vorstellbar zu sein scheint (vgl. Lenz et al. 2007, S. 141). Weibliches Gewalthandeln wird zumeist entweder nicht zur Kenntnis genommen, anders bewertet oder gar bagatellisiert (vgl. Popp 2003, S. 195). Fasst man zusammen, dass sowohl häusliche Gewalt als auch das Geschlecht Ergebnisse von komplexen Interaktions- und (Re-)Produktionsprozessen zwischen Menschen sind, lässt sich schlussfolgern, dass häusliche Gewalt kein Geschlecht haben sollte und Geschlecht keine dem Menschen innewohnende Eigenschaft sein sollte (vgl. Bereswill 2009, S. 11ff.). Stereotype Interpretationen verhindern ein Wahrnehmen und Ernstnehmen weiblicher Gewalttätigkeit. Häusliche Gewalt gilt als eine Menschenrechtsverletzung und im Sinne des Opferschutzes sollte ein adäquates Beratungs- und Trainingsangebot für Frauen bestehen, die als (Mit-)Täterinnen häuslicher Gewalt in ihrer Intimpartnerschaft identifiziert werden können. Folglich sollten geschlechterpolarisierende Sichtweisen auf häusliche Gewalt überwunden werden, um die Verfestigung und (Re-)Konstruktion einseitiger Geschlechterklischees anzugehen. (vgl. Schröttle 2010, S. 145ff.) Zusätzlich sollte in der praktischen Behandlung der Thematik der häuslichen Gewalt immer beachtet werden, dass sich Geschlecht und häusliche Gewalt nicht nur im Rahmen gesamtgesellschaftlicher Prozesse herausbilden, sondern – wie in Kapitel 4 behandelt – genauso individuelle bio-psycho-soziale Entwicklungsprozesse der einzelnen Subjekte eine Rolle für ihr Verhalten und ihren Umgang mit Problemen spielen. (vgl. z.B. auch Bereswill 2009, S. 16f.) In der soziologischen Forschung über das Phänomen der Gewalt lässt sich allerdings nach wie vor erkennen, dass von einer Zweigeschlechtlichkeit ausgegangen wird, auf deren Basis bestimmte Verhaltensweisen interpretiert und in Zusammenhang gebracht werden. Dadurch lässt sich eine Reifikation der Geschlechterdifferenz konstatieren. (vgl. Neuber 2011, S. 6ff.) Ebenso haben politische und wissenschaftliche Entwicklungen in Deutschland bislang eher zu einer Verstärkung der Gesamtkonstruktion vom männlichen Täter und weiblichen Opfer beigetragen (vgl. Hagemann-White 2002b, S. 33f.). Es stellt sich die Frage, weshalb nach wie vor, insbesondere in der Debatte um häusliche Gewalt von Frauen in intimen Paarbeziehungen, an Vorstellungen über Weiblichkeit und Männlichkeit als angeborene Wesensunterschiede festgehalten wird. Im empirischen Teil des vorliegenden Bandes wird diese Frage aufgegriffen und Lösungsideen, die dahingehend in den Interviews geäußert wurden, werden präsentiert.

7. Konzepte zur Täter*innenarbeit

„Nur die Täter[*innen] können dauerhaft die Gewalt beenden, Opfer können ihr nur ausweichen" (Lempert und Vogel 2002, S. 5 zit. n. Gabriel und Wolffersdorf 2006, S. 29). Mit diesem Zitat, welches die Zielstellung der Täter*innenarbeit kurz und prägnant zusammenfasst (vgl.Gabriel und Wolffersdorf 2006, S. 29), soll das vorliegende Kapitel eingeleitet werden. Wie in Kapitel 2 thematisiert, werden in Deutschland nicht nur Täterinnen häuslicher Gewalt in der Öffentlichkeit kaum wahrgenommen, sondern auch Täter erhalten bislang wenig Aufmerksamkeit. Während die Unterstützungsmaßnahmen für Opfer in den letzten 40 Jahren an Anzahl und Varietät zugenommen haben, entwickelte sich in der Bundesrepublik erst gegen Mitte der 1990er Jahre ein öffentlich-politisches Interesse für Männer, die gegen ihre (Ex-)Partnerin(nen) gewalttätig wurden. Aus diesem Grund bestehen aktuell wenige empirische Forschungsergebnisse zu adäquaten Arbeitsansätzen mit Verursacher*innen häuslicher Gewalt. (vgl. Hagemann-White 2002b, S. 44ff.; GiG-net 2008, S. 209ff.)

> *„Die Frage danach, wann und wie es zur Beendigung von Gewalt kommen kann, ist von der Vordringlichkeit der Schaffung von Hilfsangeboten für die betroffenen Frauen in den Hintergrund gedrängt worden, zunächst sicher zu recht. Auf lange Sicht muss aber das Interesse sein, zu fragen, wie die Verhältnisse zu ändern sind."* (Hagemann-White 2002b, S. 44)

Wie bereits in Kapitel 2.2.3 abgebildet, versuchte die BAG TäHG einen Standard zu schaffen, der in der Arbeit mit Personen, die häusliche Gewalt gegen ihre*n Partner*in verübten, ein einheitliches Modell garantiert. Im Folgenden werden daher die Inhalte dieses Standards zusammengefasst. Im Anschluss wird das Konzept der integrativen Gewaltberatung und Gewaltpädagogik vorgestellt, welches um Joachim Lempert und den Verein ‚Männer gegen Männer-Gewalt®' entstand. Das Konzept sowie die Tätigkeiten des Vereins wurden ebenfalls in Kapitel 2.3 angeschnitten. Im deutschsprachigen Raum lassen sich mehr als 50 Einrichtungen ausmachen, die nach diesem Modell arbeiten (vgl. Seifert-Wieczorkowsky 2009, S. 195). Mit den Vorstellungen dieser beiden Ansätze, soll ein Grundverständnis für die Arbeit mit allen Personen geschaffen werden, die häusliche Gewalt in ihrer (Ex-)Intimpartnerschaft ausüben bzw. ausgeübt haben. Auch wenn in den Originalkonzepten konkret von der Arbeit mit Männern die Sprache ist, werden deren Inhalte mangels anderer Konzepte bzw. der unzureichenden Forschung darüber, ob und inwiefern sie in der Arbeit mit gewaltausübenden Frauen angewendet werden können, in gendergerechter Sprache zusammengefasst. In diesem Buch wird zudem basierend auf dem Grundgedanken der sozialen Konstruktion der Zweigeschlechtlichkeit davon ausgegangen, dass zunächst in der Beratung mit gewalttätigen Personen keine genderspezifischen Unterschiede gemacht werden sollten. Erst in der konkreten Zusammenarbeit mit den Einzelpersonen sollten individuelle bio-psycho-soziale Aspekte beachtet werden.[40] Diese können, müssen aber nicht zwangsweise an ein soziales Geschlecht gekoppelt sein. Hierbei handelt es sich allerdings um Spekulation und kann nach dem jetzigen Forschungsstand weder belegt, noch widerlegt werden. Es wird deutlich, dass die in Kapitel 3 thematisierte unzureichende empirische Forschung über Ausmaß, Formen und Kontext häuslicher Gewalt in Intimpartnerschaften, die von Frauen ausgeht, auch zu einer Wissenslücke in der Theoriebildung konkreter Handlungsansätze mit dieser Zielgruppe führt. (vgl. Gig-net 2008, S. 209ff.)

Bevor die Handlungsleitlinien der BAG TäHG und der Integrativen Gewaltberatung und Gewaltpädagogik expliziert werden, werden zwei Grundgedanken vorangestellt. Zunächst sei auf den Grundgedanken der Täter*innenarbeit als Opferschutz hingewiesen. Nur durch die intensive Arbeit mit den gewaltausübenden Personen kann langfristig erreicht werden, dass diese alternative Handlungsstrategien entwickeln und somit ihre aktuellen sowie zukünftige Partner*innen keine (erneute) häusliche Gewalt erfahren müssen. Der zweite Grundgedanke geht weg vom Tatbestandsmerkmal der Gewalt und legt den Fokus auf den Menschen, der hinter der Tat steht. Unabhängig von der Tat der häus-

40 Vgl. hierzu auch Kap. 4. Mögliche Ursachen und Bedingungsfaktoren häuslicher Gewaltausübung, insbesondere frühkindliche Erfahrungen hängen zumeist nicht mit einer Geschlechterzugehörigkeit zusammen.

lichen Gewalt handelt es sich um Menschen, die als Individuen zu betrachten sind, mit unterschiedlichen Eigenschaften, Fähigkeiten und Ressourcen. Es gilt, an diese anzuknüpfen und Täter*innenarbeit als Hilfe und Unterstützung für Menschen zu verstehen, die unter ihrer Gewalttätigkeit und ihren damit einhergehenden Lebenserfahrungen leiden. (vgl. Kobbé 2001, S. 9ff.)

7.1 Bundesarbeitsgemeinschaft Täterarbeit Häusliche Gewalt e.V.

Im Folgenden werden die Leitlinien des Standards der BAG TäHG zusammengefasst. Diese sind nicht nur für Mitgliedseinrichtungen handlungsweisend, sondern sie sollen auch weiteren Täter*innenarbeitseinrichtungen und Vernetzungspartner*innen in Deutschland Orientierung geben. Vorweg sei erneut darauf hingewiesen, dass der Standard häusliche Gewalt explizit als Gewalt von Männern gegen ihre Intimpartnerinnen definiert. Es wird darin angemerkt, dass eventuell für Frauen, die häusliche Gewalt ausüben spezifischere Konzepte entwickelt werden müssten (vgl. Ernst et al. 2018, S. 3f.). Wie bereits erwähnt, arbeiten derzeit auch Einrichtungen, die Unterstützung für Frauen bieten, nach diesem Standard (vgl. Kap. 2.2.3).

Rahmenbedingungen

Die Definition der BAG TäHG zu häuslicher Gewalt wurde bereits in Kapitel 1 wiedergegeben. In ihrer direkten Arbeit mit Personen, die häusliche Gewalt verübt haben, liegen weitere Aspekte dem Verständnis von Gewalt zugrunde. Beispielsweise wird davon ausgegangen, dass gewalttätiges Verhalten erlernt ist und somit auch wieder verlernt werden kann, indem gewaltfreie Strategien zur Konfliktlösung angeeignet werden. Des Weiteren erfolgt nach Auffassung der BAG TäHG vor jeder Gewaltausübung eine Entscheidung für die Tat, weshalb die Täter*innen für ihr Verhalten gänzlich verantwortlich gemacht werden. Außerdem wird davon ausgegangen, dass die gewaltausübenden Personen durch dieses Verhalten Kontrolle und Macht ausüben wollen,[41] die Gewalttaten von Konfliktverhalten zu differenzieren sind und häusliche Gewalt in jeder sozialen Schicht auftreten kann. Von den Fachkräften wird ein respektvoller Umgang mit ihren Klient*innen erwartet, wobei auf ihre individuelle Persönlichkeit geachtet werden soll. Neben dem Ziel, deren Gewalttätigkeit dauerhaft zu beenden, geht es in der Täter*innenarbeit auch darum, ihre Beziehungsfähigkeit zu fördern, um wieder in einer Partnerschaft leben zu können, die von einem achtsamen, akzeptierenden Umgang geprägt ist. Vernetzung und Kooperation werden für wichtige Voraussetzungen für eine gelingende Täter*innenarbeit gehalten. Im Sinne des Opferschutzes erscheint eine Vernetzung mit allen beteiligten Institutionen auf der fallbezogenen aber auch auf der institutionellen Ebene absolut notwendig. Institutionen, mit denen laut der BAG TäHG Kooperationsvereinbarungen gemacht werden sollten, sind z.B. Jugendämter, die Polizei, Schutzeinrichtungen für Opfer häuslicher Gewalt und die Justiz. Mitarbeiter*innen von Jugendämtern können bspw. gewalttätige Elternteile an ein Täter*innenprogramm verweisen, wenn Vorfälle von Partner*innengewalt bekannt geworden sind. Im Hinblick auf mögliche Kindeswohlgefährdungen wäre dann ein regelmäßiger Austausch zwischen den beiden Institutionen unabdingbar. Da die Polizei häufig die erste öffentliche Institution ist, die im Falle häuslicher Gewalt mit den beteiligten Personen in Kontakt tritt, wird es im Standard der BAG TäHG auch für wichtig gehalten, dass Polizist*innen über das Angebot

41 In der Fachliteratur können kontroverse Diskussionen darüber gefunden werden, wie Macht und Gewalt zusammenhängen (vgl. z.B. Popitz, Heinrich (2009): Phänomene der Macht. 2., stark erw. Aufl., Nachdr. Tübingen: Mohr.). Auch über den Zusammenhang von Aggression, häuslicher Gewalt und Geschlecht können keine allgemeingültigen Aussagen getroffen werden. (vgl. z.B. Bauer, Brigitte (2006): Sanftmütige Männer – dominante Frauen: Wut und Aggression unter der Geschlechterperspektive. In: Margherita Zander, Luise Hartwig und Irmgard Jansen (Hg.): Geschlecht Nebensache? Zur Aktualität einer Gender-Perspektive in der Sozialen Arbeit. 1. Aufl. Wiesbaden: VS Verl. für Sozialwissenschaften, S. 258–270.) Im vorliegenden Band wurde auf eine Auseinandersetzung mit den Zusammenhängen von häuslicher Gewalt, Macht, Aggression und Geschlecht verzichtet. Es wird die Meinung vertreten, dass Gewalt teilweise zur Machtausübung eingesetzt werden kann und teilweise als aggressives Verhalten identifiziert werden kann. In der Arbeit mit Täter*innen häuslicher Gewalt in Paarbeziehungen sollte jedoch individuell geprüft werden, wie sich die Art der häuslichen Gewaltausübung darstellt und wie bestmöglich mit dem Subjekt gearbeitet werden kann.

der Täter*innenarbeit informiert sind, damit sie die Personen, die gewalttätig gegen ihre Partner*in geworden sind, darauf verweisen können. Schutzeinrichtungen für Betroffene und Täter*innenarbeitseinrichtungen sollten im Sinne des Opferschutzes fallübergreifend und fallbezogen zusammenarbeiten. Dies bedeutet z.B., dass sie sich über ihre Arbeitskonzepte gegenseitig informieren oder gemeinsame erstellen. Bezüglich konkreter Fälle wird es für förderlich gehalten, dass Risikoeinschätzungen abgeglichen werden und die Einrichtungen sich gegenseitig über Veränderungen in der Arbeit mit den Klient*innen informieren, bspw. wenn ein*e Täter*in das Täter*innenprogramm abgebrochen hat. Die Vernetzung mit der Justiz hat zum Ziel, dass Gerichte veranlassen, dass Personen, die wegen häuslicher Gewalt straffällig wurden, an Täter*innenprogrammen teilnehmen. Gerichts- und Bewährungshilfe können dafür Empfehlungen aussprechen, weshalb auch diese Instanzen umfassend über das Angebot von Täter*innenprogrammen informiert sein sollten. In Fällen von gerichtlichen Weisungen sind dann die Mitarbeiter*innen von Einrichtungen für Täter*innenarbeit dazu verpflichtet, die weisende Instanz über alle Veränderungen und Entwicklungen zu informieren. Somit erfolgt Täter*innenarbeit nach der BAG TäHG sowohl im Auftrag von Klient*innen oder anweisenden Institutionen, als auch im Interesse der betroffenen Opfer und der Gesellschaft. (vgl. Ernst et al. 2018, S. 4ff.)

Inhalte und Ziele

Im Folgenden wird die konkrete Arbeit der Mitgliedseinrichtungen, die mit Personen arbeiten, die gegen ihre Intimpartner*in gewalttätig wurden, aufgegriffen. Es handelt sich dabei um kognitiv-verhaltensorientierte Maßnahmen, bei denen durch Beratung, Konfrontation und soziale Unterstützung erreicht werden soll, dass Personen, die gegen ihre*n (Ex-)Partner*in häusliche Gewalt ausübten, dahingehend ihr Verhalten ändern (vgl. Ernst et al. 2018, S. 8f.).

> „*[...] Dies beinhaltet die Auseinandersetzung mit psychischer, physischer, sexualisierter, sozialer, emotionaler und ökonomischer Gewalt, Isolation, Stalking, Bedrohung und Einschüchterung sowie gewaltfördernden Haltungen und Glaubenssätzen*“ (ebd., S. 9).

Es spielt keine Rolle, ob sich die betreffenden Personen bei einer Einrichtung, die Täter*innenprogramme anbietet, selbst melden oder ob sie institutionell zugewiesen wurden. Wichtig ist laut der BAG TäHG, dass die Täter*innen sich ihr fehlerhaftes Verhalten eingestehen und es ändern wollen sowie dass sie gruppenfähig sind. Liegen psychische Krankheiten, Suchtmittelabhängigkeiten o.Ä. vor, die einer erfolgreichen Teilnahme an einem Programm entgegenstehen, können diese Personen dafür nicht zugelassen werden. Neben dem Kernziel, dass die Gewaltspirale unterbrochen wird und es zu keinen erneuten Gewalttaten mehr kommt, verfolgen Täter*innenprogramme weitere Ziele. Dazu zählen, wie bereits erwähnt die Verantwortungsübernahme der Taten, das Kennenlernen eigener und anderer Grenzen, das Erlernen alternativer Konfliktlösungsstrategien, die Verbesserung der eigenen Beziehungsfähigkeit und die Förderung von Empathie gegenüber von häuslicher Gewalt betroffenen Personen. Um diese Ziele zu erreichen, sind im Standard des Dachverbandes Inhalte festgelegt, die für alle Berater*innen verpflichtend sind: Zunächst einmal sollen sich die Programmteilnehmer*innen mit dem Gewaltbegriff auseinandersetzen. Dadurch sollen sie ihr eigenes Gewalthandeln als dysfunktionales Verhalten erkennen und von sozial anerkanntem Konfliktverhalten abgrenzen. Dann werden die Täter*innen dazu angehalten, die Situationen, in denen sie gewalttätig wurden, genau zu schildern. Das Ziel ist hierbei, ihre Motive sowie Handlungsalternativen zu verschiedenen Zeitpunkten zu identifizieren. Dabei sollen sie auch erkennen, dass sie allein für ihre Taten verantwortlich sind. Dafür wird auch ein Perspektivwechsel zu den betroffenen Personen vorgenommen. Deren physische und psychische Verletzungen sollen erkannt werden. Außerdem werden die kurzfristigen und langfristigen Folgen der Gewalthandlungen analysiert. Die Vorteile, die für den Moment durch die Tat entstanden sind, sollen zunächst aufgezeigt werden. Im Anschluss werden aber die längerfristigen schwerwiegenden Nachteile sichtbar gemacht. Nachdem die Gewalttaten als solche identifiziert wurden, die Täter*innen Verantwortung dafür übernahmen und die negativen Folgen erkennbar gemacht wurden, werden im Täter*innenprogramm der BAG TäHG Strategien für alternative, gewaltfreie Verhaltensweisen erarbeitet. Einerseits sollen hierfür soziale und kommunikative Kompetenzen gefördert werden, wie bspw. eigene Emotionen und Bedürfnisse adäquat ausdrücken zu können. Hier besteht auch die Möglichkeit, sich über aktuelle persönliche Probleme in den Partnerschaften auszutauschen und dafür gemeinsam deeskalierende Kommunikationsformen zu überlegen. Andererseits sollen Notfallpläne entwickelt werden, um erneuten Gewalthandlungen vorzubeugen. Diese werden individuell und meist auf konkrete Situationen bezogen, von den Teilnehmenden selbst erarbeitet. Ein weiterer Programmpunkt ist, dass ein Raum geschaffen wird, um über eventuelle persönliche Opfererfahrungen zu sprechen und dadurch einen Zugang zu den eigenen Emotionen zu schaffen. Dabei sollte jedoch klar sein, dass solche Erfahrungen keine Entschuldigung für eigenes Gewalthandeln sein können. Zusätzlich sind im Standard der BAG TäHG männerspezifische Inhalte aufgelistet. Einmal sollen die Männer sich mit ihrem persönlichen Verständnis über Männlichkeit in Bezug auf Macht und Gewalt auseinandersetzen und einmal mit ihrer Rolle als Vater.[42] Neben diesen verpflichtenden Inhalten ist es den Mitgliedseinrichtungen der BAG TäHG möglich, ihre Arbeit mit Täter*innen häuslicher Gewalt relativ individuell zu gestalten (vgl. Ernst et al. 2018, S. 8ff.).

7.2 Integrative Gewaltberatung und Gewaltpädagogik

Das ‚Forum Intervention' bietet Fortbildungen zur Erlangung zertifizierter Abschlüsse sowie weitere Veranstaltungen und Seminare zu den Themen Therapie, Beratung und sozialpädagogische sowie psycho-soziale Arbeit mit gewalttätigen Personen an. Dabei liegt der Fokus auf einer ressourcenorientierten Sicht- und Arbeitsweise, verbunden mit einer personenzentrierten Kommunikation. (vgl. Bräuer und Rehberg o.J.(b), o.S.) Die Integrative Gewaltberatung und Gewaltpädagogik als ein Modell des ‚Forum Intervention' stellt eine Weiterentwicklung der von Burkhard Oelemann und Joachim Lempert begründeten ‚Gewalt-

42 [Gewaltausübende Frauen könnten sich ebenfalls mit Männer- und Frauenbildern beschäftigen, eventuell in Bezug darauf, wie die aktuell vorherrschenden Rollenverständnisse nicht mit ihnen als Gewalttäterinnen korrespondieren und was dies für sie bedeuten könnte. Anstatt sich mit der Vaterrolle auseinanderzusetzen, macht es in diesem Fall Sinn, die eigene Rolle als Mutter und die Folgen ihrer Gewalttaten auf die Kinder zu reflektieren, Anm. d. Verf.]

beratung nach dem Hamburger Modell GHM®' dar (vgl. Bräuer und Rehberg o.J. (a), o.S.). Im Folgenden werden auch die Rahmenbedingungen, Inhalte und Ziele dieses Modells vorgestellt.

Rahmenbedingungen

In der Integrativen Gewaltberatung und Gewaltpädagogik steht die gewalthandelnde Person in ihrer Gesamtheit im Zentrum. Dabei wird auch ihre Beziehung mit ihrer Umwelt umfassend in den Blick genommen. Dementsprechend werden nicht nur ihre gewalttätigen Anteile, sondern auch Ressourcen und Potentiale sowie gender- und kulturspezifische Aspekte erfasst. Um genderspezifisch zu arbeiten, sollten Frauen vorrangig von Frauen und Männer von Männern beraten werden. Die Einrichtungen der Integrativen Gewaltberatung und Gewaltpädagogik identifizieren sich als niedrigschwellige Angebote für Personen aus dem Dunkelfeld, die die Beratung freiwillig in Anspruch nehmen. Doch auch zugewiesene Täter*innen häuslicher Gewalt nehmen das Angebot wahr. Niedrigschwellig bedeutet auch, dass die Personen, die die Beratungseinrichtungen aufsuchen, nicht pathologisiert oder kontrolliert werden, sondern dabei unterstützt werden, ihre Entwicklungsmöglichkeiten zu entfalten. Dennoch wird ihnen unmissverständlich ihre eigene Verantwortung für das gewalttätige Handeln bewusst gemacht. Um mit dem*der Ratsuchenden eine Beziehung aufzubauen, ist es laut diesem Modell wichtig, dass die*der Berater*in ihm*ihr verstehend entgegentritt, ohne die Tat zu akzeptieren. Es findet eine Solidarisierung mit ihm*ihr als Person statt und gleichzeitig eine Entsolidarisierung mit der Gewalttätigkeit. Dadurch wird eine Basis dafür geschaffen, dass die gewaltausübende Person einen Zugang zu sich selbst findet und mit ihren Wünschen, Bedürfnissen und Emotionen in Kontakt tritt. Wenn ein Zugang zu den Gefühlen gefunden wurde, kann es sein, dass negative Gefühle wie Scham, Wut, Trauer sowie Hilflosigkeit und Ohnmacht zunächst einer positiven persönlichen Entwicklung und dem Aufbau eines stimmigen Selbst(wert)gefühls im Wege stehen. Die*Der Berater*in muss diese Gefahren erkennen und mit den Klient*innen sämtliche Emotionen konstruktiv und sinngebend in deren Gesamtgefüge als Person integrieren, um ein Selbstverstehen und letztendlich ein positives Selbst(wert)gefühl zu erreichen. (vgl. Bräuer und Rehberg (a) o.J., o.S.)

Inhalte und Ziele

Die Kontaktaufnahme zu den Beratungseinrichtungen der Integrativen Gewaltberatung und Gewaltpädagogik erfolgt zumeist telefonisch durch die gewaltausübenden Personen. Hier wird ein möglichst zeitnaher Termin für ein persönliches Erstgespräch vereinbart. Die ersten Treffen finden im Rahmen von Einzelgesprächen statt, in denen u.a. eine Psychodiagnostik vorgenommen wird. Das Angebot von Einzelgesprächen wird als wichtig erachtet, da z.B. angenommen wird, dass weniger Hemmungen bestehen, daran teilzunehmen, als an Gruppensitzungen. In den Einzelstunden steht die Rat suchende Person mit ihren Taten und persönlichen Problemen im Zentrum. In Form von einer Krisenintervention wird die*der Beratene zunächst stabilisiert, um schnellstmöglich einen gewaltfreien Alltag zu erreichen. Dabei werden akute Probleme und emotional drängende Konflikte besprochen. Allerdings wird nicht der Leidensdruck an sich abgebaut. Denn selten steht laut Lempert zu Beginn der Beratung die Gewalttätigkeit als solche für die Klient*innen im Vordergrund, sondern eher die Folgen, wie Trennungen, Anzeigen o.Ä. Das Ziel ist daher zunächst, eine Beziehung aufzubauen, um im Anschluss tiefer liegende Ursachen der gewalttätigen Handlungen anzugehen. Wie bereits mehrfach angemerkt, dient Gewaltberatung immer auch dem Opferschutz, weshalb zu Beginn auch die Situation der Opfer erfragt wird. So kann die*der Berater*in eine Einschätzung der Gesamtsituation vornehmen und diese mitteilen. Gegebenenfalls wird im Erstgespräch zudem besprochen, wie bis zum nächsten Termin in bestimmten Situationen, die zu eskalieren drohen, konkret einer Gewalthandlung vorgebeugt werden kann. Dadurch wird den Klient*innen eine gewisse Struktur und Orientierung gegeben, wodurch ihr Problembewusstsein gestärkt wird. Es ist anzunehmen, dass die erstmalige Inanspruchnahme des Beratungsangebots sehr bedeutsam und mitunter schwierig für sie war. Weil ihnen dort respektvoll und fair begegnet wird, gehen Vertreter*innen des Modells der Integrativen Gewaltberatung und Gewaltpädagogik davon aus, dass nach dem Erstgespräch sowohl Entlastung als auch Motivation für weitere Treffen entstehen können. In den anschließenden Sitzungen der Gewaltberatung sind folgende Themen bzw. Ziele zentral: Ein erstes Ziel ist, die Kompetenzen der Verantwortungsübernahme zu fördern, denn diese spielt in der Integrativen Gewaltberatung und Gewaltpädagogik eine zentrale Rolle. Es wird davon ausgegangen, dass sie eine grundlegende Voraussetzung für die Beendigung des gewalttätigen Handelns darstellt. Dem von Lempert entwickelten Gewaltkreislauf[43] liegt die Auffassung zugrunde, dass sich die Täter*innen häuslicher Gewalt für das Gewalthandeln entschieden haben. Daher müssen sie nach dem Konzept der Integrativen Gewaltberatung und Gewaltpädagogik erkennen, dass sie diejenigen sind, die sich in Zukunft gegen ein solchen Handeln entscheiden müssen. Für die*den Berater*in ist dabei wichtig, die Täter*innen nicht mit Schuldzuschreibungen oder Tatvorwürfen zu konfrontieren, sondern in einem gemeinsamen Prozess individuelle Lösungswege zu erarbeiten. In diesem Zusammenhang werden auch die Funktionen von Gewalt analysiert. In jedem Fall verbinden gewalthandelnde Personen laut Lempert ihr eigenes Verhalten mit einem positiven bzw. konstruktiven Sinn. Sich diesen einzugestehen fällt schwer, weshalb eine ‚Gewinn-Verlust-Rechnung' durchgeführt wird. Darauf basierend können alternative Handlungsstrategien individuell erarbeitet werden. Zudem werden die Kommunikations- und Beziehungsfähigkeit der Klient*innen gestärkt, sowie ihre Selbst- und Fremdwahrnehmung verbessert. Ein weiteres zentrales Ziel stellt das Erkennen und Respektieren von Grenzen dar. Unter Grenzen wird in der Integrativen Gewaltberatung und Gewaltpädagogik verstanden, dass die gewalthandelnde Person lernt, mit sich selbst in Kontakt zu treten und somit die eigenen Bedürfnisse, Wünsche und Emotionen wahrzunehmen. Damit ist auch gemeint, dass sie sich und ihr Verhalten im Kontakt mit anderen Personen wahrnehmen und reflektieren. Ambivalenzen sollen erkannt werden, um einen Veränderungsprozess im Umgang mit anderen Personen in Gang zu setzen. Auch die Haltung zur Gewalt stellt in der Integrativen Gewaltberatung und Gewaltpädagogik einen bedeutsamen Aspekt dar. Von den Gewaltausübenden wird erwartet, sich mit ihrer persönlichen Einstellung zu ihrem gewalttätigen Verhalten auseinanderzusetzen und zu verändern. Diese Veränderung wird als grundsätzliche Voraussetzung für eine dauerhafte Beendigung von Gewalt angesehen. Es wird angenommen, dass sich im Zuge dessen auch Entwicklungen hinsichtlich der gesamten Persönlichkeit und der Sprache abzeichnen. Hierdurch eröffnet sich die Möglichkeit eines besseren

43 Siehe Kap. 5.4

Zugangs zu sich selbst sowie einer gestärkten Selbst- und Fremdwahrnehmung. (vgl. Lempert 2002, o.S.)

Diese beiden Konzepte, die in Deutschland in großem Maße als Arbeitsgrundlage in Beratung und Training mit Personen, insbesondere Männern, die häusliche Gewalt in Intimpartnerschaft(en) verübten, angewendet werden (vgl. BAG TäHG o.J., o.S.; Bräuer und Rehberg o J. (b), o.S.), weisen große Ähnlichkeiten auf. Zum Beispiel wird in beiden Modellen die Intention des Opferschutzes betont, sowie die Solidarisierung bzw. der Beziehungsaufbau mit den Täter*innen mit der gleichzeitigen Entsolidarisierung der häuslichen Gewaltausübung betont. Des Weiteren kann auch festgestellt werden, dass die Verantwortungsübernahme als bedeutsame Voraussetzung für eine Verhaltensänderung gehalten wird. Als Unterschied kann anhand der Beschreibungen in den Konzepten herausgearbeitet werden, dass der Standard der BAG TäHG sich mehr auf der Ebene der aktiven Verhaltensänderung bewegt, während das Modell der Integrativen Gewaltberatung und Gewaltpädagogik eher auf einen inneren Zugang der Klient*innen abzielt, um auf der emotionalen Ebene eine veränderte Einstellung zum eigenen Handeln zu erzielen. Außerdem wird das Täter*innenprogramm der BAG TäHG in Gruppensitzungen vollzogen, während die Integrative Gewaltberatung und Gewaltpädagogik Einzelsitzungen vorzieht. Vor- und Nachteile dieser Arten von Angeboten werden nicht ersichtlich. Es kann vermutet werden, dass Verursachende von häuslicher Gewalt aufgrund ihrer individuellen Persönlichkeit entweder eher Einzel- oder Gruppensitzungen bevorzugen.

8. Zwischenfazit

Zum Abschluss des Teil I des vorliegenden Bandes werden die Erkenntnisse zusammengefasst, die anhand der literaturbasierten Auseinandersetzung mit dem Phänomen der häuslichen Gewalt von Frauen in intimen Paarbeziehungen gewonnen werden konnten. Zunächst wurde festgestellt, dass neben der Bezeichnung ‚häusliche Gewalt' weitere bedeutungsähnliche Begrifflichkeiten zu finden sind. Zusätzlich handelt es sich bei dem Phänomen um einen Akt, der sehr von der Bedeutung abhängt, die ihm von den beteiligten Personen beigemessen wird. Mit der Istanbul-Konvention wurde eine Definition für häusliche Gewalt gebildet, die allgemeingültig ist. Auch die BAG TäHG hat eine für ihre Mitgliedseinrichtungen geltende, umfassende Definition formuliert. Dennoch scheinen die vorangegangen Punkte Indizien dafür zu sein, dass häusliche Gewalt in Paarbeziehungen, insbesondere, wenn sie von Frauen ausgeübt wird, häufig nicht als solche identifiziert wird. Im zweiten Kapitel wurde die gesellschaftliche und politische Auseinandersetzung mit dem Phänomen der häuslichen Gewalt behandelt. Frauenbewegungen ab den 1970er Jahren erreichten, dass dieses mehr ins öffentliche und politische Blickfeld rückte und als soziales Problem anerkannt wurde. In der Folge entstanden Einrichtungen und Projekte, die Schutz und Unterstützung für Frauen und deren Kinder bieten, die Opfer häuslicher Gewalt wurden. Dabei konnte herausgearbeitet werden, dass sowohl explizite Angebote für männliche Opfer bis heute eher rar sind als auch, dass die Arbeit mit Ausübenden von häuslicher Gewalt erst zu einem vergleichsweise späten Zeitpunkt als ein notwendiges Instrument im Kampf gegen häusliche Gewalt identifiziert wurde. Für Frauen, die häusliche Gewalt ausüben, lassen sich dabei besonders wenige Beratungs- und Trainingsangebote finden. Im dritten Kapitel wurde die wissenschaftliche Auseinandersetzung hinsichtlich des Vorkommens häuslicher Gewalt von Frauen in Intimpartnerschaften in den Fokus genommen. Zunächst konnte eine äußerst heterogene Vielfalt an Untersuchungen festgestellt werden, die Vergleiche schier unmöglich machen. Insbesondere die Ergebnisse von Hellfeld- und Dunkelfelduntersuchungen gehen weit auseinander. Dennoch konnte anhand verschiedener Studien und Statistiken ein Stattfinden von häuslicher Gewalt von Frauen in intimen Paarbeziehungen ausgemacht werden. In Bezug auf das quantitative Ausmaß, deren Schwere und den Kontexten, in denen es dazu kommt, ist allerdings wenig bekannt. Im vierten Kapitel wurde das ökologische Erklärungsmodell zur Entstehung von (häuslicher) Gewalt vorgestellt. Mit Hilfe dieses Modells wurde sichtbar gemacht, dass diverse Bedingungsfaktoren auf unterschiedlichen Ebenen, die Frauen und Männer in gleichem Maße betreffen können, zur Ausübung häuslicher Gewalt führen können. Im fünften Kapitel wurde der Zusammenhang zwischen der sogenannten Weiblichkeit und häuslicher Gewalt untersucht. Nach eingängiger Auseinandersetzung mit Geschlechtsrollenzuschreibungen wurde geschlussfolgert, dass die gesellschaftlich vorherrschende Vorstellung über die Rollenverteilungen von Männern und Frauen als Hauptgrund dafür interpretiert werden kann, dass ein Wahrnehmen und Ernstnehmen häuslicher Gewalt von Frauen in Intimpartnerschaften verhindert wird. Nicht nur beteiligte Personen von häuslicher Gewalt, sondern auch das soziale Umfeld, die politische Öffentlichkeit wie auch die Medien scheinen auf Basis von binären Polarisierungen zu denken und zu agieren. Dadurch wird die Rollenzuschreibung der Frau fortgesetzt und Frauen, die aufgrund häuslicher Gewaltausübung gegen ihre Intimpartner*innen, nicht in dieses Muster passen, erfahren eine Exklusion auf sämtlichen Ebenen. Im sechsten Kapitel wurde die Zweigeschlechtlichkeit in soziologischer Hinsicht in den Blick genommen. Basierend auf den Ansatz des ‚doing gender' wird davon ausgegangen, dass es sich bei Geschlechtsrollenzuschreibungen um soziale Konstruktionen handelt, die es aufzuheben gilt, um häusliche Gewalt losgelöst vom Geschlecht umfassend wahrnehmen und ernstnehmen zu können. Um einen Einblick in die Praxis der Beratungsarbeit mit Personen, die häusliche Gewalt verübt haben, zu bekommen, wurden im siebten Kapitel die Rahmenbedingungen, Ziele und Inhalte zweier in Deutschland vielfach angewendeten Konzepte vorgestellt.

Mit dieser literaturbasierten Auseinandersetzung mit dem Phänomen der häuslichen Gewalt von Frauen in Intimpartnerschaften und den kulturell tradierten Vorstellungen über Weiblichkeit und Männlichkeit sollte der*die Leser*in dazu angeregt werden, eigene Grundannahmen zu überdenken und den Blick für ein bisher unzureichend behandeltes Thema zu öffnen. Weder in politischen Maßnahmen noch in der wissenschaftlichen Auseinandersetzung scheint häusliche Gewalt von Frauen in Intimpartnerschaften bislang genügend Aufmerksamkeit gefunden zu haben. In der Folge stellt dieses Phänomen ein Tabu dar, welches in der Gesellschaft größtenteils verdrängt, totgeschwiegen und bagatellisiert wird.

Auch wenn mit ziemlicher Sicherheit davon ausgegangen werden kann, dass Männer häufiger häusliche Gewalt gegen ihre Intimpartner*innen ausüben als Frauen, sollte Täterinnenschaft nicht ignoriert werden. Es ist daher ein Anliegen, mit diesem Werk dazu beizutragen, dass das Phänomen der weiblichen häuslichen Gewalt in Paarbeziehungen, als ein soziales Problem wahrgenommen wird und in der Folge umfassend angegangen wird. Das langfristige Ziel stellt das Vorhandensein eines umfangreichen Angebots von Maßnahmen dar, die Frauen, die als Täterinnen häuslicher Gewalt in Intimpartnerschaften identifiziert werden können, eine adäquate Unterstützung bieten können.

Es wäre wünschenswert, dass Menschen nicht mehr in Kategorien eingeteilt, sondern als Individuen, losgelöst von ihrem Geschlecht[44] betrachtet werden. Um die Binarität der Geschlechter aufzubrechen und diese als soziale Konstruktion zu akzeptieren, wäre es folglich nötig, dahingehend keine Differenzierungen mehr vorzunehmen. Doch die bisherigen Ausführungen machen sichtbar, dass dafür ein gesamtgesellschaftliches Umdenken notwendig wäre.[45] Trotz Kritik an der Konstruktion der Zweigeschlechtlichkeit, kann diese somit in diesem Buch nicht aufgehoben werden. Daher erscheint es nach wie vor notwendig, Frauen, die häusliche Gewalt in Intimpartnerschaften ausüben, als gesonderte Gruppe wahrzunehmen und zu behandeln.

Basierend auf den theoretisch erarbeiteten Erkenntnissen, umfasst der folgende Teil II die praktische Auseinandersetzung mit dem Phänomen der häuslichen Gewalt von Frauen in Intimpartnerschaften. Es wird die Frage behandelt, wie die Arbeit mit Frauen, die häusliche Gewalt in intimen Paarbeziehungen verübt haben, verbessert und gestärkt werden kann.

44 An der Stelle sei noch einmal der Hinweis gegeben, dass in diesem Buch nur geschlechtsspezifische konstruierte Unterschiede zwischen Männern und Frauen behandelt werden, die einen Nachteil für Täterinnen häuslicher Gewalt darstellen. Weitere Kategorisierungen, wodurch heterogene Menschengruppen unterschiedliche Chancen und Möglichkeiten hinsichtlich der Gestaltung ihres Lebens erhalten, eingeschlossen der Wahrnehmung von Unterstützungsmöglichkeiten bei persönlichen Problemen in jeglicher Hinsicht, können in hier nicht bedacht werden. Neben der Kategorisierung des Geschlechts sind weitere Zuschreibungen wie bspw. zu Ethnie, Milieu, Einkommensstatus u.a., zusätzliche Faktoren, die beachtet werden müssten. (vgl. Schröttle 2013, S. 7)

45 Für eine vertiefende Auseinandersetzung siehe z.B.: Tatschmurat, Carmen (2018): Feministisch orientierte soziale Arbeit: Parteilich handeln, dekonstruktivistisch denken? "Can we ever not do gender?". In: Tilly Miller und Carmen Tatschmurat (Hg.): Soziale Arbeit mit Frauen und Mädchen. Positionsbestimmungen und Handlungsperspektiven. Stuttgart: Ferdinand Enke Verlag (Dimensionen sozialer Arbeit, Band 1), S. 9–28.

II. Ideen aus der Praxis: Wie die Arbeit mit Frauen, die häusliche Gewalt in intimen Paarbeziehungen ausgeübt haben, gestärkt und verbessert werden könnte

Wie aus dem theoretischen Teil dieses Bandes zu entnehmen ist, scheint sich häusliche Gewalt von Frauen in Intimpartnerschaften einer öffentlichen, gesellschaftlichen, politischen und auch eigenen Wahrnehmung von Beteiligten häufig zu entziehen. Als ein prinzipieller Grund dafür werden allgemeingeltende Vorstellungen über Männlichkeit und Weiblichkeit gesehen. Diese scheinen maßgeblich eine Wahrnehmung von häuslicher Gewalt von Frauen in intimen Paarbeziehungen zu verhindern. Als Folge der Verleumdung und Bagatellisierung werden diese Frauen, so die These, teilweise aus der Gesellschaft sowie im Speziellen und in besonderem Maße aus dem Hilfesystem exkludiert. Da sich gewalttätige Personen häufig in multikomplexen Problemlagen befinden und Täter*innenarbeit auch als Opferschutz zu bewerten ist, erscheint es allerdings wichtig, dass sie die Möglichkeit haben, ein adäquates Unterstützungsangebot annehmen zu können. (vgl. Kobbé 2001, S. 9ff.) Dafür scheinen Täterinnen häuslicher Gewalt in Intimpartnerschaften auf sämtlichen Ebenen aus dem Dunkelfeld ins Hellfeld geholt werden zu müssen.

Die Frage der vorliegenden empirischen Studie lautet daher: **Wie kann die Arbeit mit Frauen, die häusliche Gewalt gegen ihre*n (Ex-)Intimpartner*in ausgeübt haben, gestärkt und verbessert werden?**

Der empirische Teil dieses Werks ist so aufgebaut, dass zunächst an das Feld der qualitativen Sozialforschung herangeführt wird. Das Kapitel 9 widmet sich dem methodischen Vorgehen der Expert*inneninterviews und der angewendete Leitfaden wird aufgezeigt. Im folgenden Kapitel 10 werden die Einrichtungen, in denen die interviewten Expert*innen tätig sind in Bezug auf Angebote, Leitbild, Zielgruppen und Arbeitsweisen vorgestellt. Das Kapitel 11 befasst sich mit der konkreten Durchführung der Untersuchung. Die Abläufe der Datenerhebung, Datenverarbeitung und Auswertung werden erklärt und zusammengefasst. Daraufhin findet in Kapitel 12 die Diskussion der Ergebnisse statt. Das Kapitel schließt mit der Darstellung abgeleiteter Schlussfolgerungen und Handlungsleitlinien. Im Anschluss erfolgt in Kapitel 13 die Evaluation der Forschung, in der in der Wissenschaft empfohlene Gütekriterien überprüft werden. Zum Schluss wird in Kapitel 14 die gesamte Arbeit resümiert.

9. Die Methode der Expert*inneninterviews in der qualitativen Sozialforschung

In der empirischen Sozialforschung werden soziale Phänomene wissenschaftlich untersucht. Es wird zwischen quantitativem und qualitativem Zugang unterschieden. In beiden Fällen wird ein bestimmter Ausschnitt der sozialen Wirklichkeit analysiert, um darüber hinsichtlich Struktur und Beschaffenheit gültige Aussagen machen zu können. Die vorliegende Untersuchung ist in der qualitativen Sozialforschung zu verorten. Dort wird eine differenzierte Analyse bestimmter sozialer Phänomene durchgeführt. (vgl. Misoch 2015, S. 1f., Mayer 2006, S. 22f.) Im Vordergrund steht, den Forschungsgegenstand „verstehend nachvollziehen zu können“ (Misoch 2015, S. 2). Dabei werden subjektive Meinungen bzw. Sichtweisen untersucht und bestimmte Lebenswelten bzw. Relevanzsysteme beschrieben, um herauszufinden, wie die Beschaffenheit der fokussierten sozialen Phänomene bewertet werden kann. Repräsentativität wird durch ein möglichst umfangreiches Erfassen des Inhalts des Untersuchungsgegenstandes erreicht. (vgl. Misoch 2015, S. 2f.; Flick et al. 2017, S. 14ff.) Allen Ansätzen, die in der qualitativen Sozialforschung verortet werden können, liegen die gleichen Grundannahmen zugrunde. Diese sind, dass (1) die soziale Wirklichkeit als Ergebnis intersubjektiver Konstruktionsprozesse zu verstehen und (2) dementsprechend als prozesshaft und reflexiv zu bewerten ist.

(3) ‚Objektiven' Lebensbedingungen wie Einkommen, Bildung, Wohnsituation o.Ä. wird durch Individuen ein subjektiv gemeinter Sinn zugeschrieben. Aus diesen Grundannahmen folgt (4), dass der Ansatz qualitativer Forschung einen kommunikativen Charakter besitzt, um so die individuellen Konstruktionen sozialer Wirklichkeit nachvollziehen zu können. (vgl. Flick et al. 2017, S. 18ff.) Daraus lässt sich schlussfolgern, dass die forschende Person sich entweder in die handelnden Individuen, die als Untersuchungsgegenstand dienen, hineinversetzt oder sich den strukturbildenden Funktionen sozialen Handelns rekonstruierend annähert (vgl. Misoch 2015, S. 12f.). Den verschiedenen Ansätzen in der qualitativen Sozialforschung liegen unterschiedliche Methoden zugrunde. Je nach Untersuchungsgegenstand muss im Vorfeld darüber entschieden werden, welche Methode am Sinnvollsten erscheint, um die sozialen Phänomene bestmöglich beschreiben und verstehen zu können. (vgl. Flick et al. 2017, S, 22f.) In dieser Untersuchung wurde das Expert*inneninterview als Erhebungsmethode ausgewählt. Als Expert*in kann jede Person bezeichnet werden, die über ein spezielles Sonderwissen zu bestimmten Bereichen bzw. auf einem bestimmten fachlichen Feld verfügt. Häufig haben sie dieses durch besondere Ausbildungen, Erfahrungen und/ oder Tätigkeiten erworben und dementsprechende Titel und Positionen machen sie zu Expert*innen. (vgl. Bogner und Menz 2002b, S. 41f.) Für die vorliegende Untersuchung wurden Personen als Expert*innen identifiziert, die als Sozialarbeitende oder mit ähnlichen Abschlüssen Frauen beraten, die häusliche Gewalt ausübten. Um zu erfahren, wie die Arbeit mit dieser Zielgruppe gestärkt und verbessert werden könnte, wird auf ihr spezifisches Erfahrungswissen zurückgegriffen. Dementsprechend wird ihnen durch das Forschungsinteresse sowie durch ihre spezifischen Ausbildungen und Erfahrungen, der Expert*innenstatus zugeschrieben. (vgl. Meuser und Nagel 2002, S. 73f.) Eine weitestgehende Vergleichbarkeit der Expert*inneninterviews erscheint dadurch gesichert, dass jedes Mal derselbe Leitfaden angewendet wurde und die Expert*innen an gleichartigen Organisationen angebunden sind, die sich alle im Feld der Täter*innenarbeit bewegen. Der Leitfaden beinhaltete folgende Fragen:

Themenbereich 1: **Angebote** für Frauen, die häusliche Gewalt gegen ihre*n (Ex-) Intimpartner*in ausgeübt haben

- Wie finden Frauen, die gegen ihre*n (Ex-)Intimpartner*in gewalttätig geworden sind, meistens den Weg zu Ihnen? (öffentlicher Auftritt in Form von Flyern, Homepage etc., Zwangskontext oder Freiwilligkeit, Komm- oder auch Geh-Struktur?)
- Seit wann gibt es dieses Angebot und konnten Sie Veränderungen seit Beginn bis jetzt feststellen?
- Wie bewerten Sie das bundesweite Angebot für Frauen, die häusliche Gewalt gegen ihre Intimpartner*innen ausüben?
- Wo sehen Sie Verbesserungsbedarf beim Erreichen von dieser Zielgruppe?

Themenbereich 2: **Erfahrungen in der Arbeit** mit Frauen, die gegen ihre*n (Ex-) Intimpartner*in häuslich gewalttätig geworden sind

- Können Sie mir etwas darüber erzählen, wie diese Frauen mit ihrer eigenen Gewalttätigkeit umgehen?
- Mit welchen Herausforderungen in der direkten Arbeit mit den Frauen, die gegen ihre*n (Ex-)Intimpartner*in gewalttätig geworden sind, sind Sie manchmal konfrontiert?
- Welche weiteren Probleme beschäftigen die Frauen, die gegen ihre*n (Ex-)Intimpartner*in gewalttätig geworden sind?
- Wie gestaltet sich der Kontakt bzw. die Arbeit mit den Opfern?
- Würden Sie die Arbeit mit den Frauen, die gegen ihre*n (Ex-)Intimpartner*in gewalttätig geworden sind, manchmal anders gestalten? Wenn ja, wie?
- Welchen Hürden begegnen Sie in ihrem Berufsalltag?

Themenbereich 3: **Vernetzung und Zusammenarbeit**

- Wie gestaltet sich Ihre Zusammenarbeit mit anderen Einrichtungen und Institutionen (Opferschutzeinrichtungen, Polizei, Jugendamt etc.)
- Wie gestaltet sich die Zusammenarbeit mit Strafverfolgungsbehörden im Falle eines Zwangskontextes?
- Wo sehen Sie Verbesserungsbedarf bei der Zusammenarbeit mit anderen Einrichtungen und Institutionen?

Themenbereich 4: **Gesellschaftlicher und öffentlicher Umgang mit dem Phänomen**

- Wie gehen Personen in Ihrem Umfeld mit Ihrem Beruf um? Was gab es teilweise für Reaktionen, wenn Sie darüber berichteten, was Sie beruflich machen?
- Frage: Falls negativ: Wie sind Sie damit umgegangen?
- Wie bewerten Sie insgesamt die öffentliche Wahrnehmung von häuslicher Gewalt in Intimpartnerschaften, die von Frauen ausgeht? (z.B. die mediale Berichterstattung)

Themenbereich 5: **Politischer Umgang mit dem Phänomen**

- Wie bewerten Sie den politischen Umgang mit dem Thema der häuslichen Gewalt von Frauen gegen ihre*n (Ex-)Intimpartner*in?

Themenbereich 6: **Wissenschaftlicher Umgang mit dem Phänomen**

- Wie bewerten Sie insgesamt die Forschung zur häuslichen Gewalt von Frauen gegen ihre*n (Ex-)Intimpartner*in?

Wie alle Leitfaden-Gespräche gelten Expert*inneninterviews weniger als Beweisinstrumente, sondern dienen dazu, ein Feld zu erschließen, Vorwissen der forschenden Person zu vertiefen und Hypothesen zu generieren (vgl. Bogner und Menz 2002a, S. 17f.). Nichtsdestotrotz haben sich durch die literaturbasierte Beschäftigung mit dem Phänomen der häuslichen Gewalt von Frauen in Intimpartnerschaften Annahmen gebildet, inwiefern die Arbeit mit dieser Zielgruppe gestärkt und verbessert werden könnte. Sie lassen sich im Anhang finden. In der Darstellung und Diskussion der Ergebnisse wird auf diese Vermutungen noch einmal Bezug genommen, sie werden jedoch nicht als zu überprüfende Hypothesen behandelt. Idealerweise erfolgt durch diese Art der Interviewführung im Anschluss die Formulierung einer Theorie (vgl. Bogner und Menz 2002, S. 38f.). Im vorliegenden Band werden nach der Auswertung Handlungsleitlinien formuliert, die einen verallgemeinernden Charakter besitzen.

10. Die Interviewpartner*innen

Mit der vorliegenden Forschung(sfrage) wurden primär Personen kontaktiert, die mit Frauen arbeiten, die in intimen Paarbeziehungen häuslich gewalttätig waren. Diese werden für das Forschungsinteresse, wie bereits ausgeführt, als Expert*innen identifiziert. Es ist davon auszugehen, dass sie über ein umfassendes Wissen darüber verfügen, wie Frauen, die häusliche Gewalt in Intimpartnerschaften verüben bzw. verübt haben, erreicht werden können, wie mit ihnen gearbeitet wird bzw. werden sollte, wo Schwachstellen in der politischen, öffentlichen und gesellschaftlichen Auseinandersetzung mit dieser Thematik zu finden sind und wie diese angegangen werden könnten. Im Akquirieren potentieller Interviewpartner*innen ergaben sich mehrere Besonderheiten, die folgend benannt werden. Im Anschluss werden die Einrichtungen, in denen die Expert*innen arbeiten, sowie sie selbst vorgestellt.

Die Beratungsstelle Gewaltberatung Nürnberg e.V. bietet zwar auf ihrer Homepage Beratung für Frauen, die häusliche Gewalt in Intimpartnerschaften verübten, an (vgl. Dick o.J., o.S.), de facto hatte sich aber noch nie eine Frau an die Einrichtung gewendet, wie Gründer*in und Leiter*in der Einrichtung bereits im ersten Telefonat mittteilte. Da aber großes Interesse an einem Interview gezeigt wurde und die Vermutung nahe lag, dass die Mitarbeitenden der Gewaltberatung Nürnberg e.V. über einen ausgeprägten Erfahrungsschatz in der Arbeit mit Männern verfügen, die als Täter oder Opfer häuslicher Gewalt identifiziert werden können, fiel trotzdem die Entscheidung, ein Interview mit eine*m Vertreter*in der Einrichtung zu führen. Es bestand Hoffnung, sowohl einen Einblick in seine*ihre Erfahrungen und Sichtweisen zu gewinnen als auch Gemeinsamkeiten und Unterschiede zu denen der Beratenden von Täterinnen häuslicher Gewalt herzustellen. Das Interview kann im Nachhinein tatsächlich als sehr aufschlussreich bewertet werden. Im Sinne der Grounded Theory hätten weitere Personen, die mit männlichen Opfern und Tätern häuslicher Gewalt arbeiten, befragt werden müssen (vgl. Misoch 2015, S. 190f.).

Obwohl eine persönliche Befragung von Frauen, die gegen ihre Intimpartner*innen häusliche Gewalt verübten sicherlich sinnvoll erscheint, war im Rahmen des vorliegenden Buches ein umfangreiches Akquirieren dieser Personengruppe, nicht geplant. Als primäre Hürde wurde die

Kontaktherstellung zu ihnen identifiziert. Doch selbst bei einer erfolgreichen Kontaktaufnahme liegt die Vermutung nahe, dass bspw. die eigene Scham der Frauen, sich als Täterin zu ‚outen' und sich einer fremden Person in einem Interview zu öffnen, eine Schwierigkeit darstellen könnte. Dennoch bot sich die Möglichkeit, im Rahmen des Besuchs eines Anti Gewalt Trainings für Täterinnen häuslicher Gewalt mit vier Frauen in Kontakt zu treten. In Kapitel 10.8 wird diese Erfahrung näher beschrieben. Ihre Antworten bzgl. der vorliegenden Forschungsfrage, die die Frauen sowie die mit anwesenden Berater*innen während eines Gruppengesprächs lieferten, werden ebenfalls für die Auswertung dieser Untersuchung verwendet.

Als weitere Besonderheit ist zu nennen, dass der Zufall ergab, dass sich jeweils zwei der Interviewpartner*innen bzw. die Einrichtungen, in denen sie tätig sind, in den Bundesländern Baden-Württemberg, Bayern und Sachsen befinden. Dieser Fakt wird in der Auswertung berücksichtigt. Es kann somit ein vorsichtiger Vergleich zwischen den Standards und Arbeitsweisen in genannten Bundesländern stattfinden.

Zuletzt sei der Hinweis gegeben, dass es sich bei fast allen besuchten Einrichtungen um Beratungsstellen handelt, die ihr Angebot an Männer und Frauen richten, die (größtenteils) häusliche Gewalt in ihrer (Ex-)Intimpartnerschaft ausgeübt haben. Lediglich die Beratungsstelle violenTia in München richtet ihr Angebot ausschließlich an Frauen, wie auch das gesamte Frauentherapiezentrum, dem diese angehört.

10.1 Triade Engelmann und Palme GbR, Leipzig

Die Gesellschaft Triade Engelmann und Palme GbR begann im Jahr 2003 als Modellprojekt zu arbeiten und bietet seitdem auch Beratung für Frauen, die häusliche Gewalt in ihrer Partnerschaft verübten, an. Hilfe zur Erziehung stellt einen weiteren Bereich da, zu dem es ein umfangreiches Angebot gibt. Zur Philosophie von Triade Engelmann und Palme GbR gehört ein wertschätzender Umgang mit Mitarbeiter*innen, Klient*innen und Fachkräften. Sie arbeiten ressourcenorientiert und lösungsorientiert. Dabei ist ihnen Transparenz, Klarheit und Flexibilität sehr wichtig. Die Beratung für Täter*innen häuslicher Gewalt gestaltet sich wie folgt:

Es wird mit Männern und Frauen gearbeitet, die körperliche und/ oder seelische Gewalt auf andere Erwachsene im häuslichen Umfeld und besonders in der Partnerschaft ausüben. Nicht nur das Vermeiden von Gewalt, sondern vielmehr, neue gewaltfreie Lösungen und andere Konfliktlösungsstrategien sollen erlernt werden. Auch die Stärkung positiver Aspekte der Familie bzw. die Veränderung unbefriedigender Lebenssituationen sind zentrale Themen in der Beratung. Die Täter*innen häuslicher Gewalt kommen entweder aus eigener Motivation zur Beratung oder aufgrund einer Anordnung von Gericht oder Jugendamt. In der Arbeit mit ihnen verfolgen die Mitarbeitenden von Triade Engelmann und Palme GbR drei Grundsätze: Das Setzen und Einhalten von Grenzen, die Übernahme von Verantwortung für das eigene Handeln sowie Unterstützung bzw. Herausforderung zu Selbstreflexion. Dabei werden Möglichkeiten von gewaltfreien Konfliktlösungsstrategien angeboten. Die Arbeit mit den Personen, die häusliche Gewalt in (Ex-)Intimpartnerschaften verübten, kann in Form von Einzelberatungsgesprächen, Trainingskursen bzw. Gruppenarbeit oder Paargesprächen stattfinden. In der ersten Sitzung wird besprochen und entschieden, welches Angebot am besten geeignet ist. Das Erstgespräch wird mit einer Beratungsvereinbarung abgeschlossen, die als Basis für die weitere Zusammenarbeit dient. Die Beratungsstelle zur täterorientierten Anti-Gewaltarbeit im häuslichen Umfeld wird mit Mitteln des Sächsischen Staatsministeriums für Soziales finanziert. (vgl. Engelmann und Palme 2019, o.S.)

Die*Der Interviewpartner*in ist nach eigener Aussage seit Beginn des Angebots als Berater*in tätig ist, hat die Einrichtung mit aufgebaut und ist als als Beisitzer*in der BAG TäHG sowie an der Weiterentwicklung des Standards für Täterarbeit der BAG TäHG für Frauen beteiligt. Auch im Koordinierungsgremium des Netzwerks gegen häusliche Gewalt und Stalking Leipzig[46] ist sie*er als Repräsentant*in der Beratungsstelle vertreten.

46 Für eine vertiefende Auseinandersetzung vgl. Engelmann et al. (2018): Gemeinsam gegen Gewalt – Das Leipziger Gewaltschutznetzwerk. In: Kerner, Hans-Jürgen und Marks, Erich (Hg.), Internetdokumentation des Deutschen Präventionstages. Hannover. Online verfügbar unter https://www.praeventionstag.de/dokumentation/download.cms?id=2700&datei=Pra_ventionstag_Praesi-fertig-2700.pdf, zuletzt geprüft am 03.12.2019.

10.2 Verein für Jugendhilfe Karlsruhe e.V.

Der Verein für Jugendhilfe Karlsruhe e.V. bietet Jugendhilfe, Straffälligenhilfe, Opferhilfe sowie Beratung und Training für gewalttätige Personen an. Dem Leitbild des Vereins ist unter anderem zu entnehmen, dass die Mitarbeitenden, orientiert an den Grundsätzen der Corporate Social Responsibility offen, vertrauens- und respektvoll arbeiten sowie ziel- und lösungsorientiert. Sie unterstützen die Klient*innen, ihren Alltag selbstbestimmt gestalten zu können und ermutigen sie, eigenverantwortlich zu handeln und sich ins gesellschaftliche Leben einzubringen. Ihnen liegt dabei ein Grundverständnis von einer offenen, toleranten und wertschätzenden Begegnung zugrunde, in der Vielfalt und unterschiedliche Sichtweisen gelebt und akzeptiert werden. Außerdem wird in den Netzwerken der Jugend- und Straffälligenhilfe und im Stadtteil kooperiert. Bzgl. der Thematik der häuslichen Gewalt bzw. Gewalt im sozialen Nah-raum wie es auf der Homepage des Vereins geschrieben steht, gibt es das Angebot des Anti Gewalt Trainings für Männer und Frauen, der Anti Gewalt Beratung für Männer und Frauen sowie der Tandemberatung. (vgl. Kieser 2019, o.S.) Im Interview stellt sich heraus, dass die Angebote für Täterinnen seit 2013 existieren.

Das Anti Gewalt Training ist ein intensives Gruppenangebot, welches an Menschen gerichtet ist, die gegen Personen in ihrem häuslichen Umfeld gewalttätig geworden sind. In den Gruppenstunden setzen sich die Teilnehmer*innen mit Unterstützung des Trainer*innenteams intensiv mit ihrer eigenen Bereitschaft zur Gewalt und dem gewalttätigen Handeln auseinander. Dabei werden unter Anleitung reflektierende Übungen durchgeführt und persönliche Entwicklungsprozesse in Gang gesetzt. Prinzipiell sollen gemeinsam in der Gruppe neue Perspektiven entwickelt und alte Muster aufgebrochen werden. Das primäre Ziel für die Teilnehmenden ist ein gewaltfreies Leben im persönlichen Umfeld. Dafür sollen u. a. alternative Handlungsstrategien entwickelt werden und eine positive Lebensgestaltung erarbeitet werden. Das Training bietet 16 Einheiten, die jeweils 3,5 Stunden dauern und kann bis zu acht Teilnehmer*innen aufnehmen. Auch im Rahmen einer justiziellen Auflage ist eine Teilnahme möglich. (vgl.ebd.)

Die Anti Gewalt Beratung richtet sich ebenfalls an Personen, die gegen Menschen in ihrem häuslichen Umfeld gewalttätig geworden sind. Zuerst wird die Lebenssituation der Rat Suchenden in ihren individuellen Facetten erfasst, um herauszufinden, wodurch die Gewalttätigkeit entstanden sein könnte. Dieses Bewusstsein dafür sowie die Übernahme der Verantwortung für das eigene Handeln gelten als Grundlage für die Erarbeitung von gewaltfreien Handlungsstrategien und einer positiven Lebensgestaltung. Auch Kinder können in der Beratung und im Training eine Rolle spielen, um den Klient*innen die Möglichkeit zu bieten, für die eigenen Kinder ein positives Vorbild zu werden. Nach einem Erstgespräch (Clearing) findet die Beratung in Einzelsitzungen statt, in denen individuelle Themen bearbeitet werden können. In Krisensituationen gibt es die Möglichkeit von Paargesprächen. Auch die Vermittlung an weitere Hilfsangebote kann bei Bedarf erfolgen. (vgl. ebd)

Die Tandemberatung wird gemeinsam mit der Frauenberatungsstelle SkF (Sozialdienst katholischer Frauen) angeboten. (Ex-)Paare und Familien, in denen Partnerschaftsgewalt stattfindet oder stattgefunden hat, haben dabei die Möglichkeit, sich mit dem Thema der Gewalt gemeinsam auseinanderzusetzen und gewaltfrei Kommunikations- und Verhaltensmuster zu erlernen. Weitere Ziele sind u.a. einen Notfallplan zu entwickeln und Unterstützung auf der Elternebene zu erfahren. Innerhalb der Tandemberatung finden sowohl Einzelgespräche zur Besprechung individueller Themen statt als auch Tandemgespräche zu viert mit den beiden Partner*innen sowie den Berater*innen der Beratungsstelle des VfJ e.V. bzw. der Frauenberatungsstelle für Frauen mit Gewalterfahrungen des SkF e.V. (vgl. ebd.)

Anti-Aggressivitätstrainer*in, Psychodrama-Praktiker*in und Phaemo-Berater*in Person B, welche*r unter anderem die Beratungsgespräche sowie Anti-Gewalt-Trainings für Frauen durchführt, die häuslich gewalttätig geworden sind, ließ sich interviewen. Neben der direkten Arbeit mit den Klient*innen, ist sie*er außerdem als Leitung der Abteilung ‚Training, Beratung, Gewaltprävention' für das Personalmanagement oder auch als politische Vertretung nach außen zuständig.

10.3 Sozialberatung Stuttgart e.V.

Der Verein Sozialberatung Stuttgart e.V. besteht bereits seit 1960 und ist seither spezialisiert auf Straffälligenhilfe. Weitere Fachbereiche, die im Laufe der Jahre hinzugekommen sind, sind der Fachbereich Wohnen und Betreuung sowie der Bereich Gewaltprävention. Sowohl in Stuttgart als auch in Rems-Murr und in Esslingen sind die Fachberatungsstellen Gewaltprävention zu finden. Zu den Angeboten der Gewaltprävention zählen Gewaltschutz für Männer bei häuslicher Gewalt, Prävention von Jugend- und Straßengewalt, Täter-Opfer Ausgleich, Seminare für Fachkräfte sowie Beratung und Training für gewaltausübende Männer und Frauen bei häuslicher Gewalt. Die Ziele des Vereins sind insgesamt, ihre Klient*innen zu eigenverantwortlichem Leben ohne Straftaten und Gewalt zu befähigen und bei der Überwindung von sozialen Schwierigkeiten zu helfen. Die Grundsätze der Mitarbeitenden des Vereins sind u.a., dass jeder Mensch für sein Handeln verantwortlich ist und Kriminalität als ein komplexes gesellschaftliches Phänomen mit sich unterscheidenden Hintergründen zu verstehen ist. Der Verein möchte zu gesellschaftlichen und politischen Veränderungen im Umgang mit straffälligen bzw. gewalttätigen Personen beitragen. In der direkten Arbeit mit den Klient*innen, die im Rahmen von Einzelfallhilfe und/ oder Gruppenarbeit stattfinden kann, wird durch eine gemeinsame Hilfeplanung, die geprägt ist von Bedürfnis- und Ressourcenorientierung, Hilfe zur Selbsthilfe geleistet. (vgl. Müller o.J., o.S.)

Die Angebote von Beratung und Training für gewaltausübende Männer und Frauen, bei häuslicher Gewalt können entweder aus eigener Motivation bzw. dem Anraten anderer Beratungseinrichtungen sowie aufgrund von gerichtlichen Weisungen in Anspruch genommen werden. In den Gesprächen und Trainings lernen die Klient*innen u.a. Verantwortungsübernahme für das eigene Handeln und konstruktives Konfliktmanagement. Sie werden außerdem für die umfangreichen Folgen ihrer Taten sensibilisiert, um letztendlich das langfristige Ziel eines gewaltfreien Lebens zu erreichen. Die Beratung bietet Hilfestellung und Unterstützung durch das Angebot von Informationen, Erstgesprächen, Paargesprächen, professionellen Beratungs- und Trainingsmaßnahmen, längerer Begleitung, muttersprachlicher Beratung in Türkisch und Englisch, Vermittlung in weiterführende Hilfsangebote sowie einer anonymen Online-Beratung. Seit 2004 richtet sich das Beratungsangebot auch an Frauen, die häusliche Gewalt in Partnerschaften verübt haben. Das Training kann laut Internetauftritt lediglich von Männern absolviert werden (vgl. ebd.). Im Interview stellte sich heraus, dass auch die Möglichkeit für Frauen bestünde, in einer geschlechtshomogenen Gruppe an einem Gewalt-Sensibilisierungs-Training teilzunehmen. Bislang haben allerdings keine Trainings mit häuslich gewalttätigen Frauen stattgefunden. Nichtsdestotrotz wird das Angebot hier kurz vorgestellt:

Das Gewalt – Sensibilisierungs – Training (GST) bietet in einer Gruppe von bis zu acht Personen Unterstützung bei der Erarbeitung von individuellen Konfliktlösungsstrategien und bei der Verantwortungsübernahme für das eigene Verhalten. Es werden verschiedene Übungen und Methoden durchgeführt, die zu einer intensiven Auseinandersetzung mit sich selbst und dem eigenen gewalttätigen Verhalten führen sollen. Ein weiteres Angebot des Fachbereiches Gewaltprävention der Sozialberatung Stuttgart e.V. ist das Fair – Streit – Training (FST). Im Rahmen der Stuttgarter Ordnungspartnerschaft gegen häusliche Gewalt (STOP) in Kooperation mit der Fraueninterventionsstelle (FIS) wird ein Training für Paare angeboten, um an ihrer Beziehung zu arbeiten und Strategien für eine gewaltfreie Kommunikation zu erlernen. Andere Angebote sind das Projekt Gewaltprävention von Migranten für Migranten (MiMi) und das Bestärkungsprogramm Takaa-Niroo für geflüchtete Jungen und Männer. (vgl. ebd.)

Der*Die Interviewpartner*in bietet Beratung im Einzelsetting für Männer und Frauen an, die häusliche Gewalt (in ihrer Partnerschaft) verübten, sowie Gruppentrainings für Männer. Sie*Er ist seit 2014 in der Einrichtung tätig.

10.4 ViolenTia – FTZ München e.V.

ViolenTia bietet für Frauen, die in Intimpartnerschaften Gewalt ausüben psychosoziale Beratung an. Die Beratungsstelle wurde 2014 eingerichtet und gehört zu dem Verein FrauenTherapieZentrum FTZ e.V., der aus der Tradition der autonomen Frauenbewegung kommend,

1978 gegründet wurde. Dieser bietet ausschließlich für Frauen in besonderen Lebenslagen psychosoziale Beratung, Betreuung und Begleitung an. Er finanziert sich durch Spenden, Bußgelder, Zuschüsse, Entgelte und Stiftungsgelder. (vgl. Feneberg und Eiche-Kayser 2019, o.S.).

Das Angebot von violenTia besteht aus telefonischer Beratung, Kurz- bzw. Clearingberatung, längerfristiger Beratung, Anti-Gewalt-Trainingsgruppen und Angehörigenberatung. In der telefonischen Beratung ist es möglich, zunächst das eigene Anliegen zu äußern, Informationen zu erhalten und ggf. einen Termin zu einem Erstgespräch zu vereinbaren. In diesem oder auch in der Kurz- bzw. Clearingberatung wird das konkrete Anliegen geklärt und ein nächster Lösungsschritt erarbeitet, der ggf. in einem längerfristigen Beratungsprozess mündet. In diesem Prozess soll die betroffene Frau Verantwortung für ihre Handlungen übernehmen und lernen, ihre Gewalttätigkeit zu beenden und alternative Wege und Lösungen zu entwickeln. Des Weiteren besteht die Möglichkeit, durch die Auseinandersetzung mit der eigenen Lebensgeschichte, eigene Gefühle und Verhaltensweisen besser zu verstehen und zu lernen, einen liebevolleren Umgang mit sich selbst und anderen Personen zu erlernen. Darüber hinaus besteht laut Internetauftritt auch die Möglichkeit, an Anti-Gewalt-Trainingsgruppen teilzunehmen, in denen vorher erlernte Strategien geübt und vertieft werden können. (vgl. ebd.) Im Interview stellte sich allerdings heraus, dass es aktuell noch keine Gruppentrainings gibt. Die Angehörigenberatung bietet lediglich Informationen und die Möglichkeit der Weitervermittlung an entsprechende Einrichtungen für Personen, deren Angehörige Gewalt ausüben, jedoch keine Beratung. Die Sozialpädagog*innen mit spezifischen Zusatzausbildungen bewerten Täterinnenarbeit als Opferschutz, denn durch die erlernte Verhaltensänderungen der Frauen, sind ihre Partner*innen vor erneuten Gewaltangriffen geschützt. Mit den Frauen arbeiten sie parteilich, indem sie sie als Person, nicht jedoch ihre Taten akzeptieren, geschlechtsspezifisch, um den gesellschaftspolitischen Hintergrund, in dem die Gewalthandlungen stattfinden mit einzubeziehen sowie systemisch lösungsorientiert mit einem wertschätzenden und positiven Menschenbild. Unter häuslicher Gewalt verstehen die Mitarbeitenden der Beratungsstelle soziale Kontrolle, körperliche Angriffe in Form von schlagen, beißen, kratzen o.Ä. sowie durch das Werfen von Gegenständen, emotionale Gewalt in

Form von Drohungen, Abwertungen oder dem Einsetzen von Druckmitteln wie die gemeinsamen Kinder oder Geld oder Zwang zu sexuellen Handlungen. (vgl. Feneberg und Eiche-Kayser 2019, o.S.)

Die*Der Interviewpartner*in arbeitet wie ihr*e/ sein*e Kolleg*in seit einem Jahr bei der Beratungsstelle violenTia. Zuvor hat er*sie 18 Jahre in der Opferberatung für Frauen gearbeitet.

10.5 ESCAPE – Männernetzwerk Dresden e.V.

Die Projekt ESCAPE Dresden gehört zum Verein Männernetzwerk Dresden e.V. und bietet seit 2005 für Personen, die in Paarbeziehungen gewalttätig wurden, täterorientierte Anti-Gewalt-Arbeit an. Es wird durch das Land Sachsen auf der Grundlage des Gesetzes zur Chancengleichheit finanziell gefördert. Als Mitglied der BAG TäHG arbeiten die Mitarbeitenden nach dessen Standards und arbeiten in weiteren Arbeitskreisen und Netzwerken mit, die sich gegen häusliche Gewalt einsetzen. Beispielsweise ist auch Triade Leipzig e.V. eine Netzwerkpartnerin. Unter häuslicher Gewalt verstehen die Mitglieder des Vereins jede Verletzung der körperlichen und psychischen Integrität einer Person durch jemand Anderen. Dabei sind physische, psychische, sexualisierte und ökonomische Gewalt eingeschlossen. Die Personen, die Gewalt ausüben werden in der Täter*innenarbeit, die sie als aktiven Beitrag zum Schutz von Opfern häuslicher Gewalt sehen, gänzlich für ihr Verhalten verantwortlich gemacht. Schuldzuweisungen, Rechtfertigungen und Erklärungen werden als Strategie betrachtet, um die eigene Verantwortung abzuschieben. Demzufolge liegt dem Verein ESCAPE-Dresden die Auffassung zugrunde, dass jeder (Gewalt-)Handlung eine Entscheidung dazu vorangeht und somit eine gewisse Absicht, welche beeinflussbar ist, um letztendlich das Verhalten zu verändern bzw. wieder zu verlernen. Des Weiteren wird häusliche Gewalt nicht als Folge von Alkohol, Stress oder Überlastung gesehen und nicht als schichtenspezifisches Verhalten. (vgl. Siegemund o.J., o.S.)

Das Angebot des Teams mit sozialpädagogischem, psychologischem und systemtherapeutischem Hintergrund umfasst insgesamt 25 Gruppensitzungen. Es besteht aber auch die Möglichkeit Einzelsitzungen wahrzunehmen. Dies wird nach dem Erstgespräch entschieden. Die künftige Zusammenarbeit zum Thema häusliche Gewalt wird dann vertraglich festgehalten, wobei bspw. auch von der Schweigepflicht gegenüber der*dem Partner*in entbunden wird oder gegebenenfalls gegenüber einer zuweisenden Stelle. Je nach Einkommen sind die Personen, die eine Anti-Gewalt-Beratung in Anspruch nehmen, zu einem geringen finanziellen Beitrag verpflichtet. Als Mitglied der BAG TäHG arbeitet der Verein in der Gruppen- wie in der Einzelberatung nach deren Standard (vgl. ebd.), dessen Inhalte dem Kapitel 7.1 zu entnehmen sind (vgl. Kap. 7.1).

Insgesamt zieht das Projekt ESCAPE die Gruppenberatung der Einzelberatung vor, da davon ausgegangen wird, dass der vertrauensvolle Austausch mit anderen Personen, die die gleiche Thematik beschäftigt, zu einem anderen Zugang zu sich selbst und seinen eigenen Verhaltensmustern führt und durch das entstehende Gruppengefühl mehr Zuversicht und Sicherheit in der Verhaltensänderung geschaffen werden kann (vgl. Siegemund o.J., o.S.). Im Interview stellte sich allerdings heraus, dass diese Gruppen geschlechtshomogen sind und aufgrund der geringen Fallzahl an Frauen, die das Beratungsangebot von ESCAPE annehmen, aktuell kein Gruppenangebot, sondern nur das Angebot der Einzelberatung besteht.

Die interviewte Person ist zum Zeitpunkt der Erhebung in Elternzeitvertretung als Honorarkraft bei ESCAPE angestellt. Zum Zeitpunkt des Interviews hatte er*sie zwei Klientinnen die häusliche Gewalt in ihren Partnerschaften ausübten, in der Beratung. Der*die Expert*in berichtete, dass sie*er zwar an Teamsitzungen und dergleichen teilnehme, allerdings nicht sehr umfangreich in weitere Projekte eingebunden ist. Ansonsten arbeitet die*der Interviewpartner*in als systemische*r Einzel-, Paar- und Familientherapeut*in in einer eigenen Praxis.

10.6 Gewaltberatung Nürnberg e.V.

Der Verein Gewaltberatung Nürnberg e.V. gründete sich 2003 in Nürnberg unter dem Namen ‚Männer gegen Männergewalt e.V.'. Nachdem im Jahr 2013 das Angebot auch auf Mädchen und Frauen, die gewalttätig wurden sowie auf Opfer von Beziehungsgewalt ausgebaut wurde, erfolgte die Umbenennung des Vereins. Unter Gewalt wird jede physische Handlung verstanden, welches die Verletzung der körperlichen Integrität einer anderen Person zur Folge hat, wie bspw. schlagen, treten, einsperren, mit Gegenständen werfen o.Ä. Auch psychische Gewalt wird auf der Homepage von Gewaltberatung Nürnberg e.V. erwähnt. Es wird davon ausgegangen, dass physische Gewalt zumeist von psychischer begleitet wird, da die verschiedenen Arten von Gewalt selten in ihrer Reinform auftreten. Im Sinne des Opferschutzes fördert der Verein durch Beratungsangebote gewaltfreies Verhalten von Jugendlichen und Erwachsenen. Für Personen, die in ihren Partnerschaften Gewalt ausgeübt haben oder die die Gefahr bei sich sehen, dies in naher Zukunft zu tun, besteht die Möglichkeit Telefonberatung, Einzel- oder Gruppenberatung in Anspruch zu nehmen. In der Telefonberatung können unter dem Schutz der Anonymität Fragen geklärt werden und ggf. ein Termin für ein Erstgespräch vereinbart werden. Die Einzelberatung findet alle zwei Wochen statt. Dabei wird mit den Beratenden gemeinsam der Weg in ein gewaltfreies Leben geübt. Die Gruppensitzungen werden für Personen angeboten, die bereits an Einzelgesprächen teilgenommen haben und im Austausch mit Anderen Erfahrungen, Wissen und Übungen vertiefen möchten. In diesem Rahmen werden auch persönliche Wahrnehmungen von Nähe und Distanz sowie von Wünschen und Enttäuschungen bearbeitet. Neben diesen Angeboten für Personen, die in Paarbeziehungen gewalttätig geworden sind, bietet der Verein wie bereits erwähnt auch Unterstützung für Opfer von Gewalt, sowie präventive Maßnahmen insbesondere für Jugendliche sowie Beratungs-, Supervisions- und Fortbildungsangebote für Mitarbeitende anderer Einrichtungen, die mit dem Thema Gewalt in Berührung kommen. Durch Öffentlichkeits- und Netzwerkarbeitet wird seitens der Mitarbeitenden der Gewaltberatungsstelle Nürnberg stetig daran gearbeitet, gewaltfreie Lebens- und Erziehungsformen innerhalb von Familien, Paarbeziehungen und in allen anderen Lebensbereichen zu fördern. Finanziert wird der Verein größtenteils durch die Stadt Nürnberg, durch Beiträge der Klient*innen und durch Spenden (vgl. Dick o.J., o.S.).

Die interviewte Person war zunächst als Industriekaufmann*frau tätig. Dann absolvierte er*sie den Diplom-Studiengang Sozialpädagogik und machte eine Ausbildung zum*r Anti Gewalt Berater*in. Im Jahr 2003 gründete er*sie mit sechs weiteren Partner*innen die Gewaltberatung Nürnberg e.V.

10.7 Der Austausch mit Täterinnen

Wie bereits erwähnt, eröffnete sich in der Phase der Datenerhebung die Möglichkeit, im Rahmen eines Anti Gewalt Trainings, auch mit Frauen, die häusliche Gewalt verübt hatten, in Kontakt zu treten. In einer Gesprächsrunde, an der vier Frauen sowie ein*e Interviewpartner*in und ihre*seine Kolleg*in beteiligt waren, konnten vier Fragen hinsichtlich des Forschungsanliegens gestellt werden Sie lauteten:

1. Wie sind Sie auf den VfJ gestoßen?
2. Wo haben Sie sich hilflos gefühlt bzw. wo hätten Sie sich mehr Unterstützung gewünscht?
3. Wie bewerten Sie die öffentliche Wahrnehmung von häuslicher Gewalt von Frauen in Intimpartnerschaften?
4. Wo sehen Sie konkret Verbesserungsbedarf in der Arbeit mit Frauen, die häusliche Gewalt verübt haben?

Es entstand ein angeregter Austausch unter allen beteiligten Personen mit aufschlussreichen Ideen und Gedanken, sowie interessanten Erfahrungen und Sichtweisen, die die Klientinnen teilten. Da den Teilnehmerinnen des Anti Gewalt Trainings die Gewährleistung ihrer Anonymität sehr wichtig war, erlaubten sie keine Tonbandaufzeichnung. Sie unterzeichneten somit keine Einverständniserklärung. Dennoch erlaubten sie, die Gesprächsinhalte zum Zweck der vorliegenden Forschung zu nutzen. So wurde direkt im Anschluss an den Austausch ein Gedächtnisprotokoll angefertigt. Die Ergebnisse bzw. Thesen, die in der Diskussion entstanden sind, werden in Anhang VIII festgehalten. Im Nachhinein wurden die Aussagen den gestellten Fragen zugeordnet, denn teilweise war die Reihenfolge der Gesprächssequenzen im Austausch anders. Aufgrund der fehlenden Tonbandaufnahme und Namen der Frauen war es im Anschluss nicht mehr möglich, genau festzuhalten, wer was gesagt hatte, doch dies spielt für die Beantwortung der Forschungsfrage eine untergeordnete Rolle. Des Weiteren ist anzumerken, dass die Inhalte aufgrund der fehlenden Tonbandaufnahme und der schnellen Sprecherinnenwechsel nicht gänzlich wortwörtlich wiedergegeben werden konnten. Um trotzdem jeden Aspekt, der von den Teilnehmerinnen für wichtig gehalten wurde, adäquat zu erfassen, wurde die Dokumentation des Austauschs zum Abgleich an sie geschickt. Es erfolgten jedoch keine Änderungswünsche.

11. Die Expert*inneninterviews

Dieses Kapitel widmet sich der zusammenfassenden Darstellung der Datenerhebung, Datenverarbeitung wie auch der Auswertung.

Datenerhebung

Hinsichtlich einer Vergleichbarkeit des Datenmaterials wurde darauf geachtet, alle Erhebungen von der Kontaktaufnahme bis zur Beendigung der Interviews möglichst gleich zu gestalten. Die Kontaktaufnahme fand zu allen Expert*innen telefonisch statt. Alle Personen, die einem Interview zustimmten, bekamen in der Folge das gleiche Anschreiben per Mail, in dem Ziel, Zweck und Hintergrund der geplanten Untersuchung konkret erläutert wurden. Im Anschluss gestaltete sich der Austausch mit den Expert*innen bis zu den Terminen der Interviews unterschiedlich, jedoch nach eigener Einschätzung nicht in dem Ausmaß, als dass es das Interviewverhalten der Befragten und letztendlich die Untersuchung beeinflusst hätte.

Vor der konkreten Durchführung von Interviews ist eine gute organisatorische Vorbereitung wichtig. Kruse et al. (2015) haben eine umfangreiche Checkliste zur Vorbereitung von Interviews angefertigt, welche auch in der vorliegenden Untersuchung als Hilfsmittel diente. (vgl. Kruse et al. 2015, S. 262ff.) Beispielsweise wurde in Anlehnung daran auf ein wertschätzendes, herzliches Auftreten geachtet. Dies dient dazu, eine offene, vertrauensvolle Basis für die Interviews zu schaffen. Nach der Begrüßung erfolgte ein kurzes ‚Warm-up' in Form von lockeren Eingangsgesprächen. Dabei wurde u.A. Dankbarkeit für die Bereitschaft, am Interview teilzunehmen, ausgedrückt. Im Anschluss wurde der geplante Ablauf der Interviews erklärt und auf den Datenschutz inklusive der geplanten Tonbandaufnahme hingewiesen. In diesem Zuge wurde den Interviewpartner*innen die zu unterzeichnende Einverständniserklärung vorgelegt. Es war ihnen frei überlassen, ob sie diese vor oder nach den Interviews unterzeichneten. Dabei blieb nicht unerwähnt, dass sich die Anonymisierung ihrer Daten in diesem Rahmen vermutlich schwierig gestaltet, da es bislang relativ wenige Einrichtungen bzw. Expert*innen auf dem Gebiet der Arbeit mit Frauen gibt, die häusliche Gewalt in Intimpartnerschaften verübten (vgl. Kap. 2.2.3). In diesem Fall wurde auch der Hinweis gegeben, dass im abschließenden Werk Leitbild und Ziele der Einrichtungen beschrieben werden würden, weshalb auch deshalb eine 100%ige Anonymisierung nicht gewährleistet werden kann. Dies stellte für die Expert*innen kein Problem dar. Misoch (2015) rät vor der Durchführung von Befragungen auch dazu, sich als interviewende Person der eigenen Wirkung auf andere Personen bewusst zu machen und sie zu kontrollieren wie auch reflektieren, um den Interviewpartner*innen möglichst einflusslos und wertneutral zu begegnen. (vgl. Misoch 2015, S. 199f.) Im Zusammenhang damit erscheint es insbesondere in Expert*inneninterviews wichtig, dass sich die*der Interviewer*in vorher einen umfangreichen Wissensschatz zur untersuchenden Thematik eingeholt hat, um auf die Interviewpartner*innen kompetent zu wirken. Laut Meuser und Nagel (2009) machen viele befragte Expert*innen ihr Interviewverhalten bzw. ihre Mitteilungsbereitschaft davon abhängig, wie viel Kompetenz sie ihrem*ihrer Interviewer*in zuschreiben (vgl. Meuser und Nagel, 2009, S. 475). Die im Vorfeld erfolgte intensive theoretische Auseinandersetzung mit dem Phänomen der häuslichen Gewalt von Frauen in Intimpartnerschaften lässt schließen, dass Vorurteilen von Seiten der Expert*innen ausreichend vorgebeugt werden konnte. Ein weiterer Faktor, der das Interview beeinflussen kann, ist der Ort bzw. das Setting, an dem dieses stattfindet (vgl. Misoch 2015, S. 200f.). Im Falle der vorliegenden Forschung fanden alle Interviews in den Büros der Expert*innen statt. Dies wurde vorher mit ihnen während der Terminvereinbarung abgesprochen.

Neben der fortlaufenden Anwendung diverser Kompetenzen und Kommunikationstechniken, die zum Aufbau einer (temporären) sozialen Beziehung beitragen, gilt außerdem ein adäquater Umgang mit unerwarteten Problemen zielführend. Beispielsweise kann es passieren, dass die*der Interviewer*in sich entweder zu sehr an den Leitfaden hält und dadurch möglicherweise auf manche Themen nicht genug eingeht, wodurch wichtiges Forschungsmaterial verloren gehen kann. Besonders, wenn die*der Interviewende über noch nicht viel Interviewerfahrung verfügt, kann dies passieren. (vgl. Misoch 2015, S. 220f; 225f.) Gerade in den ersten drei Interviews kann eine stringente Orientierung am Leitfaden festgestellt werden, was unter anderem eigener Nervosität und fehlender Interviewerfahrung geschuldet ist. Teilweise wurden daher bestimmte Aussagen nicht ausreichend hinterfragt, um noch mehr eventuell relevante Informationen zu erhalten. Auch kann es passieren, dass zu sehr vom Leitfaden abgewichen wird und unergiebige Themen ausgeschöpft werden (vgl. Misoch 2015, S. 220f.; 226f.). Das vierte Interview dauerte sehr lange. Aus Sorge, wichtige Themen im Keim zu ersticken, konnte die*der Interviewpartner*in sehr ausführlich erzählen, was dazu führte, dass das Interview nicht in der geplanten Zeit zu Ende geführt werden konnte und ein zweiter Termin dafür angesetzt werden musste. Im Nachhinein betrachtet hätte an manchen Stellen mehr darauf geachtet werden können, näher beim Forschungsthema zu bleiben. Fehlende Neutralität kann eine weitere Gefahr bergen, die sich schnell in der Intonation des Gesagten zeigen kann. Je nach Betonung der Wörter kann die*der Befragte in ihren*seinen Antworten in eine bestimmte Richtung gelenkt werden, was vermieden werden sollte (vgl. Misoch 2015, S. 222). Eine solche Problematik ist während bzw. in der Auswertung der Interviews nicht bewusst aufgefallen. Bezüglich der Fragestellung ist darauf zu achten, dass nie mehr als eine Frage gestellt wird, um die*den Befragten nicht zu verwirren. Zudem sollten geschlossene Fragen vermieden werden, die zu keinen ausführlichen Antworten führen würden. (vgl. Misoch 2015, S. 222f.) Lediglich im vierten Interview wurden einmal zwei Fragen hintereinander gestellt, was zu leichter Verwirrung bei der*dem Expert*in führte (vgl. B4, Z. 1225ff.).

Zusammenfassend waren alle Interviews angenehm und aufschlussreich. Es konnten kaum Störfaktoren ausgemacht werden und der im Vorfeld erstellte Leitfaden kam in allen Interviews vollständig zur Anwendung. Zuletzt sei erwähnt, dass die Wahl der Arbeitsstelle der Expert*innen als Interviewort als äußerst gewinnbringend empfunden werden kann. Es konnten teilweise äußerst gute Einblicke in die Atmosphäre der Einrichtungen und in die Arbeitswelt der Gesprächspartner*innen erfolgen, was nicht nur für die vorliegende Untersuchung, sondern auch persönlich als bereichernd eingeschätzt wird.

Datenverarbeitung

Die Datenverarbeitung gliedert sich auf in das Postskript, welches direkt im Anschluss an die Interviews erstellt wird (vgl. Kruse et al. 2015, S. 277ff.) und die Transkription der Interviews.

Häufig finden nach den Interviewgesprächen, wenn das Tonbandaufnahmegerät bereits ausgeschaltet ist, noch weitere Interaktionen statt. Beispielsweise erfragen die Interviewten noch weitere Informationen zum Forschungsprojekt oder zur Person des*der Interviewenden. Teilweise können die Nachgespräche sehr ergiebig sein, doch aufgrund der Tatsache, dass diese meistens nicht mehr aufgenommen werden, dürfen sie in die Auswertung nicht mit einbezogen werden. Kruse et al. (2015) empfehlen daher, direkt im Anschluss an jedes geführte Interview ein Postskript zu erstellen. Darin werden nicht nur die Inhalte der Nach- bzw. auch Vorgespräche festgehalten, sondern auch Aspekte, die in den Transkripten nicht erfasst werden können, wie Atmosphäre, Setting, Auffälligkeiten in der Interviewdynamik, Verlauf der Gespräche u.Ä. Diese Aspekte können in der Analyse der Interviews eine weitere Datengrundlage bilden. Allerdings können Gesprächsinhalte nur dekontextualisiert und indirekt verwendet werden. Das Postskript sollte direkt im Anschluss an das Interview stichpunktartig angefertigt und wenig später in Ruhe ausgearbeitet werden. (vgl. Kruse et al. 2016, S. 277ff.) Auch für die vorliegende Forschung wurden Postskripte angefertigt, in denen außerdem festgehalten wird, wie sich die Kommunikation von der Kontaktaufnahme bis zum Interviewtermin gestaltete.

Bei einer Transkription handelt es sich um die Verschriftlichung von verbal und teilweise nonverbal erfassten Daten, die vorher auditiv oder visuell aufgenommen wurden, um sie im Anschluss zu analysieren. Diese Verschriftlichung trägt wesentlich zu Qualitätssicherung bei. (vgl. Misoch 2015, S. 249ff.) Die Expert*inneninterviews der vorliegenden Forschung wurden per Tonbandgerät aufgenommen und im Anschluss in Anlehnung an die Transkriptionsregeln von Dresing und Pehl (2017) sowie Misoch (2015) nach der geltenden Rechtschreibung vollständig verschriftlicht. Da bei Expert*inneninterviews das gemeinsam geteilte Wissen im Fokus steht, wurden nonverbale und parasprachliche Elemente genauso wie Pausen oder Stimmlagen nur dann transkribiert, wenn sie als relevant für die Auswertung bewertet wurden (vgl. Meuser und Nagel 2002, S. 83). Um die einzelnen verschriftlichen Interviewausschnitte in der Auswertung unproblematisch zitieren und eindeutig zuordnen zu können, wurden die Zeilen der Transkriptionen nummeriert. Zeitgleiche Aussagen wurden zwar gekennzeichnet, für die Auswertung der Interviews zeigten sprachliche Überlappungen allerdings keine Relevanz.

Aus Datenschutzgründen können weder die Postskripte noch die vollständigen Transkriptionen der Interviews abgebildet werden.

Auswertung

Bei der Auswertung von Expert*inneninterviews werden die transkribierten Interviewtexte miteinander verglichen, um das Überindividuell-Gemeinsame sowie Unterschiede bzgl. bestimmter Erfahrungen, Motive und Meinungen herauszuarbeiten (vgl. Meuser und Nagel 2002, S. 80). Eine bekannte und häufig umgesetzte Methode, ist die von Mayring in den 1980er Jahren entwickelte und seither weiter spezifizierte qualitative Inhaltsanalyse. Mit dieser Methode können ähnlich der quantitativen Inhaltsanalyse große Materialmengen erfasst werden. Dabei werden neben manifesten Kommunikationsinhalten auch interpretativ latente Sinngehalte herausgearbeitet. Ein zentraler Aspekt, der die qualitative Inhaltsanalyse von anderen Analysemethoden von Texten unterscheidet, ist die strenge Kategoriengeleitetheit. Die fallübergreifend gebildeten Kategorien, die leicht mit den angewendeten Codes in der Grounded Theory verwechselt werden können, aber im Unterschied zu diesen einer strengeren Regelgeleitetheit unterliegen und somit intersubjektiv überprüft werden können,[47] gelten als Basis für die darauffolgenden Vergleiche und Analysen der Textmaterialien. (vgl. Mayring und Fenzl 2014, S. 543ff.) Die qualitative Inhaltsanalyse wurde für die Auswertung des vorliegenden Datenmaterials als bestmögliche Methode identifiziert. Es erfolgte eine Kombination aus zu-

47 In Kapitel 13 wird auf die Gütekriterien ‚Regelgeleitetheit' und ‚intersubjektive Nachvollziehbarkeit' noch einmal Bezug genommen.

sammenfassender und strukturierender Inhaltsanalyse. Die strukturierende qualitative Inhaltsanalyse zeichnet sich dadurch aus, dass vorab, sprich deduktiv, Kategorien gebildet werden, die dann an das transkribierte Interviewmaterial herangetragen werden. Im Anschluss erfolgt darauf basierend die zusammenfassende Inhaltsanalyse. Direkt am Textmaterial werden induktiv weitere Kategorien und Subkategorien formuliert und in einen Zusammenhang gesetzt. (vgl. Mayring und Fenzl 2014, S. 547f) Die Bildung der Kategorien erfolgte mithilfe der Software MAXQDA zur computergestützten Analyse.

An dieser Stelle sei die Forschungsfrage ins Gedächtnis gerufen. Sie lautet: „Wie kann die Arbeit mit Frauen, die häusliche Gewalt gegen ihre*in (Ex-)Intimpartner*in verübt haben, gestärkt und verbessert werden?"

In Anlehnung an die Fragestellung erfolgte die endgültige Auswertung anhand folgender Hauptkategorien: ‚Angebote', ‚Vernetzung und Zusammenarbeit', ‚öffentlicher und gesellschaftlicher Umgang', ‚Politik' und ‚wissenschaftliche Auseinandersetzung'. Diesen wurden jeweils die Oberkategorien ‚Verbesserungsvorschläge', ‚Kritik' und ‚positiv hervorgehobene Fakten'. Die Kategorie ‚Verbesserungsvorschläge' beschreibt konkrete Lösungsvorschläge zur Stärkung und Verbesserung der Arbeit mit Frauen, die in Intimpartnerschaften häusliche Gewalt ausgeübt haben. In die Kategorie ‚Kritik' wurden Aussagen der Interviewpartner*innen über Zustände und Gegebenheiten gefasst, die derzeit als erschwerend für die Arbeit mit Frauen, die häusliche Gewalt in ihrer intimen Paarbeziehung ausgeübt haben, interpretiert werden können und aus denen Lösungsideen abgeleitet werden könnten. Zur dritten Oberkategorie ‚positiv hervorgehobene Fakten' zählen Formulierungen, die Entwicklungen und/ den aktuellen Stand bzgl. der Arbeit mit häuslich gewalttätigen Frauen beschreiben und als positiv hervorheben. Für alle Themenbereiche wurden zu den Oberkategorien in den Materialdurchläufen Subkategorien gebildet.

Bei der Auswertung der Daten empfiehlt sich, nach der Kategorisierung von etwa 10 bis 25% des Datenmaterials eine Überarbeitung und Anpassung der Kategorien vorzunehmen (vgl. Kuckartz 2012, S. 80). Dieser Vorschlag wurde in der Auswertung für die vorliegende Untersuchung bedingt befolgt. Es gestaltete sich vielmehr ein Prozess des

Entwickelns, Überdenkens und Neuformulierens von Sub-, Ober- und Hauptkategorien, die einander immer wieder neu zugeordnet wurden. Auch die Bildung und Veränderung der Definitionen der einzelnen Kategorien erfolgte prozesshaft.

12. Darstellung und Diskussion der Ergebnisse

Dieses Kapitel widmet sich der Darstellung und Diskussion der signifikanten Ergebnisse der Auswertung. Für die vorliegende Untersuchung erscheint es sinnvoll, eine kategorienbasierte Auswertung entlang der Hauptthemen vorzunehmen; d.h. ‚Angebote', ‚Vernetzung und Zusammenarbeit', ‚öffentlicher und gesellschaftlicher Umgang', ‚Politik' und ‚wissenschaftliche Auseinandersetzung'. Sie werden differenziert analysiert, je nachdem ob sie ‚Verbesserungsvorschlägen', ‚Kritik' oder ‚positiv hervorgehobene Fakten' ansprechen. Mithilfe weiterer Subkategorien werden sie interpretiert und verglichen. Dabei wird – außer in zwei Ausnahmefällen – bewusst darauf verzichtet, auf Häufigkeiten bestimmter Aussagen bzw. Kategorien einzugehen. Hinsichtlich der geringen Anzahl an Personen, die für das vorliegende Forschungsinteresse interviewt wurden, erscheint es irrelevant, konkret auf die Zahl bestimmter Äußerungen einzugehen. Bei einer Fortführung der Untersuchung, könnte das Vorkommen bestimmter Kategorien im benannten Kodierleitfaden abgelesen werden. Des Weiteren sei erneut der Hinweis darauf gegeben, dass das vorliegende Forschungsdesign vorschreibt, anhand des interpretierten Datenmaterials Hypothesen zu generieren und nicht vorab formulierte Hypothesen zu überprüfen. Damit sollen Offenheit und Vorurteilsfreiheit garantiert werden. (vgl. Lamnek und Krell 2016, S. 462) Wie bereits angemerkt, wurden aufgrund der literaturbasierten Befassung mit dem Phänomen der häuslichen Gewalt von Frauen in intimen Paarbeziehungen, dennoch Vorannahmen gebildet. Auf diese wird in der Auswertung und Diskussion der Ergebnisse peripher Bezug genommen. Zuletzt sei erwähnt, dass die Zitate der Interviewpartner*innen, die aus dem transkribierten Datenmaterial entnommen wurden, zum Zwecke der Lesbarkeit geglättet wurden. Grammatikalische Unebenheiten wurden verbessert und parasprachliches Verhalten wird nicht wiedergegeben.

12.1 Angebote: Von der Einzelberatung über Gruppenangebote bis zur Paartherapie

Unter ‚Angebote' werden alle Aussagen bzgl. des direkten Unterstützungsangebots für Frauen, die häusliche Gewalt in (Ex-)Intimpartnerschaften verübten, gefasst, sofern sie hinsichtlich der Forschungsfrage eine Rolle spielen, d.h., inwiefern die Arbeit mit betroffenen Frauen, verbessert und gestärkt werden kann. Die am meisten betonten Aspekte waren der notwendige Ausbau der Angebote, die Ausweitung von Gruppen und Selbsthilfestrukturen sowie die Paarberatung.

Die Notwendigkeit des quantitativen Ausbaus der Beratungs- und Unterstützungsangebote wurde von fast allen Interviewpartner*innen genannt. Während die Expert*innen F, E und H sowie eine der Frauen, die häuslich gewalttätig geworden war, dies konkret vorschlugen, äußerten die Personen F und H zusätzlich, sowie auch Person B, Kritik bzgl. der aktuell vorhandenen Anzahl an Angeboten. (vgl. B2, Z. 206ff.; B4, Z. 741ff.; Z. 1018f.; B5, Z. 163ff.; B6, Z. 438ff.; Z. 450ff.; D, Z. 124)

Person B sagte hierzu z.B.:

> „*Da habe ich mich einfach auch deutschlandweit ein Stück damit beschäftigt und da ist mir aufgefallen, dass es ganz wenige Angebote speziell für Frauen gibt*" (B2, Z. 206ff.).

Als Beispiel für die Äußerung von Kritik, der ein konkreter Vorschlag folgt, sei Expert*in E zitiert:

> „*Was ja aber wieder damit zu tun hat, dass sie* [die Einrichtung, Anm. d. Verf.] *die einzigen in Dresden sind, die dafür zuständig sind, die das in die Hand genommen haben und wenn es noch jemand anderes in die Hand nehmen würde, für die Frauenseite, wäre das bestimmt sinnvoll*" (B5, Z. 163ff.).

An dieser Stelle soll angemerkt werden, dass in drei Interviews von einem Zuwachs der Klientinnen berichtet wurde, seitdem es das Beratungsangebot für Frauen gibt, die häusliche Gewalt in (Ex-)Intimpartnerschaften verübten (vgl. B2, Z. 109ff.; B3, Z. 107; B4, Z. 77f.).

Auch Person H sprach von einer stetigen Zunahme von Anfragen von Männern, die sich als Täter und/ oder Opfer häuslicher Gewalt wahrnehmen:

> *„Wir arbeiten hier zu zweit. Ja, ständig steigende Zahl. Im Moment haben wir 15 Täter, die bei uns an ihrem Verhalten arbeiten und fünf Männer, als Opfer von häuslicher Gewalt."* (B6, Z. 31ff.)

In zwei Interviews wurden außerdem weite Einzugskreise der Beratungsstellen genannt, die vermutlich teilweise potentielle Klient*innen von einer Inanspruchnahme des Angebots abhalten könnten (vgl. B3, Z. 445ff.; B6, Z. 225ff.). Aus diesen Aussagen kann ebenso die Notwendigkeit des Ausbaus weiterer Angebote abgeleitet werden.

Bezugnehmend auf diese Aussagen lässt sich schlussfolgern, dass das Angebot für Frauen, die in ihren (Ex-)Intimpartnerschaften häusliche Gewalt ausgeübt haben, ausgebaut werden sollte. Auch wenn die Forschung im Moment keine klaren Zahlen bzgl. der Anzahl von Täterinnen häuslicher Gewalt liefert (vgl. Kap. 3), lässt sich anhand der erhobenen Daten klar erkennen, dass durch ein quantitativ vergrößertes Beratungsangebot für diese Zielgruppe eine größere Zahl erreicht und somit ins Hellfeld geholt werden könnte. Die im Vorfeld formulierte Annahme, dass bei mehr Beratungseinrichtungen für Täterinnen häuslicher Gewalt auch mehr Frauen diese Angebote wahrnehmen würden, kann anhand des erhobenen Datenmaterials als zutreffend bewertet werden.

Ein weiteres großes Thema in den Expert*inneninterviews stellte das der Gruppenangebote für Personen dar, die häusliche Gewalt in (Ex-)Intimpartnerschaften verübten. Expert*in B, in deren Einrichtung dieses Angebot besteht, hält dies auch für äußerst sinnvoll und absolut förderlich.

Hierzu sagte sie:

> *„[...] Ich muss sagen, Gruppentraining, das ist mit das Beste, was es gibt. Weil die Frauen sich da Halt geben, weil sie sich gegenseitig regulieren. Sie unterstützen sich gegenseitig, teilweise treffen sie sich auch unabhängig von uns; dass sie sich da in den Ressourcen verknüpfen und über die Spiegelung eigentlich viel mehr mitkriegen, als im Einzelkontakt. [...] Die Königsklasse ist für mich das Gruppentraining. Und da auch nochmal über die Scham zu reden, weil mit mir im Einzel(-gespräch), d.h. mich anzugucken und das Thema zu besprechen, da gewöhnt man sich daran. Aber in der Gruppe diese Schamthemen anzusprechen, das ist ja ein Stück weit auch schon Heilung. [...] Heilung indem man Verantwortung übernimmt."* (B2, Z. 622ff.)

Person A, in deren Einrichtung schon einmal ein Gruppenangebot für Frauen stattgefunden hat, sagte hierzu resümierend:

> „*Es war hilfreich. Also eigentlich ist es insgesamt gut, egal ob für Männer oder Frauen, Gruppen anzubieten. Weil auch dieses Gruppenkorrektiv einfach deutlich macht, zu sagen, wie sie sich gegenseitig unterstützen können. Auch kommen Sachen von der Gruppe, die die Leute aufmerksam darauf machen, wie sie eigentlich sind etc., ja.*" (B1, Z. 431ff.)

In den anderen Einrichtungen fanden zum Zeitpunkt der Datenerhebung keine Gruppenangebote für Täterinnen häuslicher Gewalt statt (vgl. B1, Z. 436f.; B3, Z. 410f.; B4, Z. 1418; B5, Z. 43ff.). Als Grund wurde zumeist genannt, dass es zu wenige Klientinnen gäbe (vgl. B1, Z. 441; B3, Z. 36; B5, Z. 43ff.). Doch auch andere Lebensumstände der Klientinnen scheinen eine Rolle zu spielen, die eine regelmäßige Teilnahme an Gruppenangeboten verhindern.

> „*Naja, das hängt einfach wirklich damit zusammen, dass es weniger Frauen sind, dann muss man gucken, in welchen Lebenssituationen sind sie. Oft sind es Mütter, die abends nicht wegkönnen. Wir machen zum Beispiel unsere Männergruppe abends und dann spielt Berufstätigkeit eine Rolle, wo man einfach gucken muss. Also Manche arbeiten, Manche arbeiten nicht. Abends kann man nicht machen, weil Viele Kinder haben. Also es ist schwieriger.*" (B1, Z.441ff.)

Expert*in F merkte außerdem fehlende finanziellen Ressourcen als Grund dafür an, dass es derzeit kein Gruppenangebot für Frauen gibt:

> „*Wir arbeiten gerade daran, auch an Geld zu kommen für eine Gruppe, auch für die Konzeptentwicklung. Das ist öfter so, dass ich denke ‚Oh, da wäre jetzt die Gruppe genau richtig'. Das haben wir noch nicht umgesetzt. Das machen wir, also das werden wir umsetzen.*" (B4, Z. 1416ff.)

An dieser Aussage ist allerdings auch zu erkennen, dass die Konzeptentwicklung für ein Gruppenangebot für Frauen, die häusliche Gewalt in (Ex-)Intimpartnerschaften verübt haben, geplant ist, was als positiv zu bewerten ist.

Auch Interviewpartner*in H wünschte sich ein Gruppenangebot für die Klient*innen:

> „*Aber wir haben eben keine Gruppe. Wir glauben mittlerweile aber schon seit Jahren eigentlich, dass es in dem Stadium, wo die Männer in die Verantwortung gehen, genial wäre, sich in einer Gruppe auszutauschen und eben jetzt nicht, sich von einem Berater Unterstützung zu holen. Der Prozess ist*

irgendwann ja abgeschlossen. Wo ich immer behaupte, wenn die Männer ihre Arbeit tun und intensiv mitarbeiten, brauchen sie keinen Berater mehr, da wäre eine Selbsthilfegruppe genial, wo sie sich einfach unter ihresgleichen austauschen und sich auch Tipps geben, was sie machen." (B6, Z. 203ff.)

Anhand der ausgewerteten Aussagen lässt sich feststellen, dass Gruppenangebote sowohl für Männer als auch für Frauen, die in ihrer (Ex-)Intimpartnerschaft häusliche Gewalt verübten, als notwendig und hilfreich eingeschätzt wurden, weshalb diese ausgebaut werden sollten. Außerdem kann geschlussfolgert werden, dass in diesem Aspekt der Arbeit mit Täter*innen häuslicher Gewalt kein geschlechtsspezifischer Unterschied gemacht wird. Die in Kapitel 7 geäußerte Vermutung, dass das Konstrukt der Zweigeschlechtlichkeit in der inhaltlichen Arbeit mit Personen, die häusliche Gewalt verüben, eine untergeordnete Rolle spielen sollte, kann demnach ein stückweit bestätigt werden. Der vielfach getätigte Vorschlag geschlechtshomogener Gruppen bestätigt allerdings die nach wie vor die gemachten und aufrechterhaltenen Unterschiede zwischen Männern und Frauen. Dadurch, dass vermutlich die meisten Täter*innen häuslicher Gewalt ebenfalls in geschlechtsbinären Deutungsmustern denken, erscheint der Vorschlag der Geschlechterhomogenität in der Beratung und Behandlung von Täter*innen häuslicher Gewalt nachvollziehbar. Vermutlich ist erst eine öffentlich-politische und gesamtgesellschaftliche Sensibilisierung notwendig, um dann auf der Ebene der psycho-sozialen Beratung und Behandlung eine Aufhebung der Zweigeschlechtlichkeit im Denken und Handeln zu verfolgen. Wie sich Gruppenangebote im Speziellen konzipieren lassen, lässt sich Kapitel 10 entnehmen, in dem die Einrichtungen der Interviewpartner*innen detaillierter beschrieben sind. Außer bei violenTia – FTZ München e.V. werden in jedem Internetauftritt der Einrichtungen, Inhalte der (potentiellen) Gruppenangebote dargestellt. (vgl. Kap. 10)

Eine weitere Idee zum Thema Gruppenangebot lieferte Interviewpartner*in B.

> *„Ich habe jetzt schon auch wieder eine neue Idee. Eine Idee fände ich jetzt gar nicht schlecht, wenn man zum Beispiel auch Anti Gewalt Trainings für Paare anbietet."* (B2, Z. 128ff.)

Insgesamt wurde dem Thema der Paarberatung in den Interviews eine signifikante Aufmerksamkeit geschenkt. Während Expert*in F sich die

Möglichkeit der Paarberatung wünschte (vgl. B 4, Z. 1421), betonte Expert*in A deren Wichtigkeit und wie diese gestaltet sein sollten.

> *„Und, dass man da gucken muss, dass man da auch Wege findet, damit die ins Gespräch kommen und Paargespräche gemacht werden, sodass eben beide Seiten auch wirklich gut beleuchtet werden und dass die Leute, die eben Opfer waren, auch gut geschützt sind in den Beratungen"* (B2, Z. 718ff.).

Auch die Interviewten E und H hielten eine Paarberatung für zielführend, betonten allerdings, dass diese erst ab einem gewissen Punkt im Arbeitsprozess erfolgen kann, wenn vorher schon zentrale Themen im Setting der Einzelberatung bearbeitet werden konnten (vgl. B5, Z. 368ff.; B6, Z. 300ff.).

> *„Und da war die die konzeptionelle Überlegung, dass eine Paarberatung erst dann Sinn macht, wenn beide die Dynamik, die eigene Dynamik in einem Konflikt aufarbeiten. Und wenn beide so ein Handling haben ‚Ah ja, so ticke ich im Konflikt', dann kommen beide wieder zusammen. Und dann kann man lösungsorientierter arbeiten. Wir haben aber gemerkt, dass wir da sehr blauäugig waren. Wir haben fünf Termine für die Frau und den Mann in zwei getrennten Einrichtungen als Ziel gesetzt und wir haben gemerkt, dass das überhaupt nicht geht. Das ist viel zu wenig. Da ist teilweise so viel im Argen, dass man zehn, 15 Einzelgesprächstermine haben müsste, um überhaupt einmal so eine Ebene zu finden, wo sich dann Beide auf Augenhöhe begegnen könnten und wo Jeder sein Konfliktverhalten akzeptiert und auch bereit ist, das vom Anderen anzunehmen und dann zu schauen, wie kann man agieren."* (B6, Z. 300ff.)

In zwei Beratungsstellen gibt es die Möglichkeit der Paarberatung in Kooperation mit Opferberatungsstellen. Die beiden Interviewpartner*innen erwähnten dies auch in den Interviews. (vgl. B2, Z. 11ff., Z. 34; B3, Z. 22ff.)

Person B sagt hierzu allerdings auch:

> *„Also es ist so. Es wird primär mit den Frauen gearbeitet. Es ist auch so bei klassischer Gewalt, jetzt nehmen wir alles mal weg, nur bei physischer Gewalt, reicht es eigentlich, wenn man mit der Täterin arbeitet, weil sie muss aufhören damit. Sie muss aufhören, gewalttätig zu sein und erstmal betrifft die Beratung auch nur sie. Wenn man aber die Täterin berät und sie dann sagt: ‚Aber mein Mann und das und das ist ja auch schwierig und er geht aus dem Kontakt und deshalb fahre ich immer so hoch', dann empfehlen wir, dass der Mann, als Opfer oder als Gegenüber dann auch die Täterberatungsstelle bei uns oder die Beratungsstelle für Männer besuchen kann. Oder ich habe mir auch manchmal schon den Mann eingeladen, um ihn einfach*

mal kennenzulernen und auch die Dynamik kennenzulernen aber mit Mitwissen der Frau. Also die leitet das dann auch in die Wege und die meisten Frauen finden das dann auch gut, aber ich bin hauptsächlich an der Täterin orientiert, nicht am Opfer." (B2, Z. 594ff.)

Jedoch wird auch oft eine Dynamik der Gewalt wahrgenommen. Insgesamt konnten in den Interviews zehn Aussagen gefunden werden, in denen darüber gesprochen wird, dass häufig eine Dynamik der Gewalt in den Paarbeziehungen zu erkennen ist und die Rolle von Täter*in und Opfer sich daher oft nicht klar unterscheiden lassen. Hierzu einige Beispielzitate

Expert*in D sagte z.B. ganz klar:

> *„Es ist eine Dynamik. In jeder Beziehung gibt es nicht hundert Prozent Opfer und hundert Prozent Täter, sondern es ist immer gegenseitig.*" (B3, Z. 134f.)

Später kam D noch einmal darauf zurück:

> *„Also wir haben hier nicht nur körperliche Gewalttäterinnen, sondern es gibt auch psychische Gewalt. (…) Die Männer berichten dann auch manchmal davon. Sie sagen dann, sie sind nicht nur Schuld, sondern werden von den Frauen in eine Ecke gedrängt. Die Frauen haben dann ihren Anteil an psychischer Gewalt und der Mann weiß sich dann in dem Moment nicht anders zu helfen, als zuzuschlagen. Also, wo dann eine körperliche Gewalt dann doch eher wieder von den Männern ausgeht, (…) aber eben diese Dynamik da ist.*" (B3, Z. 371ff.)

Auch die interviewte Person E sagte:

> *„Die Dynamiken, die mir hier begegnen und die mir auch, in meiner Arbeit als Familientherapeutin häufig begegnen, zeigen, dass eigentlich immer beide an den Problemen mitschrauben*" (B5, Z. 232ff.).

Expert*in F erlebte in ihren Beratungen ebenfalls häufig Dynamiken von Gewalt in den Beziehungen:

> *„Ich glaube es sind viele (…) viele Fälle wo es um so eine starke Verstrickung geht. Wo nicht so ganz klar ist, wer ist jetzt hier Huhn und wer ist Ei und, dass dann auch die Männer für sich in ihrer Selbstwahrnehmung nicht so eindeutig als Opfer dastehen. Also wo das für sie gar nicht passt. Und das ist jetzt ein Thema, dass das manchmal real ist und manchmal so, wie Sie es eben gesagt haben, weil auch Männer für sich noch keinen inneren Entwurf darüber haben, dass sie auch Opfer sein können, deshalb nicht. Manchmal, denke ich, also ich habe mehr Frauen, wo sich das vermischt und wo nicht ganz klar ist, ist das wirklich monodirektionale Gewalt von der Frau oder ist*

das einfach eine verstrickte Beziehung mit ganz viel destruktiven Anteilen. Und in dem Moment sind die Männer dann auch nicht mit im Boot.“ (vgl. B4, Z. 1306ff.)

Bei den anderen Interviews wurde dieses Phänomen ebenfalls angesprochen (vgl. z.B. B1, Z. 70ff.; B6, Z. 263ff.).

Resümierend zu dem Thema der Paarberatung als Angebot lässt sich festhalten, dass alle Interviewpartner*innen dies als wichtigen Aspekt in der Bearbeitung der häuslichen Gewalt empfinden. Allerdings wird angenommen, dass die Durchführung einer Paarberatung erst zu einem späteren Zeitpunkt des Beratungsprozesses sinnvoll und zielführend ist. Der VfJ Karlsruhe mit seinem Angebot der Tandemberatung, sowie die Triade Leipzig, die ebenfalls ein ähnliches Modell der Paarberatung geschaffen hat, wirken in dieser Hinsicht als Vorbilder. Die Erkenntnis, dass in den Paarbeziehungen, mit denen die Interviewpartner*innen in ihrem Arbeitskontext in Berührung kommen, häufig von einer Gewaltdynamik geprägt ist, spielt in diesem Zusammenhang in den Gedanken und Aussagen der Expert*innen immer wieder eine Rolle. Es lässt sich daher schlussfolgern, dass die Gewaltdynamik in den Beratungen häufig eine zentrale Bedeutung einnimmt. Es steht die Frage im Raum, inwieweit eine Täter*in-Opfer-Typologisierung in Fällen häuslicher Gewalt als zielführend bewertet werden kann. Aus den Aussagen der Expert*innen lässt sich ableiten, dass das Phänomen der Gewaltdynamik empirisch fundierter untersucht werden sollte, um entsprechende Arbeitsansätze zu generieren. Man kann davon ausgehen, dass besonders in solchen Beziehungen, in denen beide Partner*innen einen Täter*in- und Opferanteil besitzen, eine Paarberatung absolut zielführend für die Beendigung der Gewalt ist. An der Stelle lässt sich auf den Vorschlag der Niedrigschwelligkeit überleiten. Dieser Aspekt wurde ebenfalls als Idee empfunden, wie das Angebot für Frauen, die in (Ex-)Intimpartnerschaften häuslich gewalttätig geworden sind, verbessert werden kann. Dadurch könnten mehr Frauen erreicht werden, die als Täterinnen häuslicher Gewalt in ihrer intimen Paarbeziehung identifiziert werden können. Insbesondere die Teilnehmerinnen des Anti Gewalt Trainings selbst, bedauerten, dass sie viel zu lange in ihrer scheinbar ausweglosen Situation verharrt hatten. Auch würden sich vermutlich mehr Paare, in deren Beziehung eine Gewaltdynamik vorzufinden ist, Unterstützung und Beratung suchen (vgl. D, Z. 35f.).

> „*[…] dann verharrt man viel zu lange in einer Situation, die kaum mehr auszuhalten ist. Das hat mich fertig gemacht. Dieses Gefühl, nirgends ernst genommen zu werden und nirgends richtig Hilfe zu bekommen. Man müsste da viel früher ansetzen und nicht erst, wenn es schon zu spät ist.*" (D, Z. 40ff.)

In diesem Zuge wurden auch die unzureichende Öffentlichkeitsarbeit bzw. Werbung der Beratungsstellen bemängelt. Eine Klientin sagte bspw.:

> „*Ich habe zuvor viele Sachen ausprobiert, habe viele verschiedene Instanzen durchlaufen, die alle nicht geholfen haben, aber ich kannte den VfJ nicht. Erst Jahre später hat mir eine Freundin vorgeschlagen dieses Anti Gewalt Training hier auszuprobieren und deshalb bin ich hier.*" (D, Z. 2ff.)

Die Frauen, die am Anti Gewalt Training teilnahmen, waren sich einig, dass eine verbesserte, umfangreiche Öffentlichkeitsarbeit bzgl. des bestehenden Angebots für Frauen, die häusliche Gewalt verübten, sinnvoll wäre. Auch in den eigens zuvor formulierten Annahmen (vgl. Anhang I) wurde der Verdacht geäußert, dass ein verbesserter öffentlicher Auftritt bestehender Einrichtungen, die Täterinnenarbeit offerieren, zu einer stärkeren Wahrnehmung des Angebots führen würde. Demzufolge gilt diese Vermutung als bestätigt. Als Instanzen, die besser darüber informiert sein sollten, die wiederum in Kontakt mit ihnen als Zielgruppe kämen, nannten die Gesprächsteilnehmerinnen Agierende des Gesundheitssystems, darunter Ärzt*innen und Hebammen, sowie weitere soziale und psychologische Fachstellen (vgl. D, Z.104ff.).

Auch Expert*in F kam zu diesem Schluss und sagte:

> „*Nochmal zu der Frage, wie kann man das Hellfeld vergrößern? Das ist ja jetzt noch so* [formt mit ihren Fingern einen kleinen Kreis, Anm. d. Verf.], *dass die Frauen irgendwo auftreffen, irgendwo im Hilfesystem auftreffen und dann kommt das Thema raus und dann geht es eben darum, gute Strukturen zu schaffen. Dass sie das schaffen, zu uns zu kommen. Es kommen ja auch Frauen von sich aus. Es sind ja nicht nur Geschickte. Dass wir das vergrößern, aber da wäre eben diese Öffentlichkeitsarbeit notwendig zu dem Thema. Einfach zu informieren, dass es uns gibt und uns bekannt zu machen […].*" (B4, Z. 1000ff.)

Als konkrete Idee, um eine größere Bandbreite zu erreichen, nannte eine Klientin des VfJ e.V., die Einrichtung eines Zentraltelefons:

> *„Eine Idee wäre auch, dass man so eine Sammelstelle entwickelt. Eine zentrale Wissensdatenbank oder ein zentrales Telefon. Ein bisschen so wie der Polizeinotruf oder auch wie das Hilfetelefon für Frauen. Aber dann eben nicht nur für weibliche Opfer von Gewalt, sondern für alle Personen, die in irgendeiner Form von häuslicher Gewalt betroffen sind und dann kann man sein Problem erzählen und die Person am anderen Ende der Leitung kann dann genau sagen: ‚Okay, hier gibt es das und das mit dem und dem Angebot, da können Sie hingehen'.“* (D, Z. 112ff.)

Ein weiterer Themenbereich, welcher im Zusammenhang bestehender und zukünftiger Angebote für Frauen, die häusliche Gewalt in (Ex-)Intimpartnerschaften ausübten, genannt wurde, war der der gender- oder phänomenspezifischen Angebote. Teilweise wurde sich eher dafür ausgesprochen, dass die Angebote an ein Geschlecht gekoppelt sein sollten (vgl. B4, Z. 1333ff.; B5, Z. 157ff.; B6, Z. 38ff.).

Person A war jedoch der Meinung, dass die sozialen Angebote sich am Phänomen ausrichten sollten:

> *„Und ich denke, man sollte das nicht genderspezifisch anbieten. Also nicht, dass Männereinrichtungen Männer beraten, egal ob das Opfer oder Täter sind und umgekehrt, sondern man sollte diesen professionellen Blick haben ‚Wer ist Opfer, wer ist Täter und von welchen Stellen werden sie beraten'.“* (B1, Z. 592ff.)

Bei diesen Überlegungen wurde allerdings erkannt, dass es in Deutschland Unterschiede gibt:

> *„Und jetzt ist natürlich auch in der Bundesrepublik eine unterschiedliche Sichtweise zur Arbeit mit Täterinnen. Täterberatungsstellen sind ganz deutlich darin, dass das auch ihre Aufgabe ist, Täterinnen zu beraten und in manchen Regionen sagen Fraueneinrichtungen ‚Wir arbeiten für Frauen, also sind wir auch für Täterinnen zuständig'.“* (B1, Z. 587ff.)

Interviewte*r F stellte hierzu fest:

> *„Ich glaube, dass es einen souveräneren Umgang dafür gibt, als den, den wir haben. Unserer ist eben gewachsen und wir müssen aufgrund der gewachsenen Strukturen gucken, was wir verändern aber wir können jetzt nicht das Kind mit dem Bade ausschütten. Also, zu sagen, das muss jetzt immer alles zusammen sein, nein. Es muss auf der Basis der gewachsenen Strukturen und der Fähigkeiten und des Umgangs innerhalb dieser Strukturen einen Weg geben. Da sollte man gucken und sich fragen: ‚Nein, sollten wir uns da*

> *nicht mehr öffnen und mehr phänomenologisch vorgehen?' Oder wir kommen durch Studien zum Ergebnis, dass die Schnittmenge in dem Phänomen doch nicht so groß ist und dass wir für Frauen, die als Täterinnen kommen, was ganz anderes brauchen. Das kann sein.*" (B4, Z.826ff.)

In dieser Aussage ist erneut zu erkennen, dass es differenzierter wissenschaftlicher Untersuchungen zum Thema der häuslichen Gewalt von Frauen in Intimpartnerschaften bedarf. Auf diese Hauptkategorie wird in Kapitel 12.3.5 expliziter eingegangen.

Insgesamt kann zusammengefasst werden, dass im Moment schwer herauszufinden ist, ob es spezielle Einrichtungen für Frauen geben sollte, die sowohl häusliche Gewalt erfahren als auch ausgeübt haben, oder ob das Angebot der Einrichtungen eher auf das Phänomen der häuslichen Gewalttätigkeit ausgerichtet sein sollte. Nachdem, wie bereits thematisiert, häufig von einer Gewaltdynamik in Beziehungen die Rede ist, steht die Frage im Raum, ob neue Angebote geschaffen werden sollten, die dieses Phänomen in den Blick nehmen und Männer wie Frauen ohne Stigmatisierung als Täter*in oder Opfer häuslicher Gewalt hinsichtlich ihrer Beziehungsproblematiken, einhergehend mit persönlichen Schwierigkeiten einer adäquaten Konfliktführung, beraten. Die zuvor aufgestellte Vermutung, dass in der täter*innenorientierten psycho-sozialen Arbeit mehr nach systemisch-orientierten Ansätzen gearbeitet werden sollte, kann den beschriebenen Aussagen zufolge bestätigt werden.

Eine Eheberatungsstelle könnte ein solches Angebot darstellen. Doch wie eine der Klientinnen des VfJ e.V. bemängelte, sind derartige Angebote kostenpflichtig:

> „*Das Problem ist auch, dass man prophylaktische Sachen immer selbst zahlen muss. Auch Ehetherapie muss man zahlen. Und das Anti Gewalt Training kann man dann absolvieren, wenn das Fass schon übergelaufen ist.*" (D, Z. 35ff.)

Als letzter konkreter Hinweis darauf, was für ein adäquates Angebot für Frauen, die in (Ex-)Intimpartnerschaften häuslich gewalttätig wurden, sinnvoll und notwendig wäre, sei die berufliche Qualifizierung der Beratenden genannt. Dies wurde in den Interviews zweimal betont. Insbesondere Expert*in B hielt weitere Aus- und Weiterbildungen zum Thema der Anti Gewalt Beratung für eine erfolgreiche und konstruktive Zusammenarbeit mit den Klient*innen für zentral. Am liebsten würde sie dies verpflichtend für alle Mitarbeiter*innen einführen, doch aufgrund von fehlenden finanziellen Mitteln sei dies nicht möglich.

> *„Ich bin der Meinung, das sollte eine Verpflichtung werden. Das Problem ist ja, dass solche Vereine wie wir jetzt oder überhaupt ja auch nie so viel Geld haben, solche gemeinnützige Vereine. Ich finde, es sollte verpflichtend werden aber der Arbeitgeber sagt ‚Naja, dieses Geld haben wir halt nicht'.“* (B2, Z. 794ff.)

Die fehlenden Standards für die Arbeit mit häuslich gewalttätigen Frauen, wurden zwar in den Interviews festgestellt, jedoch nicht hinreichend als Problem identifiziert. Außerdem wiesen die Interviewpartner*innen A und E darauf hin, dass bereits an speziellen Standards für diese Zielgruppe gearbeitet werden würde (vgl. B1, Z. 389ff.; B5, Z. 468f.). Gleichzeitig berichteten sie davon, dass sie sich aktuell an den Standards für Männer, die häusliche Gewalt ausübten, orientieren würden (vgl. B1, Z. 20f.; B5; Z. 460ff.). An dieser Stelle kommt somit erneut die Frage auf, ob ein spezifischer Standard für die Arbeit mit Frauen entwickelt werden sollte. Positiv zu bewerten ist, dass eine Forschungsgruppe diese Frage laut den Expert*innen A und E derzeit untersucht.

In diesem Zuge bemängelte Person A allerdings erneut fehlende finanzielle Ressourcen, die dem im Wege stehen:

> *„Ich bin zum Beispiel Beisitzerin von der Bundesarbeitsgemeinschaft der Täterarbeit [...] und da ist es einfach wichtig, dass wir trotzdem auf dem Schirm haben, dass es diese Standards geben muss. Aber das ist ein langer Schritt und das kostet Geld und Zeit. Und da gucken wir zum Beispiel, wie wir das hinkriegen. Also es gibt die Standards der BAG für Gruppenarbeit für Männer und das hat wirklich fünf Jahre gedauert, wo mit Frauenunterstützungseinrichtungen und Täterberatungsstellen und finanziellen Unterstützungen des Sozialministeriums diese Standards entwickelt worden sind. Diese Gelder sind teilweise nicht vorhanden, obwohl es jetzt die Istanbul-Konvention gibt, die sagt, man muss verschiedene Sachen machen.“* (B1, Z. 384ff.)

Zusammenfassend lässt sich aus den Interviews entnehmen, dass das Beratungsangebot insgesamt für Frauen, die häusliche Gewalt in (Ex-)Intimpartnerschaften verübten, quantitativ erhöht werden und die Werbung für bestehende Angebote ausgereifter sein sollte. Denn in allen Interviews wurde deutlich gemacht, dass, sobald ein Angebot besteht, sei es für Männer oder Frauen, die häusliche Gewalt erfahren oder ausüben oder sich dies in der Dynamik der Beziehung abwechselt, dieses Angebot wahrgenommen wird. Inhaltlich werden Gruppenangebote für unabdingbar gehalten und auch Paarberatung wird als zielführend erachtet, wenn die Eskalationsstufe gesunken ist. Im Zusammenhang mit der Kritik einer Klientin des VfJ, dass Eheberatung zu teuer wäre, lässt sich erkennen, dass ein präventiver Ansatz niedrigschwelliger Angebote sinnvoll wäre, um größeren Gewaltdynamiken in Beziehungen vorzubeugen. Die berufliche Qualifizierung der Berater*innen spielt ebenfalls für eine erfolgreiche Arbeit mit den Klientinnen eine maßgebliche Rolle, weshalb dieser eine größere Beachtung geschenkt werden sollte. Hier spielt der Staat als Geldgeber eine zentrale Schlüsselrolle. Auf dessen Bedeutung wird in Kapitel 12.3.4 intensiver eingegangen.

Neben diesen Kritikpunkten und Verbesserungsvorschlägen, bewerteten die Interviewpartner*innen das bestehende Beratungs- und/ oder Trainingsangebot ihrer Einrichtungen als positiv und zielführend (vgl. B1, Z. 169ff.; B5, Z. 554ff.). Die Expert*innen E und A berichteten von einer geringen Abbruchquote und einer erfolgreichen Arbeit mit ihren Klientinnen (vgl. B1, Z. 268ff.; B5, Z. 235ff.). Person H erzählte von gleichen Erfahrungen in der Arbeit mit Männern (vgl. B6, Z. 145ff.). Die Interviewten A und E hoben außerdem die Werbung ihrer Einrichtung als positiv hervor (vgl. B1, Z. 561ff.; B5, Z. 516ff.). Hier ist ein erster Hinweis auf bundesweite Unterschiede gegeben. Es kann geschlussfolgert werden, dass in Sachsen mehr Mittel und Möglichkeiten zur Verfügung stehen, als in den Bundesländern Bayern und Baden-Württemberg, sich als Einrichtung in der Gesellschaft bekannt zu machen, um so eine größere Zielgruppe zu erreichen. Expert*in H stellte zudem fest, dass sich in Sachsen derzeit auch viele Angebote für Männer, die häusliche Gewalt erfahren haben, entwickeln (vgl. B6, Z. 406ff.).

12.2 Vernetzung und Zusammenarbeit: Schulungen und Koordinierungsgremien als Schlüssel für eine gelingende Zusammenarbeit im Kampf gegen häusliche Gewalt

Im Folgenden werden Aussagen bzgl. der Vernetzung und Zusammenarbeit der Beratungsstellen für Täterinnen häuslicher Gewalt mit anderen fachnahen und fachübergreifenden Institutionen hinsichtlich der Forschungsfrage ausgewertet. Insbesondere eine gut funktionierende Zusammenarbeit mit Polizei, Jugendamt und Opferberatungsstellen wird für zielführend gehalten. Schulungen der Vernetzungspartner*innen gelten als unumgänglich, um eine Sensibilisierung für das Thema der häuslichen Gewalt von Frauen in intimen Paarbeziehungen zu schaffen.

Expert*in A bemerkte, dass länger kein Kontakt zu anderen sozialen Einrichtungen bestand, dieser derzeit jedoch aufgefrischt werden soll. Zugleich stellte er*sie aber auch die Frage nach der Kapazität dafür:

> *„Das ist immer eine Frage nach Bedarf und Kapazität. Also Fakt ist natürlich, dass wir eigentlich immer unsere Zusammenarbeit verbessern könnten. Bei der Suchtberatung waren wir, glaub ich, vor acht Jahren das letzte Mal oder wir waren vor zig Jahren das letzte Mal in der tagespsychiatrischen Betreuung. Das haben wir neulich erst wiederaufgefrischt. Ja, wir fangen jetzt wieder an.“* (B1, Z. 289ff.)

Insgesamt bewertete Interviewpartner*in A die Vernetzungsarbeit in ihrer*seiner Stadt als sehr positiv. Es gäbe das Netzwerk gegen häusliche Gewalt und Stalking, welches auf dem Landesaktionsplan basiere. In einem Koordinierungsgremium seien dort sämtliche Institutionen, wie z.B. die Polizei, das Jugendamt, die Justiz, die Opferberatung sowie die eigene Täter*innenberatungsstelle vertreten, wo stetig an Ideen bzgl. einer verbesserten Zusammenarbeit gearbeitet würde. (vgl. B1, Z. 89ff.) Expert*in B berichtete über ein ähnliches System, welches in seiner*ihrer Stadt Koordinationskern genannt wird (vgl. B2, Z 307ff.).

Als eine konkrete Idee, inwiefern die Kooperation mit der Polizei verbessert werden könnte, um so letztendlich mehr Frauen, die häusliche Gewalt verübten, zu erreichen, äußerte Person A:

> *„Wir haben auch mal überlegt, auf polizeilicher Ebene so einen proaktiven Ansatz zu machen. Wie bei den Interventionsstellen, dass die Polizei, die faxt ja an die Interventionsstellen, dass es Vorfälle gab und dass die Opfer*

proaktiv angerufen werden können mit einer Einwilligungserklärung. Das hatten wir auch bezogen auf Täter und Täterinnen überlegt.“ (B1, Z. 285ff.)

In dieser Aussage wird konkret deutlich, inwiefern das Angebot der Beratungsstelle an Frauen, die häusliche Gewalt in (Ex-)Intimpartnerschaften verübten, durch die Zusammenarbeit mit der Polizei herangetragen werden kann. Aufgrund der Tatsache, dass diese im Falle akuter häuslicher Gewaltauseinandersetzung häufig die erste Instanz vor Ort ist, wünschte sich auch Expert*in F eine Optimierung bzgl. der Vernetzung und Zusammenarbeit mit der Polizei (vgl. B4, Z. 245ff.). Außerdem wurden von den Interviewten F und H Schulungen für die Polizei gewünscht, damit diese einen sensibilisierten Umgang mit beteiligten Personen häuslicher Gewalt erlernt (vgl. B4, Z. 443ff; B6, Z. 528ff.). In den eigens zuvor formulierten Annahmen wurde der Aspekt der Vernetzung und Zusammenarbeit mit der Polizei ebenfalls für förderlich für die Arbeit mit Frauen, die häusliche Gewalt in Intimpartnerschaften ausübten, gehalten. Auch die Idee der Schulungsmaßnahmen für Polizist*innen kam dabei auf. Solche Schulungen werden von der Einrichtung, in der Person E angestellt ist, bereits angeboten.

„Es gibt auch Polizeischulungen, die von uns geführt werden, wo zum Thema häusliche Gewalt beraten wird, bezüglich was passieren kann oder was man machen kann. Es wird auch gesagt, wo sich Opfer und Täter jeweils hinwenden können und dann weisen sie auch an uns.“ (B5, Z. 91ff.)

Expert*in B erzählte ebenfalls, dass sie sich als Beratungsstelle in sämtlichen Polizeirevieren bekannt gemacht haben und über ihre Arbeit informiert haben (vgl. B2, Z. 311ff.).

Person D war im Interview ebenso wie Person A sehr zufrieden mit der Vernetzung in der eigenen Stadt.

„Wir sind hier vernetzt über ein sogenanntes STOP Netzwerk, das ist ein Gremium, dass sich vierteljährlich trifft. Dabei wird eigentlich der ganze Weg abgedeckt, bei häuslicher Gewalt. Es fängt dabei an, dass die Polizei vertreten ist, weil oft ein Polizeieinsatz vor Ort ist, dann das Ordnungsamt, das den Platzverweis ausspricht, die Jugendämter, sobald ein Kind in irgendeiner Form beteiligt ist, dann noch wir als Beratungsstellen, die Frauenberatungsstellen und der Krisennotfalldienst. […] Alle sind drin. Und da ist der ganze Interventionsverlauf abgedeckt und die Kooperation ist sehr eng. Also es kann auch sein, dass schon der Krisennotfalldienst vor Ort einen Flyer von uns hat und das so weitergibt oder die Polizei von uns erzählt

> *oder auch die Jugendämter sowieso. Also das ist eine sehr gute Vernetzung, da sind wir sehr lukrativ ausgestattet.*" (B3, Z. 72ff.)

Zusätzlich berichtete die*der Expert*in über spezifische Unterarbeitsgruppen aus dem Gremium, die kontinuierlich an bestimmten Themen weiterarbeiten, um so eine stetige Verbesserung im Kampf gegen häusliche Gewalt zu erreichen (vgl. B3, Z. 92ff.).

Insgesamt kann ebenfalls eine gute Zusammenarbeit mit Opferberatungsstellen festgestellt werden.

Interviewpartner*in A sagte zum Beispiel:

> „*Aber man darf nicht vergessen, dass Sachsen auch drei Männerschutzwohnungen hat. […] Und da ist unsere Zusammenarbeit genauso, wie mit Frauenschutzwohnungen. Also das heißt, wenn die Männer hier sind und die Frauen im Frauenhaus, dann versuchen wir mit den Frauenhäusern zu kooperieren und zu gucken, wie man was machen kann und genauso mit den Männerschutzwohnungen. Es ist noch viel weniger, weil die ja noch eine viel kürzere Geschichte haben aber das Angebot ist ähnlich. Weil, man darf nicht unterschätzen, dass viele Partner auch zusammenbleiben wollen, Männer und Frauen. Egal wer die Gewalt ausgeübt hat.*" (B1, Z. 706ff.)

Auch Interviewte*r E berichtet Ähnliches:

> „*Wir informieren uns gegenseitig darüber, dass wir jemanden haben, um zu gucken, ob die Gegenseite, der andere Partner auch irgendwo ist. Einfach, um zu wissen ob sie auch eine Anbindung oder Unterstützung haben. Und sie verweisen dann auch. Sie haben ihm* [einem männlichen Opfer von häuslicher Gewalt, Anm. d. Verf.] *auch den Tipp gegeben, dass er seine Frau ja zu uns schicken könnte. Also durch Vernetzung kommt glaube ich schon viel.*" (B5, Z. 60ff.)

Lediglich Person F sah hierbei einen Verbesserungsbedarf:

> „*Genau, das gehört ja auch zur Täterarbeit dazu, dass es ganz klar ist, dass geguckt werden muss, was mit dem Opfer ist. Weil es kann eine Dynamik in Gang gesetzt werden. Wenn es nicht gut läuft, dann ist es gefährlich für das Opfer. (…) Es gibt nichts Installiertes. Wir würden gerne mit MIM* [Münchner Informationszentrum für Männer, Anm. d. Verf.] *etwas zusammen machen, also wir sind dabei.*" (B4, Z. 1283ff.)

Als Grund dafür, dass es im Moment noch keine installierte Kooperation mit der Beratungsstelle für Männer gibt, die häusliche Gewalt durch ihre*n Partner*in erlebten, stellte Expert*in F fest, dass diese Einrichtung noch nicht lange existiere und sich daher noch viel im Aufbau befinde (vgl. B4, Z. 1293). Person A betonte ebenfalls, dass sich die Zusammenarbeit in der eigenen Stadt mit der Männerschutzeinrichtung noch entwickeln muss, da diese noch nicht lange bestehe (vgl. B1, Z. 715).

Person F erwähnte außerdem ein Interventionskonzept, in das sie als Beratungsstelle für Frauen gerne eingebunden wäre (vgl. B4, Z. 250ff.). F stellte aber auch Erfolge der Vernetzungsarbeit der eigenen Einrichtung mit anderen Fachstellen fest. Sie*Er berichtete bspw. von einer guten Zusammenarbeit mit dem Jugendamt und auch von Schulungen, die er*sie und die Kolleg*innen für das Jugendamt zum Thema der häuslichen Gewalt von Frauen anbieten würden (vgl. B4, Z. 232f.; Z. 886f.). Dabei kritisierte die*der Expert*in allerdings auch, dass es aufgrund fehlender Ressourcen nicht in dem Umfang möglich wäre, die gesellschaftliche, breite Öffentlichkeit zu erreichen, wie sie*er es für nötig empfinde.

> „*Bezogen auf die ganz normale Öffentlichkeit nicht Fachöffentlichkeit, tja, können wir praktisch nicht machen. Es wäre total schön, mal Präventionsprojekte zu machen. Aber das können wir mit einer Stelle einfach nicht machen.*“ (B4, Z. 882ff.)

Im Punkt ‚öffentlicher und gesellschaftlicher Umgang‘ wird darauf weiter eingegangen.

Ein weiteres Thema, welches immer wieder angeschnitten wurde, ist das der Kinder, die häusliche Gewalt miterleben.

Interviewpartner*in H sagte z.B. hierzu:

> „*Also wir haben wahrgenommen, dass Kinder bei einem Konflikt wirklich die verlierende Zielgruppe sind. Die Eltern machen sich da wenig Gedanken und es wird ohne Rücksicht auf die Kinder bspw. um das Sorgerecht gezankt.*“ (B6, Z. 296ff.)

In der Arbeit von Berater*in D spielen die Kinder auch immer wieder eine zentrale Rolle. Zu den Inhalten, die in den Beratungen besprochen werden, sagte er*sie auch:

> „*[...] und auch, was es anrichtet, wenn die Kinder das indirekt mitkriegen. Indirekt erlebte Gewalt hat durchaus immer Folgen.*“ (B3, Z. 296f.)

Im Zusammenhang mit betroffenen Kindern von häuslicher Gewalt, wurde auch in sämtlichen Interviews die Vernetzungsarbeit mit den Jugendämtern thematisiert (vgl. z.B. B2, Z. 321ff.; B4, Z. 232f.). Es konnte wahrgenommen werden, dass hinsichtlich des Schutzes des Kindeswohls eine gute Zusammenarbeit mit den Jugendämtern funktioniert. Dennoch wurde deutlich, dass Kinder als Opfer häuslicher Gewalt mehr politische und öffentliche Aufmerksamkeit erfahren sollten, als bisher.

Zusammenfassend lässt sich festhalten, dass die Vernetzungs- und Zusammenarbeit insgesamt für ausbaufähig gehalten wird. Sowohl mit fachnahen Einrichtungen wie Opferberatungsstellen oder Jugendämtern, als auch mit fachübergreifenden Institutionen wie der Polizei wird in den Interviews größtenteils eine engere Kooperation gewünscht. Anhand der vielen Aussagen darüber, was aktuell schon an Vernetzung stattfindet, die als positiv gedeutet werden, kann geschlussfolgert werden, dass in dieser Hinsicht schon gute Grundlagen und Strukturen geschaffen wurden, die es auszubauen und auf andere Städte zu übertragen gilt. Somit können auch die Annahmen bestätigt werden, dass Vernetzung und Zusammenarbeit mit sämtlichen an dem Phänomen der häuslichen Gewalt beteiligten Fachkräften und Institutionen zielführend für eine verbesserte und gestärkte Arbeit mit Frauen ist, die häusliche Gewalt in Intimpartnerschaften verübt haben.

12.3 Öffentlicher und gesellschaftlicher Umgang: Die Notwendigkeit von Prävention und Aufklärung ab dem Kindergarten

Bei der Frage danach, wie der Umgang der breiten Gesellschaft mit dem Phänomen der häuslichen Gewalt von Frauen in Intimpartnerschaften, erlebt wird, wurde viel Kritik geäußert. In allen Interviews kam das Thema der Verteilung von Geschlechterrollen auf, die maßgeblich dazu beitragen würde, dass häusliche Gewalt von Frauen in intimen Paarbeziehungen nicht als ein soziales Problem anerkannt wird.

Expert*in F nahm insgesamt ein gesellschaftliches Wegschauen bei häuslicher Gewalt wahr:

> *„Also dieses Thema Gewalt, egal ob jetzt von Männern oder von Frauen oder gemeinschaftlich ausgeübte Gewalt, das wird nicht so sichtbar und es verschwindet auch gerne wieder. Weil die Menschen irgendwie auch gar nicht damit konfrontiert werden wollen. Also für die Betroffenen und Täter*

beziehungsweise Täterinnen ist es schambesetzt und bei den anderen ist eher so eine Abwehr." (B4, Z. 201ff.)

Interviewte*r B wurde im Internet beleidigt, als der Artikel zu einem Interview mit ihm*ihr auf Facebook veröffentlicht wurde:

„*Ich habe mal ein Interview gegeben für die FAZ* [Frankfurter allgemeine Zeitung, Anm. d. Verf.] *und die haben das unerlaubter Weise, ohne mich vorher zu fragen bei Facebook veröffentlicht. Das habe ich zufällig gelesen. Die haben auch nur einen Satz von meinem Bericht als Überschrift rausgenommen und da kam so ein kleiner Shitstorm. [...] Und da habe ich einfach gemerkt, dass es sowas von an Aufklärung fehlt. Menschen lesen auf Facebook oder in irgendwelchen Medien einen einzigen Satz und kriegen eine einzige Interpretation dazu, ohne sich annähernd damit auseinandergesetzt zu haben. Das ist ein Problem. Und deren Kommentare prägen wiederum die Gesellschaft. Ohne, dass man sich vielleicht mehr damit auseinandersetzt. Man bewertet einen Satz [...] und Ruckzuck ist ein wichtiges Thema völlig falsch interpretiert.*" (B2, Z. 713ff.)

Auch sie*er kritisierte ein gesellschaftliches Wegschauen bzw. eine häufig unreflektierte Übernahme von Meinungen anderer, ohne sich mit dem Thema der häuslichen Gewalt tatsächlich auseinandergesetzt zu haben. Dabei klang auch ein Vorwurf an die mediale Berichterstattung durch. Aufgrund der gezielten Verwendung eines wohl eher provokanten Satzes von Person B als Überschrift, der aus dem Zusammenhang gerissen anders interpretiert werden kann, als er von ihr*ihm gemeint war, scheint der von Person B bezeichnete ‚Shitstorm' provoziert worden zu sein.

Mehrfach, insgesamt 13 Mal, wurden in verschiedenen Zusammenhängen die aktuell vorherrschenden Rollenvorstellungen über Männlichkeit und Weiblichkeit als hinderlich für eine adäquate Arbeit mit Frauen interpretiert, die häusliche Gewalt in (Ex-)Intimpartnerschaften ausübten. Hierzu einige Beispielzitate:

„*Es kommen einige Frauen, die zu mir sagen: ‚Bitte. Ich möchte nie mehr wieder wütend sein. Die Wut muss ganz weg.' Und das ist ein großes Problem, weil ich ihnen dann erstmal erklären muss: ‚Es ist ganz wichtig, dass Sie wütend sind, auch wenn Sie es in ihrer Biographie abtrainiert bekommen haben.' In dem Bild ‚wie bin ich als Frau?', ist es immer noch so, dass Mädchen eher so erzogen werden, dass Wut keinen Platz hat.*" (B2, Z. 446ff.)

„*Und dann ist natürlich schon auch die gesellschaftliche Sicht so, dass die Frau eher als Opfer gesehen wird oder der Mann als Täter. Das spielt, glau-*

> *be ich schon oft rein, bei einzelnen Jugendamtsmitarbeitern oder einzelnen Polizisten. Das sind sicher nicht alle, da ist was im Aufbruch. Aber das kann natürlich ein Grund dafür sein, dass das dann auch nicht immer die Wahrheit wiederspiegelt was bei uns ankommt.*" (B3, Z. 172ff.)

> „*Das Rollenbild über Mann und Frau verhindert die Wahrnehmung von weiblicher Gewalt. Wir müssen immer lieb und nett sein und niemand kann sich vorstellen, dass wir auch mal wütend sind, wütend sein müssen. Natürlich ist Gewalt der falsche Weg aber wenn man sich so hilflos fühlt in seiner Situation, mit den Anforderungen von außen, dann passiert es, dass man gewalttätig wird. Und das wird dann nicht wahrgenommen oder lächerlich gemacht, weil es nicht zum Frau-sein passt.*" (D, Z. 52ff.)

In Verbindung mit den gesellschaftlich tief verankerten Vorstellungen, wie Männer und Frauen zu sein haben, wurde in den Interviews festgestellt, dass weibliche Gewalt in Paarbeziehungen weniger als solche wahrgenommen und teilweise bagatellisiert wird.

Hierzu sagte bspw. auch Expert*in B.:

> „*Was mich ein Stück weit ärgert, wenn ich darüber berichte [...], dann ist das eher so, dass es ins Lächerliche gezogen wird: ‚Ach Gott ja und der hat sich dann nicht gewehrt? Was ist denn das für Einer, der kann sich gar nicht wehren gegen die?‘ Wenn Frauen Gewalt ausüben, dann wird es gern ins Lächerliche gezogen. Und die Not von diesem Mann als Opfer wird gar nicht anerkannt, weil es dann eher heißt: ‚Naja gut, er ist halt ein Waschlappen, der kann sich halt nicht wehren.‘ Und die können sich gar nicht vorstellen, dass es einfach ein Mensch ist, dass auch ein Mann sich einfach nicht mit Gewalt definiert und sich nicht mit Gewalt wehren möchte. Er möchte es einfach nicht. Und das wird sehr belächelt.*" (B2, Z. 287ff.)

Dabei erzählte sie*er auch ein Beispiel:

> „*Bei uns in der Stadt gab es auch mal den Fall, wo eine Frau auf ihren Mann losgegangen ist und dann hat die Polizei den Mann mitgenommen, weil sie auch gedacht haben: ‚Naja, es ist besser. Die Frau kann sich wohl besser um das Kindeswohl kümmern als der Mann.‘ Und dann haben sie den Mann mitgenommen.*" (B2, Z. 297ff.)

In diesem Zusammenhang stellte Berater*in B eine bedeutsame Tatsache fest:

> „*Wir hatten, seit ich hier bin, seit sechs Jahren noch keinen Fall, wo ein Mann seine Frau angezeigt hat*" (B2, Z. 300f.).

In diesen Zitaten lassen sich mehrere, von Expert*in B wahrgenommene Phänomene feststellen. Zunächst bemerkte sie*er die Bagatellisierung der häuslichen Gewalt von Frauen in Intimpartnerschaften in der Gesellschaft. Dabei stellte er*sie auch fest, dass Polizeibeamt*innen häufig nach dem gängigen Rollenklischee handeln. Dementsprechend werden die Frauen nach dem Bild der fürsorglichen Mutter eher bei den Kindern gelassen, während die Männer als Täter identifiziert und des Hauses verwiesen werden. In diesem Zusammenhang betonte die Person B, dass sie es in sechs Jahren noch nie erlebt hatte, dass der Partner einer gewaltausübenden Frau, die sie als Klientin beraten hatte eine Anzeige gegen die Täterin bei der Polizei gemacht hatte. Auch Berater*in D stellte dies fest (vgl. B3, Z. 51f.). An dieser Stelle sei auf die Pilotstudie ‚Gewalt gegen Männer' verwiesen. In Kapitel 3.3.2 wurde bereits dargestellt, dass auch in diesen Befragungen kein Mann ausfindig gemacht werden konnte, der im Falle einer verletzenden Opfererfahrung häuslicher Gewalt durch die*den Partner*in eine Anzeige bei der Polizei erstattet hatte (vgl. Jungnitz et al. 2004, S. 10ff.). In diesem Zusammenhang sei auch auf die Thematisierung der PKS als Hellfeldstatistik in den Kapiteln 3.2 und 3.3.3 hingewiesen, deren Repräsentativität basierend auf der Aussage von Interviewpartner*in B erneut in Frage gestellt werden kann. Insgesamt lässt sich in den Äußerungen ein Teufelskreis feststellen. Wenn häusliche Gewalt in Paarbeziehungen von Frauen gegen Männer gerichtet ist, wird dies aufgrund von Vorstellungen über Männlichkeit und Weiblichkeit in der breiten Gesellschaft, wie auch in bestimmten Institutionen, wie der Polizei, häufig nicht wahrgenommen und/ oder bagatellisiert. In der Folge sind Männer, wenn sie häusliche Gewalt erfahren, gehemmt, dies bei der Polizei zur Anzeige zu bringen. Somit tauchen solche Fälle nicht im Hellfeld auf. Aufgrund dessen wird ein Bild in der Gesellschaft aufrechterhalten, welches Männer weniger als Opfer und Frauen weniger als Täterin häuslicher Gewalt identifiziert. Die Rollenvorstellungen manifestieren sich und weibliche Gewalt in Paarbeziehungen, insbesondere gegen männliche Partner wird weiterhin nicht als solche wahrgenommen. Diese Thematik wurde in Teil I des vorliegenden Bandes in Kapitel 5 umfangreich beleuchtet.

Die Handlungen und Reaktionen der Polizei in Fällen häuslicher Gewalt von Frauen gegen ihre Intimpartner*innen wurden auch in anderen Interviews kritisiert. Die Polizei ist, wie bereits mehrfach erwähnt, häufig als erste Instanz vor Ort, wenn ein Konflikt zwischen zwei Beziehungspartner*innen eskaliert. Die Mehrheit der Interviewpartner*innen hatte dahingehend häufiger die Erfahrung gemacht, dass Polizeibeamt*innen eher einen Mann als Täter und eher eine Frau als Opfer identifizieren, wenn unklar ist, von wem häusliche Gewalt ausgeübt wurde (vgl. z.B. B3, Z. 172ff). Expert*in E deutete in diesem Zuge wieder auf die häufig stattfindende Dynamik der Gewalt hin, die es erschweren würde, eine Person nur als Opfer oder nur als Täter*in auszumachen.

> *„Wenn es zum Beispiel bei der Polizei einen Vorfall gibt, ist ja immer relativ schnell klar, wer Täter und wer Opfer ist und da ist natürlich die Frage: ‚Wie wird das entschieden?' oder: ‚Wie kann das geklärt werden?' und: ‚Kann es überhaupt zu diesem Zeitpunkt geklärt werden?'. Und mein Eindruck ist, dass diese Paardynamik oft wirklich eine Paargewaltdynamik ist und dass dann die Entscheidungen zugunsten der Frau und der Kinder vielleicht auch in dem Sinne, dass sie zuhause bleiben können, stattfinden, und der andere erstmal des Hauses verwiesen wird. Egal wie es in der Realität jetzt aussieht. Was ja aber auch für beide wieder einen Schutz bedeutet. Also in beide Richtungen. Wenn man nicht nach Hause gehen kann, um sich verprügeln zu lassen, sage ich mal, ist das ja auch besser als nichts. Aber diese Differenzierung bei der Polizei einzufordern, ist glaube ich extrem schwierig. Weil immer diese Dynamik vorherrscht. Der eine sagt: ‚Du bist schuld', der andere sagt: ‚Du bist schuld' und dann muss es halt irgendwie entschieden werden. Und da ist es meistens so, dass die Männer gehen müssen und die Frauen bleiben können“* (B5, Z. 186ff.).

Als Lösungen wurden hier, wie im vorangegangenen Punkt ‚Vernetzung und Zusammenarbeit' bereits dargestellt, polizeiliche Schulungen vorgeschlagen oder teilweise schon durchgeführt, um für das Thema der häuslichen Gewalt insgesamt und insbesondere für die, die von Frauen ausgeht, zu sensibilisieren (vgl. B6, Z. 528ff; B4, Z. 444ff.).

Des Weiteren wurde zu der Frage der erlebten Reaktionen, wenn die Expert*innen über ihre Tätigkeit als Beratende von Täterinnen häuslicher Gewalt erzählten, sei es im beruflichen oder vor allem im privaten Kontext, über Unglauben und Ablehnung berichtet. An dieser Stelle sei allerdings angemerkt, dass die meisten der Expert*innen in Beratungsstellen für sowohl Männer als auch Frauen als Ausübende häuslicher Gewalt arbeiten und hier dementsprechend keine Schlussfolgerung bzgl. vorherrschender Vorstellungen über Unterschiede zwischen Männern und Frauen getroffen werden kann.

Dazu sagte Person B z.B..:

> *„Die Reaktion in meinem Umfeld ist oft so etwas wie: 'Oh, so eine schwere Arbeit machst du. Wie ist denn das? Wie gehst du denn damit um? Ist das einfach?' Und im professionellen Rahmen, habe ich wenig Schwierigkeiten damit, weil ich seit Jahren einfach einen guten Ruf habe. Wobei, man muss natürlich sagen, wir vertreten die Arbeit mit Männern und Frauen nach außen.“* (vgl. B1, Z. 596ff.)

Auf die Frage, ob sie*er glaube, dass es einen Unterschied machen würde, wenn sie*er nur mit Frauen arbeiten würde, antwortete Interviewpartner*in B, dass er*sie vermute, dass dies eine Schwierigkeit darstellen würde.

> *„Ich bin ehrlich gesagt ziemlich froh, dass wir das so machen, weil damit ist klar, unsere Täter und Täterinnen kommen von beiden Geschlechtern und aus allen Schichten. Was immer ganz deutlich wird, ist, dass Leute gerne fokussieren. Also zum Beispiel: ‚Männer sind Schweine, Frauen nicht.‘ Frauen sind ja auch keine Schweine und Männer sind ebenfalls keine Schweine, sondern sowohl Männer, als auch Frauen können Gewalt ausüben. Oder: ‚Asoziale üben Gewalt aus, Mittelschichten bzw. Oberschichten nicht.‘ Also diese ganzen Klischeegeschichten können wir, indem wir eben sozusagen für alle Alles anbieten ein bisschen aushebeln. Weil die nicht stimmen. […] Also ich glaube, das ist eine Schwierigkeit, wenn man sagt ‚Ich bin in einer Beratungsstelle nur für Täterinnen‘.“* (B1, Z. 614ff.)

Die Frauen, die innerhalb des Anti Gewalt Trainings an der erwähnten Gesprächsrunde teilnahmen, erzählten außerdem fast einstimmig, dass sie insbesondere von Psycholog*innen und Ärzt*innen eher für psychisch krank erklärt wurden. Sie berichteten von einem langen Leidensweg, da sie sich weder von Fachkräften noch von der Gesellschaft als Personen, die ein Problem mit Gewalt haben und dies angehen möchten, ernst genommen wurden. (vgl. D, D. Z. 14ff; Z. 24ff.)

Eine Frau sagte z.B.:

> *„Mich hat das ganze System so hilflos gemacht. Einmal das System Familie. Mit dem Mann gab es nur Streit und keine gegenseitige Unterstützung mehr. Und ich musste aber funktionieren, einem Job nachgehen, mich um die Kinder kümmern, den Haushalt machen und da habe ich mich so überfordert gefühlt. Und dann ist da eben auch noch das System Gesellschaft mit seinen Ansprüchen an die Frau. Man muss funktionieren, nach außen hin die perfekte Hausfrau und Mutter sein, sozusagen das alte Rollenklischee erfüllen. Gleichzeitig muss man heutzutage aber auch arbeiten, Geld verdienen. Und wenn man überfordert ist, sich hilflos fühlt und einfach nicht mehr kann*

> *und sich dies dann in Gewalt äußert, dann muss man in die Psychiatrie. Aber was will ich denn in der Psychiatrie? Ich brauche doch keine Tabletten. Ich will nicht ruhiggestellt werden, das löst doch meine Probleme nicht.*" (D, Z. 24ff.)

An dieser Stelle soll noch einmal zusammengefasst werden, wie auf die Frage nach dem öffentlichen und gesellschaftlichen Umgang mit dem Phänomen der häuslichen Gewalt von Frauen (in Paarbeziehungen) reagiert wurde. Die Interviewpartner*innen bemerkten, dass dieses Phänomen häufig nicht als Problem wahrgenommen wird, indem weggeschaut wird und/ oder die Taten bagatellisiert werden. Des Weiteren werden die Frauen eher als psychisch krank erklärt, als dass ihre Gewalttätigkeit als solche (an)erkannt wird. Als Grund sehen die Interviewpartner*innen dafür größtenteils aktuell vorherrschende Vorstellungen über Männlichkeit und Weiblichkeit. Diese scheinen, wie auch in den Kapiteln 5 und 6 ausführlich dargestellt, der Wahrnehmung von Frauen als Ausübende und Männer als Erfahrende von häuslicher Gewalt, massiv im Wege zu stehen. In diesem Zuge wurde auch mehrmals der polizeiliche Umgang in Fällen häuslicher Gewaltakte kritisiert. Denn auch Polizist*innen scheinen selten losgelöst von Rollenvorstellungen zu handeln. Der Vorschlag von Schulungen wurde bereits im Punkt ‚Vernetzung und Zusammenarbeit' aufgegriffen. Als weiteren Kritikpunkt äußerten die Expert*innen, dass auch das Angebot der Täter*innenarbeit selbst in der Gesellschaft keinen hohen Stellenwert besäße. Ferner wurde in den Interviews der mediale Umgang zum Thema der häuslichen Gewalt von Frauen in Intimpartnerschaften bemängelt (vgl. B1, Z. 667ff.), sowie das Denken und Agieren in starren Täter-Opfer-Typologisierungen, welches die Wahrnehmung einer häufig stattfindenden Gewaltdynamik verhindern kann (vgl. B5, Z. 229ff.). Anhand des ausgewerteten Datenmaterials können die Vermutungen über den Zusammenhang von Rollenvorstellungen und der Nicht-Wahrnehmung und Bagatellisierung weiblicher häuslicher Gewalt bestätigt werden.

Auf die Nachfrage, wie eine Änderung im öffentlichen und gesellschaftlichen Umgang mit Frauen, die häusliche Gewalt in (Ex-)Intimpartnerschaften verübt haben, sind sich Alle einig: Aufklärung und Prävention.

Expert*in H sah bereits im Kindergarten die Notwendigkeit der Aufhebung von Rollenklischees. Er*Sie sagte hierzu:

> *„Mein größter Wunsch ist, dass überhaupt im sozialen Bereich, ab der Grippe Frauen und Männer arbeiten. Ich fände es genial, wenn selbst die kleinsten Kinder immer die Chance haben: ‚Will ich jetzt mit einem Mann oder einer Frau arbeiten?' Und das müsste in allen Bereichen, im Kindergarten, im Hort, in der Grundschule und in weiteren Schulen forciert werden. Ich sehe da ein großes Dilemma hinsichtlich der Rollenbilder. Die gleichgeschlechtliche Arbeit muss ausgebaut werden."* (B6, Z. 610ff.)

Die*Der Interviewte H war der Meinung, dass eine Sensibilisierung für Geschlechterstereotype ab dem Kleinkindalter, die letztendlich zu einer Aufhebung des Denkens in Rollenbildern führen soll auch zu einem sensibleren Umgang mit dem Thema der Gewalt führe (vgl. B6, Z. 698ff.).

Die Frauen, die an der Gesprächsrunde in Karlsruhe teilnahmen, sahen dies ähnlich. Sie wünschten sich ebenfalls, dass das Denken in Geschlechterrollen, und zwar insbesondere in Schulen, einem breiteren Fokus auf Selbstentfaltung und -identifikation weicht. Auch die gezielte Aufklärung der Gesellschaft über das Phänomen der häuslichen Gewalt insgesamt und im Speziellen von Frauen (in Intimpartnerschaften) wurde gewünscht. (vgl. D, Z. 98ff.)

> *„Also meiner Meinung nach müsste viel mehr Aufklärung über Gewalt stattfinden. Und wir müssten eigentlich schon in der Schule die Möglichkeit bekommen, uns selbst kennenzulernen und zu lernen, uns selbst wahrzunehmen. So in der Art: ‚Wer bin ich?' Denn diese Möglichkeit der Selbstidentifikation findet im Moment keinen Raum. Wir müssen funktionieren, gute Noten schreiben, einen guten Job finden und so weiter. Wir leben in einer Gesellschaft, in der man nur noch bestimmte Erwartungen von außen erfüllen muss und wenn das nicht klappt, wenn man nicht funktioniert, hat man sozusagen versagt. Wenn man aber schon früh lernt, also in der Schule, einen besseren Zugang zu sich selbst zu finden, könnte verhindert werden, dass man sich irgendwann überfordert fühlt und zum Beispiel gewalttätig wird."* (D, Z. 72ff.)

> *„Man müsste auch die Lehrer*innen und Erzieher*innen viel besser schulen, was Gewalt und Selbstwahrnehmung angeht und eben auch für Rollenvorstellungen und die Folgen von diesem Schubladendenken sensibilisieren"* (D, Z. 95ff.).

Wie bereits im vorherigen Punkt angedeutet, war dies auch ein Wunsch von Berater*in F. Er*Sie würde gerne in Vereinen, in Schulen und sämtlichen anderen „*Orten, wo Menschen zusammenkommen*" (B4, Z. 898) Präventions- und Aufklärungsarbeit leisten, doch aufgrund fehlender personeller und finanzieller Ressourcen wäre ihr*ihm bzw. seiner*ihrer Einrichtung dies nicht in dem Umfang möglich, wie sie*er es für notwendig halte (vgl. B4, Z. 883ff.; Z. 1405ff.). Als ein Beispiel, wie eine solche Aufklärungsarbeit seiner*ihrer Meinung nach gut funktioniere, nannte Person F das Projekt ‚StoP – Stadtteile ohne Partnergewalt', welches in Hamburg entwickelt wurde. Dabei wird klassische Gemeinwesenarbeit mit Präventionsarbeit verbunden und über das Phänomen der häuslichen Gewalt in Paarbeziehungen umfangreich aufgeklärt.[48] (vgl. B4, Z. 962ff.)

Die Interviewpartner*innen erkannten aber auch teilweise einen Wandel im öffentlichen und gesellschaftlichen Umgang mit häuslicher Gewalt in Paarbeziehungen, die von Frauen ausgeht. Expert*in D konnte dies bspw. daran festmachen, dass ein großes mediales Interesse bestand, nachdem in der eigenen Stadt eine Männerschutzwohnung eröffnet wurde. Durch den öffentlichen Auftritt wurde eine große Bandbreite an Personen erreicht und in der Folge bemerkte die*der Berater*in einen erhöhten Zuwachs an Klienten, die Opfer häuslicher Gewalt geworden waren. (vgl. B3, Z. 193ff.)

Auch Person H nahm eine gesellschaftliche Öffnung für das Thema der häuslichen Gewalt von Frauen wahr:

> „*Dieses Bewusstsein: ‚Ah ja stimmt, ja eine Frau kann schon auch mal fies sein', kommt mehr und mehr*" (B6, Z. 545ff.).

Zusammenfassend lässt sich anhand des Datenmaterials eine mehrheitliche Kritik gegen den öffentlichen und gesellschaftlichen Umgang zur weiblichen häuslichen Gewalt in Intimpartnerschaften vernehmen. Als Ursache für das benannte Nicht-Wahrnehmen, die Bagatellisierung und/ oder das Wegschauen beim Auftreten bzw. Bekanntwerden dieses Phänomens wurde vordergründig das weit verbreitete Denken und Handeln in Geschlechterstereotypen benannt. Um einer Manifestierung von Rollenklischees vorzubeugen, wurde z.B. vorgeschlagen,

48 Für eine vertiefende Auseinandersetzung vgl.: Stövesand, Sabine: StoP Stadtteile ohne Partnergewalt. HAW Hamburg – Fakultät Wirtschaft und Soziales. Hamburg. Online verfügbar unter https://stop-partnergewalt.org/wordpress/home/, zuletzt geprüft am 25.11.2919.

bereits im Kindergarten und in der Schule bewusst einen Raum zu schaffen, in dem das Individuum losgelöst vom sozialen Geschlecht in seiner Ganzheit im Mittelpunkt steht und sich entwickeln kann. Ein größerer Fokus auf der Selbstfindung und Selbstentfaltung solle nicht nur dazu beitragen, dass Vorstellungen über sogenannte Männlichkeit und Weiblichkeit aufgehoben werden, sondern auch, dass insgesamt durch innere Ausgelassenheit und Ruhe bei den Menschen das Gewaltpotential sinkt. Des Weiteren wünschten sich die Interviewpartner*innen vornehmlich, dass konkret zum Thema der häuslichen Gewalt in Paarbeziehungen, die von Frauen ausgeht, mehr Aufklärung stattfindet, um dadurch mehr Menschen zu erreichen, die potentiell davon betroffen sind. Sei es als Opfer oder als Täterin. Ähnliche Gedanken wurden, in den in Anhang I befindlichen Vorannahmen formuliert. Dementsprechend können diese als gültig bewertet werden.

12.4 Politik: Politische Maßnahmen und Entscheidungen als Grundlage für Alles

Unter die Kategorie ‚Politik' fallen alle Aussagen, die sich auf aktuelle Gesetze, politische Entscheidungen und Maßnahmen beziehen, die die Arbeit mit Frauen, die häusliche Gewalt in (Ex-)Intimpartnerschaften verübten, direkt oder indirekt tangieren. Darunter lassen sich auch Aussagen zu vorhandenen oder nicht vorhandenen Ressourcen in finanzieller und/ oder personeller Hinsicht fassen. Unzureichende monetäre Mittel stellten in den Interviews immer wieder ein zentrales Thema dar.

Zunächst wird auf Bemerkungen und Feststellungen dieser Art ein Blick geworfen. In jedem Interview mit den Expert*innen wurde ersichtlich, dass es einen Mehrbedarf an finanziellen und personellen Ressourcen gäbe. Teilweise wurde dahingehend konkret ein Mangel benannt.

Interviewpartner*in F sagte hierzu z.B.:

> *„Es gibt einen ganz großen Bedarf in der Arbeit mit Ausübenden von Gewalt. […] Das ist total wichtig und es ist so krass, wie wenig Mittel dafür da sind. Das ist völlig irre."* (B4, Z. 1062ff.)

Auch Expert*in H betonte immer wieder, dass sie*er gerne mehr anbieten würde, wie bspw. Gruppentrainings, dies aber aus finanziellen und personellen Gründen nicht möglich sei (vgl. B6, Z. 151f.). Obwohl in der Konzeption der Einrichtung ein Beratungs- und Unterstützungsangebot für Frauen, die häuslich gewalttätig wurden verankert ist, erfolgte bis zum Zeitpunkt des Interviews keine Umsetzung dessen. Person H würde gerne eine Beraterin einstellen, um für diese Zielgruppe ein gleichgeschlechtliches Angebot zu schaffen. Dies sei jedoch aufgrund der aktuellen Finanzierungslage des Vereins derzeit nicht möglich. (vgl. B6, Z. 39ff., Z. 210f.) Dahingehend ließ sich aber auch eine positiv zu bewertende Entwicklung feststellen. Durch die im Jahr 2017 ratifizierte Istanbul-Konvention wurde eine gesetzliche Grundlage für den Ausbau von Maßnahmen und Angeboten für Täter*innen und Opfer häuslicher Gewalt geschaffen (vgl. Istanbul-Konvention 2017; Kap. 2.2.3). Auf Basis dieses Gesetzes hatte der Verein einen Antrag beim zuständigen Sozialministerium eingereicht, weshalb Berater*in H Hoffnung auf eine positive Antwort bzgl. des Ausbaus des Angebots äußerte (vgl. B6, Z. 514ff., Z. 559ff.).

Expert*in B berichtete von einem längeren Kampf für eine zweite Stelle. Erst vor kurzem sei diese bewilligt worden. Seitdem sie*er eine*n Kolleg*in habe, sei es der Beratungsstelle möglich, Gruppentrainings für Frauen, die häusliche Gewalt verübten, anzubieten, welche er*sie als äußerst gewinnbringend für die Teilnehmerinnen bewertete. (vgl. B2, Z. 620ff.) Somit lässt sich bei Berater*in B für den Moment eine gewisse Zufriedenheit bzgl. personeller Ressourcen feststellen. Gleichzeitig betonte er*sie aber, dass es ein schwieriger Zustand sei, von der Stadt immer nur für zwei Jahre die Finanzierung der Beratungsstelle bewilligt zu bekommen. Dementsprechend seien die Verträge befristet und alle zwei Jahre müsse ein neuer Antrag gestellt werden. Dies stelle für Interviewpartner*in B und ihre*seine Kolleg*innen aus dem Verein eine psychische Belastung dar. (vgl. B2, Z. 146ff.) Allerdings lässt sich auch hier ein Umbruch wahrnehmen. Berater*in B ist als Abteilungsleiter*in der Beratungsstelle auch in einem Aktionsbündnis der Stadt tätig, in dem zum Zeitpunkt des Interviews aktiv über eine unbefristete Finanzierung der Beratungsstelle verhandelt wurde. Die Chancen dafür schätzte B hoch ein (vgl. B2, Z. 745ff.). Wie bereits in den vorangegangenen Punkten festgehalten, äußerte die*der Expert*in weitere konkrete Wünsche und Ideen für eine verbesserte Arbeit mit Frauen, die häusliche Gewalt (in (Ex-)Intimpartnerschaften) verübten, wie z.B. die Schaffung des Angebots eines Gruppentrainings für Paare, sowie eine verpflichtende berufliche Qualifizierung und Weiterbildung der Mitarbeitenden. Diese ließen sich jedoch nur dann in die Tat umsetzen, wenn weitere Mittel in personeller und finanzieller Hinsicht zur Verfügung stehen würden. (vgl. B2, Z. 127ff., Z. 771ff.)

Auch in den anderen Interviews wurde immer wieder darauf hingewiesen, dass mit mehr Ressourcen wie Zeit, Geld und Personal auf sämtlichen Ebenen wie bspw. in der Präventions-, Vernetzung- und Öffentlichkeitsarbeit sowie in der gezielten Arbeit mit den Frauen, die in ihrer (Ex-)Intimpartnerschaft häusliche Gewalt verübten, eine Verbesserung der Qualität erzielt werden könnte (vgl. z.B. B3, Z. 417ff.). Da sich die Beratungsstellen, in denen die Expert*innen tätig sind, größtenteils ausschließlich über staatliche Förderungen finanzieren, sind alle Aussagen über unzureichende monetäre und in der Folge personelle Ressourcen als Kritik hinsichtlich des politischen Umgangs mit dem Phänomen der häuslichen Gewalt von Frauen in Paarbeziehungen zu bewerten.

Weitere Aussagen, die kritisch gegen Politiker*innen gerichtet waren, beziehen sich zum Beispiel auf die Problematik des Wegschauens bzw. Nicht-Wahrnehmens von häuslicher Gewalt, die von Frauen ausgeht. Interviewte*r B, die*der politisch sehr aktiv sei, berichtete, dass er*sie in bestimmten politischen Veranstaltungen immer wieder auf Ablehnung gestoßen sei (vgl. B2, Z. 678ff.).

Des Weiteren erzählte sie*er:

> *„Ich habe auch mal gelesen, dass irgendwo in einer Stadt ein Politikum war, wo sogar Jemand zurücktreten musste, weil auch ganz klar war: ‚Nein, es gibt keine Frau als Täterin.‘ Und wenn man das behauptet, hat man dort einfach nichts zu suchen und Gelder, gibt es da schon gar nicht. […] Dieses Thema wird schon gerne totgeschwiegen.“* (B2, Z. 231ff.)

Expert*in E nahm ebenfalls ein gewisses politisches Wegschauen bei diesem Thema wahr:

> *„Also politisch merke ich, außer man geht jetzt speziell in solche Netzwerke rein, da ist es natürlich Thema aber, dass häusliche Gewalt schon noch ein Thema ist, was sich meiner Meinung nach überhaupt nicht so gerne angeguckt wird“* (B5, Z. 505ff.).

In diesem Zusammenhang stellte Expert*in H auch einen Vergleich zum politischen Umgang in Bezug auf Opferberatungsstellen her:

> *„Opferberatungsstellen, die machen Akquise, die kriegen Geld, die stehen in der Zeitung. Aber wenn du sagt, du arbeitest mit Tätern, dann ist es schwierig Geld zu akquirieren. Obwohl wir ganz klar sagen, Täterarbeit ist Opferschutz. Aber das wird so nicht wahrgenommen."* (B6, Z. 775ff.).

Auch Berater*in F sagte hierzu:

> *„Also politisch finde ich, wenn es jetzt darum geht, zu sagen: ‚Wir sehen häusliche Gewalt, die von Frauen ausgeht, als ein Phänomen in Beziehungen in Deutschland und dementsprechend muss es auch Beratungsstellen geben. Genauso Opferberatung wie Täterinnenberatung.' Da sehe ich bisher keinen politischen Willen, das bundesweit zu initiieren. Sehe ich nicht."* (B4, Z. 733ff.)

An der Stelle sei auch auf eine Aussage von Person B verwiesen, in der sie*er ein Konkurrenzdenken, welches von Opferberatungsstellen ausgehe, wahrnahm, bzw. zu Beginn des Beratungsangebotes für weibliche Ausübende von häuslicher Gewalt wahrgenommen hatte (vgl. B2, Z. 197f.). Dies ist vermutlich darin begründet, dass Unterstützungs- und Beratungseinrichtungen für Opfer häuslicher Gewalt teilweise die Gefahr sehen, dass durch den Ausbau von Angeboten für Personen, die häusliche Gewalt ausüben, die staatlichen Leistungen für sie selbst verkürzt werden (vgl. Kap. 3.3.1). Die Interviewten H und F nahmen eine Bevorzugung von Unterstützungseinrichtungen für Opfer wahr. Sie machten deutlich, dass sie solche Institutionen als äußerst wichtig beurteilen würden und diese Angebote weiter ausgebaut und dementsprechend gefördert werden sollten. Aber sie bewerteten Täter*innenarbeit auch als Opferschutz und konnten daher nicht nachvollziehen, weshalb diese zu wenig politische Aufmerksamkeit erfahren würde. (vgl. B5, Z. 733ff.; B6, Z. 775ff.) Dementsprechend kann hier wieder eine indirekte Kritik vernommen werden, dass insgesamt zu wenig Gelder für Institutionen zur Verfügung gestellt werden, die sich dem Kampf gegen häusliche Gewalt widmen und in der Folge ein Konkurrenzdenken unter den verschiedenen Beratungsstellen entstehen kann. Dieses Problem wurde bereits in Kapitel 3.3.1 angesprochen und kann somit anhand der Aussagen der Expert*innen als nach wie vor präsent bewertet werden.

Der*Die Berater*in F, die*der lange Zeit in der Beratung und Unterstützung für weibliche Opfer von häuslicher Gewalt tätig gewesen sei, sprach den politischen Umgang auf dieser Seite konkret an:

> „*Und das Feld* [der häuslichen Gewalt, Anm. d. Verf.] *wurde nie so betrachtet, wie in anderen, beispielsweise wirtschaftlichen Bereichen. [...] Es war immer sozusagen ein Frauenthema und wir Frauen durften dann froh sein, wenn man uns das überhaupt hat lassen machen und auch noch ein bisschen Geld bekommen hat. Inzwischen ist es ja schon viel Geld aber es reicht trotzdem nicht. Es war nie ein ernstzunehmendes Thema. [...] Es wird nicht wahrgenommen. So, wie es eigentlich, wenn man eine Gesellschaft voranbringen will, wahrgenommen werden sollte.*" (B4, Z. 1075ff.)

Somit kann geschlussfolgert werden, dass alle Einrichtungen, die ihr Angebot an beteiligte Personen von häuslicher Gewalt in Intimpartnerschaften richten, zu wenig politische Aufmerksamkeit und in der Folge zu wenig staatliche Förderung erfahren. Dies führt dazu, dass unter gewissen Einrichtungen ein Konkurrenzdenken entsteht, anstatt gemeinsam am gleichen Ziel zu arbeiten. Nämlich häusliche Gewalt zu bekämpfen und alle Menschen vor (weiterer) Gewalt zu beschützen.

In fast allen Interviews wird auch die Istanbul-Konvention angesprochen. Auch wenn sich dem Datenmaterial entnehmen lässt, dass die Expert*innen ihre Ratifizierung größtenteils als einen Fortschritt in der Bekämpfung von häuslicher Gewalt bewerteten, wurden teilweise auch kritische Äußerungen bzw. Verbesserungsvorschläge hinsichtlich des Inhalts der Konvention und ihrer Umsetzung getätigt.

Expert*in B stellte z.B. fest, dass in der Istanbul-Konvention ein großer Fokus auf Frauen als Opfer häuslicher Gewalt und Männer als Täter gelegt wird. Darüber äußert sie*er Unmut, da durch diese Fokussierung bestimmte Personengruppen wie Frauen als Ausübende häuslicher Gewalt, in der Konvention und folglich in ihrer Umsetzung zu wenig bis gar keine Beachtung erfahren würden. (vgl. B2, Z. 358ff.) Der*Die Berater*in A merkte an, dass trotz der Forderung des Ausbaus von Täter*innenarbeit in der Istanbul-Konvention, im Moment eine bundesweite Heterogenität bzgl. der Angebote für Frauen, die häusliche Gewalt in Paarbeziehungen verübten, vorzufinden sei.

Hierzu sagte sie*er:

> „*Ich denke, dass es wichtig ist, insgesamt in der Bundesrepublik für die Arbeit mit Männern und Frauen, eine gute Finanzierungsgrundlage zu schaf-*

*fen. Die Finanzierungsgrundlagen und die anzuwendenden Standards für Täter*innenarbeit sind hier in der Bundesrepublik einfach sehr unterschiedlich. 2017 ist zwar die Istanbul-Konvention ratifiziert worden [...] und Täter*innenarbeit ist auch darin festgeschrieben, aber in so einem kleinen Maße, sodass man sowohl Täterarbeit für Männer als auch Täterinnenarbeit für Frauen nochmal viel konkreter und massiver festlegen sollte. Auch die Finanzierungsgrundlagen dafür.*" (B1, Z. 564ff.)

In diesem Satz werden mehrere Aspekte deutlich. Zunächst wird die uneinheitliche politische Behandlung des Themas der Arbeit mit Täterinnen und auch Tätern häuslicher Gewalt in Paarbeziehungen deutschlandweit aufgegriffen. Wie Person H nannte auch A die Istanbul-Konvention als gesetzliche Grundlage für notwendige Veränderungen im politischen Umgang mit dem Phänomen der häuslichen Gewalt insgesamt. Einerseits kann aus der Aussage von Expert*in A entnommen werden, dass er*sie mit der Ratifizierung der Istanbul-Konvention eine positive Entwicklung im Kampf gegen häusliche Gewalt in Deutschland feststellte. Andererseits lässt sich auch eine Kritik dahingehend erkennen, dass in der Konvention lediglich ein kleines Augenmerk auf die Täter*innenarbeit gerichtet ist. Hier sah der*die Expert*in einen Verbesserungsbedarf. Nicht nur die Schaffung homogener Finanzierungsgrundlagen, sondern auch die Entwicklung einheitlicher Standards in der Arbeit mit Männern und Frauen, die häusliche Gewalt in Paarbeziehungen ausübten, die in der gesamten Bundesrepublik gelten sollten, erachtete die Person A als wichtig. Wie bereits dargestellt, lässt sich hier bereits ein Prozess feststellen. A selbst sei daran beteiligt, Standards für Täterinnen häuslicher Gewalt zu entwickeln (vgl. B1, Z. 384ff.).

Der*die Interviewpartner*in A beschrieb in Bezug auf die Frage nach dem politischen Umgang mit dem Thema der häuslichen Gewalt von Frauen in (Ex-)Intimpartnerschaften auch positive Entwicklungen in Sachsen.

„*In Sachsen haben wir insofern den Vorteil, dass wir, dadurch, dass wir Modellprojekt waren und Systemiker sind, dass wir das auch alle miteinander ganz gut diskutieren konnten und die Dynamiken beschreiben konnten und dass festgelegt worden ist, dass Schutzeinrichtungen und Opferberatungsstellen mit Täterberatungsstellen zusammenarbeiten müssen. Dass festgelegt worden ist, dass wir auch gemeinsam Schulungen machen, zum Beispiel mit der Polizei. Das ist in der ganzen Bundesrepublik eine völlig andere Ge-*

> *schichte. Also wir haben da einfach einen guten Stand und haben auch eine gute Arbeitsgrundlage miteinander geschaffen."* (B1, Z. 490ff.)

Des Weiteren wies sie*er auf die in Sachsen geltende Förderrichtlinien hin, die dazu verpflichten würden, Beratungsangebote für Männer wie auch Frauen, die in ihrer Beziehung häuslich gewalttätig wurden, zu offerieren (vgl. B1, Z. 477f.). Gegen Ende des Interviews machte er*sie in diesem Zusammenhang auf weitere Beratungsstellen für Frauen, die häusliche Gewalt ausübten, in Chemnitz und Dresden aufmerksam und bemerkte im Zuge dessen auch die BAG TäHG, die als eine wichtige Instanz zu Vernetzung und Zusammenarbeit der Täter*innenberatungsstellen untereinander fungieren würde. (vgl. B1, Z. 789ff., Z. 860ff.)

Es lässt sich nach diesen Ausführungen von Expert*in A feststellen, dass in Sachsen bisher gute Strukturen auf politischer Ebene geschaffen wurden, die für eine erfolgreiche Arbeit mit Frauen, die häusliche Gewalt in (Ex-)Intimpartnerschaften verübten, förderlich sind. Nichtsdestotrotz machte der*die Berater*in auch darauf aufmerksam, dass es nach wie vor in vielen Bereichen an finanziellen Mitteln mangeln würde. Sie*Er konkretisierte mehrere Ideen, die aufgrund dessen nicht möglich seien. Neben dem bereits erwähnten erwünschten proaktiven Ansatz in Zusammenarbeit mit der Polizei (vgl. B1, Z. 294ff.), sprach er*sie z.B. auch den Ausbau der Forschung zum Thema der häuslichen Gewalt von Frauen an, der durch eine bessere Finanzierungsgrundlage angestrebt werden könnte (vgl. B1, Z. 699ff.).

Zuletzt kann aus dem Interview B1 bzgl. des politischen Umgangs mit dem Phänomen der häuslichen Gewalt entnommen werden, dass Person A das deutschlandweit geltende Gesetz zur Stärkung der Täterverantwortung als eine positive politische Maßnahme wahrnimmt. Auf dessen Grundlage bestehe nach einer gerichtlichen Weisung ein Jahr Zeit, mit Täter*innen häuslicher Gewalt an ihren Problematiken zu arbeiten. Dennoch lässt sich hier auch eine Schwierigkeit erkennen. Die*Der Expert*in bemerkte, dass hierdurch weniger gerichtliche Weisungen für Personen, die häuslich gewalttätig waren, die Beratungsstelle aufzusuchen, ausgesprochen werden. Der Grund sei, dass die Richter*innen in solchen Fällen ein Jahr warten müssten, bevor sie einen solchen Fall abschließen könnten. (vgl. B1, Z. 324ff.) In Zusammenhang mit den unter der Kategorie ‚Angebote' bereits mehrheitlich benannten Vermutungen, dass ein Zwangskontext teilweise für eine erfolgreiche Arbeit mit Täter*innen häuslicher Gewalt förderlich wäre, kann geschlussfolgert werden, dass mit dem genannten Gesetz zwar eine positiv zu bewertende Grundlage geschaffen wurde, eine adäquate Umsetzung allerdings aufgrund unzureichender Kooperation und Zusammenarbeit mit Richter*innen und Staatsanwält*innen im Moment nicht gewährleistet werden kann.

Zuletzt sei auf die Anmerkung von den Interviewpartner*innen A und B hingewiesen, dass bestimmte Entwicklungen in Bezug auf die Arbeit mit Täterinnen häuslicher Gewalt in Paarbeziehungen an Einzelpersonen festgemacht werden können würden. B sagte z.B.:

> „*Wir hatten hier eine Gleichstellungsbeauftrage, die sich sehr für diese Stelle eingesetzt hat. Und ich glaube, wenn die politisch nicht so dahintergestanden wäre, […] wenn die sich nicht so eingesetzt hätte, dann hätte es das* [Beratungsangebot für Frauen, die häuslich gewalttätig wurden, Anm. d. Verf.] *möglicherweise gar nicht gegeben.*" (B2, Z. 223ff.)

Man kann also teilweise von ‚Glück' sprechen, dass sich bestimmte Maßnahmen durchgesetzt und verfestigt haben. Die Person A sagte dazu auch:

> „*Also wir* [die Täter*innenberatungsstelle, Anm. d. Verf.] *haben einfach einen guten Stand und haben auch eine gute Arbeitsgrundlage miteinander geschaffen. Was natürlich teilweise auch von Einzelpersonen lebt, wo man gucken muss, wie das dann weitergeht, wenn die Personen weg sind.*" (B1, Z. 505ff.)

Zusammenfassend kann in der Kategorie ‚Politik' festgestellt werden, dass das Phänomen der häuslichen Gewalt von Frauen in (Ex-)Intimpartnerschaften in den wenigsten politischen Entscheidungsprozessen Beachtung findet. Folglich fehlen den Beratungs- und Unterstützungseinrichtungen für die Arbeit mit dieser Zielgruppe finanzielle Mittel, um ein adäquates Angebot zu verwirklichen. Die 2017 ratifizierte Istanbul-Konvention, in der auch, wenn auch nur in geringem Maße, die Täter*innenarbeit angesprochen wird, lässt allerdings hoffen, dass sich politische Entscheidungen in Zukunft positiver dafür ausgestalten.

Welche konkreten Ideen die Interviewpartner*innen für eine verbesserte Arbeit mit Frauen, die in ihrer Intimbeziehung häuslich gewalttätig wurden, hatten, die sie mit einer verbesserten staatlichen Förderung umsetzen würden, wurden in den vorangegangenen Punkten bereits behandelt.

12.5 Wissenschaftliche Auseinandersetzung: Frauen als Ausübende häuslicher Gewalt als Mysterium, welches es noch umfangreich zu erforschen gilt

In die folgende Kategorie werden Aussagen in Bezug auf die wissenschaftliche Auseinandersetzung mit dem Phänomen der häuslichen Gewalt von Frauen in (Ex-)Intimpartnerschaften ausgewertet. Es wurde deutlich, dass hierbei in quantitativer und qualitativer Hinsicht ein enormer Verbesserungsbedarf besteht. Zu Beginn sei auf zwei Kommentare von den Interviewten A und B hingewiesen. Sie bemängelten, dass es keine bzw. zu wenig Gelder für eine tiefergehende Erforschung zu diesem Thema gäbe.

> „*Es gibt viel zu wenig Gelder dafür. Man könnte noch viel mehr Sachen machen*" (B1, Z. 694f.).

> „*Wie wird das erforscht und mit welchen Geldern? Was gibt es da? Da gibt es kaum was, worüber ich Bescheid weiß.*" (B2, Z. 276ff.)

Dementsprechend lässt sich ein Zusammenhang zwischen der politischen und wissenschaftlichen Auseinandersetzung mit dem Thema der häuslichen Gewalt in Paarbeziehungen, die von Frauen ausgeht, erkennen. Der deutsche Staat scheint dafür im Moment zu wenig Fördermittel bereitzustellen. Neben der These über ungenügende finanzielle Ressourcen in der Wissenschaft lassen sich in den Aussagen auch die wahrgenommenen Folgen erkennen: Nämlich, dass aus diesem Grund zu wenige Untersuchungen existieren, die sich mit dem Phänomen der häuslichen Gewalt von Frauen in (Ex-)Intimpartnerschaften beschäftigen. Demzufolge scheinen nicht nur Sozialarbeitende durch eine ungenügende Finanzierung in ihrer Arbeit gehemmt zu sein, sondern auch in der Forschung ist offenbar eine schlechte finanzielle Förderung vorzufinden, die adäquate, repräsentative Untersuchungen größtenteils verhindern.

Auch Expert*in D war im Interview dieser Meinung.:

> *„Ich glaube, es fehlt noch an Forschung, aber das ist generell ja schwierig in der Kriminalitätsforschung. Dunkelfeldforschung ist kompliziert und da fehlt es nach wie vor an wirklich guten empirischen Erkenntnissen."* (B3, Z. 271ff.)

Dennoch nahm sie*er auch wahr, dass es immer mehr wissenschaftliche Untersuchungen auf dem Feld der häuslichen Gewalt von Frauen gäbe (vgl. B3, Z. 267).

Interviewte*r B hatte außerdem die Erfahrung gemacht, dass in der wissenschaftlichen Literatur eher Extremfälle behandelt werden würden:

> *„Ich gucke zwar immer nach Literatur aber da werden eher extreme Fälle über fast schon psychopathische Frauen beschrieben. Aber zu diesen Frauen, die zu mir in die Beratung kommen, finde ich wenig Literatur. [...] Diese Frauen, diese Schicht, die zu mir kommt, diese Mittelschicht, da lese ich wenig dazu über diese Forschung."* (B2, Z. 262ff.)

Ähnliches stellte Interviewpartner*in F fest. Mehrmals stellte er*sie im Interview die Frage in den Raum, wenn sie*er über persönliche Erfahrungen in der Arbeit mit ihren Klientinnen berichtete, ob sich die Realität bei ihr in der Beratungsstelle abbilde.

> *„[...] Und da ist eben immer die Frage, woran es liegt. Bildet das das Phänomen ab, was wir hier vorfinden? Das weiß ich eben nicht"* (B4, Z. 377ff.).

> *„[...] Und wie immer bleibt die Frage: ‚Bildet sich hier das Feld ab?' Kann sein, kann nicht sein"* (B4, Z. 435f.).

Des Weiteren sagte F:

> *„Bei den Frauen ist das noch ein größeres Dunkelfeld. Das ist ein relativ, also nicht zahlenmäßiges, ein relativ größeres Dunkelfeld. [...] Da ist noch nichts institutionalisiert, also gibt es noch mehr Töpfe aufzumachen und da kommt was raus, weil sie vorher nicht gelüpft worden sind. Das sage ich aber ganz deutlich: Nicht im quantitativen Sinne, sondern das ist jetzt erstmal ein qualitatives Thema."* (B4, Z. 264ff.)

Mit dieser Aussage schien Expert*in F deutlich machen zu wollen, dass nicht nur über die Häufigkeit von häuslicher Gewalt von Frauen wenig bekannt ist, sondern auch über andere Umstände, die die Frauen betreffen, wie z.B. Bedingungsfaktoren und Formen der häuslichen Gewalt.

In Kapitel 3 wurde das Thema der wissenschaftlichen Auseinandersetzung mit dem Phänomen der häuslichen Gewalt von Frauen in (Ex-)Intimpartnerschaften umfangreich in den Blick genommen. Nach der literaturbasierten Beschäftigung mit dem Thema sowie der Betrachtung von Untersuchungen, die u.a. dieses Phänomen in unterschiedlichen Ausmaßen und Ebenen behandeln, konnte geschlussfolgert werden, dass es sich hierbei um ein äußerst unerforschtes Gebiet handelt. Des Weiteren können die wenigen existierenden Untersuchungen aufgrund diverser Faktoren, die ebenfalls in Kapitel 3 behandelt wurden, kaum miteinander verglichen werden. Die Interviewpartner*innen bestätigen in ihren Aussagen diese Thesen. Häusliche Gewalt von Frauen in Paarbeziehungen scheint ein relativ unerforschtes Dunkelfeld zu repräsentieren. Es ist weder bekannt, wie häufig dieses Phänomen in der Gesellschaft auftritt, in welchem Ausmaß und in welchen Kontexten die Gewalt stattfindet oder aus welchen Gründen es dazu kommt.

Neben der Bemängelung ausreichender, umfangreicher Forschung auf dem Gebiet der häuslichen Gewalt von Frauen in intimen Paarbeziehungen, äußerte Berater*in F auch Kritik über vorhandene Untersuchungen:

> *„Die Robert Koch Studie, diese angebliche Studie. Es ging um gesundheitliche Risiken von Menschen in Deutschland und da hat die Robert Koch Stiftung zum ersten Mal eben auch das Thema Gewalt mit beleuchtet. […] Frau Schröttle zum Beispiel, die hat, finde ich richtig gute Kriterien aufgestellt, wie man das befragen kann. Und das heißt für mich, es wird über den Umfang, über die Häufigkeit abgefragt, die Intensität, die Verletzungsfolgen und die Folgen für mein Leben werden abgefragt, sowie der Bedrohlichkeitsgrad. Das halte ich für relevant, um die Psychodynamik in einer Paarbeziehung abzubilden. Und in der Studie der Robert Koch Stiftung wurde z.B. einfach gefragt: ‚Haben Sie in den letzten zwei Jahren durch Ihre Partnerin*

> *oder Ihren Partner psychische Gewalt erlebt?‘ Und da haben natürlich alle ihre Kreuzchen gemacht.“* (B4, Z. 643ff.)[49]

Demzufolge ist auch Vorsicht beim Betrachten bestehender Untersuchungen geboten. Wie ebenfalls in Kapitel 3 thematisiert, sind auf dem Gebiet der Wissenschaft unterschiedliche Meinungen über die Repräsentativität bestimmter Studien und Statistiken vorzufinden.

Neben diesen konkret auf die aktuelle Forschung bezogenen Äußerungen, kann dem Datenmaterial an mehreren Stellen der eher allgemein formulierte Wunsch entnommen werden, dass Frauen, die häusliche Gewalt in ihrer (Ex-)Intimpartnerschaft verübten, insgesamt aus dem Dunkelfeld ins Hellfeld geholt werden.

> *„Und jetzt, müssen langsam die Täterinnen aus dem Dunkeln herausgeholt werden“* (B5, Z. 487f.).

> *„Ja ich sehe einen Verbesserungsbedarf darin, dass man das Phänomen erstmal anerkennen muss“* (B2, Z. 344f.).

> *„Wir müssen aufhören in den Kategorien Männergewalt gegen Frauen oder Frauengewalt gegen Männer, zu denken. Wir müssen anfangen, Gewalt als Menschenrechtsverletzung zu sehen und wir müssen uns das Phänomen angucken.“* (B4, Z. 604ff.)

Neben kritischen Äußerungen und eher allgemein formulierte Wünsche der Expert*innen bzgl. der Erforschung des Phänomens der häuslichen Gewalt von Frauen in (Ex-)Intimpartnerschaften, lassen sich dem Datenmaterial auch konkrete Ideen und Vorschläge entnehmen, wie eine adäquate wissenschaftliche Auseinandersetzung mit der Thematik aussehen könnte.

Expert*in E stellte einen historischen Wandel bzgl. der Rollenverteilungen von Männern und Frauen fest. Er*Sie forderte, dass dies in der Forschung berücksichtigt und dementsprechend anders an die Untersuchungen herangegangen werden solle:

---

49 Zur Vertiefung vgl. z.B.: Schröttle, Monika (2013): Die Studienergebnisse des Robert-Koch-Instituts zu Gewalt gegen Frauen und Männer: Ein Lehrstück für die Notwendigkeit einer methodisch versierten Erfassung, Auswertung und Interpretation geschlechtervergleichender Daten im Rahmen einer geschlechtersensiblen Gewalt- und Gesundheitsforschung. Online verfügbar unter https://www.rki.de/DE/Content/Gesundheitsmonitoring/Studien/Degs/degs_w1/Basispublikation/Stellungnahme_Schroettle.pdf?__blob=publicationFile, zuletzt geprüft am 27.11.2019.

> *„Ich glaube, was ich so von den Forschungen weiß, dass psychische Gewalt sicherlich von Beiden angewandt wird, aber, dass es eher die Domäne der Frau ist, als die des Mannes. Und das ist aber dann auch wieder die Gewalt, die nicht so klar ablesbar ist an Statistiken, weil sie keine blauen Flecke verursacht, sondern Ängste und psychische Probleme. Und ich glaube, dass man dadurch diese Gewaltfrage auch anders angucken muss, wenn zum Beispiel mehr psychische oder ökonomische Gewalt im Spiel ist. Früher war es was Typisches, was Männer als Domäne hatten, weil sie hatten die Arbeit und die Frau hing mit dran und jetzt muss man gucken, ob und wie sich das aufgelöst haben kann.“* (B5, Z. 530ff.)

Auch die Beachtung und Erfassung des Kontextes häuslicher Gewalt in wissenschaftlichen Untersuchungen wurde für wichtig gehalten. Auf die Frage, welche weiteren Probleme ihre*seine Klientinnen beschäftigen, antwortete Berater*in D:

> *„Auch hier ist es schwierig zu sagen, was typisch ist. Was ich schon mitgekriegt habe, ist, dass in solchen Familien häufig viele Problemlagen vorhanden sind. Finanzielle Schwierigkeiten, Suchtproblematik oder auch Überforderung mit der Kindererziehung ist ein häufiges Thema, welches die Frauen beschäftigt. Ich kann das aber nicht verallgemeinern. Da bräuchte man eine wissenschaftliche Studie dazu.“* (B3, Z. 340ff.)

Expert*in F sagte dazu außerdem:

> *„Schwangerschaft ist auch eine klassische Situation zum Einstieg von Gewalt. Also es ist schon ein Unterschied, ob eine Frau einem Mann eine Ohrfeige gibt, was ich auch absolut als Gewalt empfinde, oder ob ich einer Schwangeren in den Bauch trete oder irgend woandershin. Und das muss in einer Studie auch mit erhoben werden. […] Ich muss in der Studie miterfassen, aus was für einer Position jemand sagt: ‚Ich werde hier genötigt‘, oder: ‚Ich erlebe psychische Gewalt‘. Der gesamte Kontext muss erfasst werden, sonst hat man in den Studien auch die mit drin, die unbedacht einfach ihre Kreuzchen machen.“* (B4, Z. 667ff.)

Die Person F sah in der Robert-Koch-Studie aber auch Potential:

> *„Das ist ja auch etwas, was natürlich immer weiterentwickelt werden sollte. Jetzt haben wir schon erste Erfahrungen mit einer differenzierten Befragung gemacht und das sollte weitergemacht werden. […] Es kann nicht sein, dass häusliche Gewalt von Täterinnen bisher nicht adäquat erfasst ist. Ich würde es erstmal probieren, anhand dieser Kriterien. Eigentlich waren das in der Robert-Koch-Studie genau die richtigen Fragen. Es sollte weiter geforscht werden.“* (B4, Z. 685ff.)

Zuletzt sei in dieser Kategorie der wissenschaftlichen Auseinandersetzung auf den Wunsch nach Standards für die Beratungsarbeit mit Frauen, die häusliche Gewalt verübten, verwiesen. Die Berater*innen A und E arbeiten bereits mit den Standards der BAG TäHG für Männer. Sie sahen beide die Notwendigkeit, dass erforscht wird, ob es andere, spezielle Standards für Frauen geben sollte, oder, ob die bereits vorhandenen geschlechtsneutral formuliert werden sollten, um eine Basis für die Arbeit mit beiden Geschlechtsgruppen zu haben.

> „*Das sind Aufgaben für die Zukunft. Man muss rausbekommen, wie Standards für die Täterinnenarbeit aussehen können und wie viel wir von den Standards für Täterarbeit übernehmen können. Man muss wirklich sehr genau hingucken. Was ist der Unterschied und wie können wir passend arbeiten.*" (B4, Z. 1144ff.)

> „*Also entweder, man denkt es einfach nochmal neu oder Frau denkt es nochmal neu, um zu gucken, ob es was anderes bräuchte oder man guckt sich das Vorhandene an und guckt, was übertragbar ist und wo man an Grenzen stößt und was dann verändert werden muss*" (B5, Z. 480ff.).

In der Zusammenfassung bedeutet dies, dass in zukünftigen Untersuchungen bzgl. häuslicher Gewalt von Frauen in Intimpartnerschaften, Ausmaß, Kontext und Formen der Gewaltausübung umfangreich und detailliert erfragt werden müssen, um einen verbesserten Einblick in diese Problematik zu bekommen und letztendlich adäquate Richtlinien in der Arbeit mit häuslich gewalttätigen Frauen zu bilden. Als Ausgangsbasis kann die Robert-Koch-Studie dienen, diese gilt es aber unbedingt zu verbessern.

Den Interviews kann aber auch entnommen werden, dass momentan positive Veränderungen in der Forschung festgestellt werden können. Beispielsweise merkte Expert*in E an, dass es bereits eine Forschungsgruppe gäbe, die an der Entwicklung eines Standards für die Täterinnenarbeit arbeite (vgl. B5, Z. 468f.). Wie schon erwähnt, gehört auch Person A dieser Gruppe an (vgl. B1, Z. 384ff.). A wies auch darauf hin, dass es schon einige gute und differenzierte Studien gäbe. In diesem

Zusammenhang erwähnte er*sie die Studie von Monika Schröttle zur Lebenssituation von Frauen mit Behinderung in Deutschland.[50]

Interviewpartner*in E sagte außerdem:

> *„Das ist so ein geschichtlicher Verlauf. Vor zwanzig Jahren konnte man sich noch nicht mal als Opfer irgendwo melden und sagen, dass man betroffen ist. Das funktioniert inzwischen und es gibt da einen großen Zulauf würde ich sagen und jetzt müssen eben die Täterinnen aus dem Dunkeln herausgeholt werden. Und da sind wir gerade dabei."* (B5, Z. 485ff.)

Bezüglich der Frage nach der Bewertung der Forschung über häusliche Gewalt von Frauen in Paarbeziehungen lässt sich nach diesen Ausführungen zusammenfassen, dass einerseits in der Quantität und Qualität der Untersuchungen enormer Verbesserungsbedarf gesehen wird, andererseits aber auch teilweise bemerkt wird, dass dahingehend im Moment positive Ansätze und Entwicklungen zu verzeichnen sind. Die Aussagen und Meinungen der Expert*innen überschneiden sich dementsprechend mit den Erkenntnissen aus der literaturbasierten Auseinandersetzung mit dem Thema der wissenschaftlichen Untersuchungen zu häuslicher Gewalt von Frauen in (Ex-)Intimpartnerschaften, die dem dritten Kapitel zu entnehmen sind, sowie den Vorannahmen, die diesbezüglich formuliert wurden. Allerdings war die schon laufende Entwicklung eines Standards für Täterinnenarbeit bis zur Datenerhebung noch nicht bekannt. Ob und inwiefern sich dieser zum aktuellen Standard der BAG TäHG für Täterarbeit unterscheidet, bleibt abzuwarten.

---

50 Für eine vertiefende Auseinandersetzung vgl.: Schröttle, Monika; Hornberg, Claudia et al. (2013): Lebenssituation und Belastungen von Frauen mit Behinderungen und Beeinträchtigungen in Deutschland. Ergebnisse der quantitativen Befragung Endbericht. Hg. v. Bundesministerium für Familie, Senioren, Frauen und Jugend, Referat für Öffentlichkeitsarbeit. Bielefeld, Frankfurt, Köln, München. Online verfügbar unter https://www.bmfsfj.de/blob/94206/1d3b0c4c545bfb04e28c1378141db65a/lebenssituation-und-belastungen-von-frauen-mit-behinderungen-langfassung-ergebnisse-der-quantitativen-befragung-data.pdf, zuletzt geprüft am 01.12.2019.

12.6 Schlussfolgerungen und Handlungsempfehlungen

Nach der Analyse und des Vergleichs des Datenmaterials zu den Themenbereichen ‚Angebot', ‚Vernetzung und Zusammenarbeit', ‚öffentlicher und gesellschaftlicher Umgang', ‚Politik' und ‚wissenschaftliche' Auseinandersetzung bzgl. des Phänomens der häuslichen Gewalt von Frauen in (Ex-)Intimpartnerschaften kann insgesamt festgestellt werden, dass der Dreh- und Angelpunkt für eine verbesserte Arbeit mit genannter Zielgruppe in sämtlichen Bereichen die finanzielle Grundlage darstellt. Bei den Expert*innen lässt sich eine hohe Motivation wahrnehmen, das direkte Beratungs- und Trainingsangebot für Frauen, die häusliche Gewalt in ihrer Beziehung ausgeübt haben, auszubauen, sowie auch die Vernetzungs- und Zusammenarbeit mit weiteren beteiligten Institutionen wie bspw. Opferberatungsstellen, Polizei und Jugendamt. Des Weiteren ist der quantitative und qualitative Ausbau der Öffentlichkeitsarbeit der bestehenden Einrichtungen erwünscht, um eine größere Zielgruppe zu erreichen. Als präventive Maßnahmen werden Aufklärungsarbeit über das Phänomen der häuslichen Gewalt in sämtlichen Institutionen, sowie die Sensibilisierung für das Denken in Geschlechterrollen, um letztendlich dessen Aufhebung zu erreichen, als unbedingt notwendig erachtet. Im Vergleich zu Teil I der vorliegenden Thesis, der sich der literaturbasierten und theoretischen Auseinandersetzung mit dem Phänomen der häuslichen Gewalt im Allgemeinen und der häuslichen Gewalt in Paarbeziehungen, die von Frauen ausgeht im Speziellen gewidmet hat, lässt sich feststellen, dass die Meinungen, Interpretationen und Erfahrungen der Interviewpartner*innen mit den herausgearbeiteten Vorannahmen vornehmlich übereinstimmen. Diese Annahmen wurden jedoch eher durch einen Blick von außen auf der Makroebene getätigt. Die Interviewpartner*innen konnten aufgrund ihrer größtenteils jahrelangen Erfahrungen in der Arbeit mit Täterinnen häuslicher Gewalt konkretere und detailliertere Vorschläge liefern, wo wie gehandelt werden muss, um die Arbeit mit der genannten Zielgruppe zu verbessern und zu stärken. Auch die Interviewpartnerinnen aus dem Gruppengespräch formulierten zahlreiche spezifische Handlungsideen. Die auf der theoretischen Beschäftigung basierenden Vermutungen wurden hingegen eher allgemein und unspezifisch formuliert. Insgesamt lässt sich bei den Expert*innen auch ein gewisser Optimismus wahrnehmen. Insbesondere in Sachsen scheinen sich im Moment viele positive Entwicklungen hinsichtlich der Arbeit mit Frauen, die in (Ex-)Intimpartnerschaften häusliche Gewalt verübten, zu ergeben. Beispielsweise lässt sich vermuten, dass in diesem Bundesland mit insgesamt drei Täter*innenberatungsstellen, die ihr Angebot (auch) an Frauen richten, komplementär zur Einwohnerzahl, in der Quantität die anderen Bundesländer übersteigen. Des Weiteren kann eine gut ausgebaute Vernetzungsarbeit festgestellt werden. Ein ähnliches Modell lässt sich zwar ebenfalls in Stuttgart vorfinden, doch hier ist es auf die Stadt und deren Einzugskreis begrenzt. In Sachsen scheint die Vernetzung überregional ausgebaut zu sein. Zudem lässt sich in diesem Bundesland anhand von benannten Arbeitsgruppen und Gremien eine außerordentliche Motivation hinsichtlich Weiterentwicklungen und Verbesserungen der Erforschung des Phänomens von Frauen als Täterinnen häuslicher Gewalt feststellen. Diese positiv zu bewertenden Aspekte waren vor den Interviews nicht bekannt.

In allen Einrichtungen, die ein Angebot für Frauen offerieren, die häusliche Gewalt verübten, konnte eine hohe Qualität festgestellt werden. Dies lässt sich z.B. anhand von Aussagen über niedrige Abbruchquoten wie auch Zunahmen von Anfragen erkennen. In der Zukunft sollten diese Angebote in der gesamten Bundesrepublik ausgebaut werden. Als primärer Lösungsansatz wird anhand des ausgewerteten Datenmaterials eine größere politische Aufmerksamkeit gesehen. Mit der Ratifizierung der Istanbul-Konvention kann ein bedeutsamer Schritt im Kampf gegen häusliche Gewalt verzeichnet werden. Nun gilt es, die Forderungen aus der Konvention homogen umzusetzen. Hinsichtlich der Täter*innenarbeit bedeutet dies, den quantitativen Ausbau von Angeboten bzw. die Vergrößerung bestehender Angebote durch die Bewilligung weiterer Stellen.

Im Folgenden werden alle konkreten Handlungsleitlinien bzw. Verbesserungsvorschläge für die Praxis, die Gesellschaft, die Politik und die Forschung, die aus dem ausgewerteten Datenmaterial abgeleitet werden können, stichpunktartig zusammengefasst.

Angebote:

- Quantitativer Ausbau der Beratungs- und Trainingsangebote für Täterinnen häuslicher Gewalt
- Quantitativer Ausbau der Gruppenangebote
- Ausbau der Werbung/ Öffentlichkeitsarbeit bestehender Angebote
- Auf- und Ausbau der Paarberatung
- Ausbau des genderspezifischen Angebots von Frauen für Frauen
- Auf- und Ausbau niedrigschwelliger Angebote für einen leichteren Zugang
- Schaffung und Implementierung von Standards für die Arbeit mit Frauen, die häusliche Gewalt in Intimpartnerschaften verübt haben
- Qualifikation der Beratenden als wichtige Voraussetzung für eine adäquate Arbeit mit Täterinnen häuslicher Gewalt
- Zwangskontext teilweise als sinnvoller Einstieg in die Täterinnenarbeit
- Aufbau von Gruppenangeboten für Paare
- Proaktive Kontaktaufnahme zu Frauen, die häusliche Gewalt in ihrer Intimpartnerschaft verübt haben
- Einrichtung eines Zentraltelefons für alle Beteiligte von häuslicher Gewalt
- Ausbau des phänomenspezifischen Angebots unabhängig von Geschlecht
- Raum für genderspezifische Themen in Beratung und Training
- Auf- und Ausbau von Interventionszentren, die weniger auf Basis von Täter-Opfer-Typologisierungen handeln, sondern gemeinsam mit den Paaren an der Gewaltdynamik arbeiten
- Ausbau eigenständiger Fachstellen für die Arbeit mit Frauen, die häusliche Gewalt in Intimpartnerschaften verübt haben
- Verbesserte Möglichkeiten der Kontaktaufnahme zu den Opfern
- Abbau von Vorstellungen über Geschlechterrollen bei den Beratenden

Vernetzung und Zusammenarbeit:

- Allgemeiner Ausbau der Vernetzung und Zusammenarbeit mit allen anderen sozialen Einrichtungen, die mit beteiligten Personen von häuslicher Gewalt in Intimpartnerschaften zu tun haben

- Ausbau und Intensivierung der Vernetzung und Zusammenarbeit mit Opferberatungsstellen
- Ausbau und Intensivierung der Vernetzung und Zusammenarbeit mit psychiatrischen Einrichtungen
- Ausbau und Intensivierung der Vernetzung und Zusammenarbeit mit Suchtberatungsstellen
- Ausbau und Intensivierung der Vernetzung und Zusammenarbeit mit der Polizei
- Auf- und Ausbau von Schulungsmaßnahmen für sämtliche Fachstellen
- Einbindung in bestehende Interventionskonzepte
- Auf- und Ausbau von Runden Tischen mit Angehörigen von fachnahen und fachübergreifenden Institutionen
- Verbesserung der Kommunikation mit fachübergreifenden Institutionen

Öffentlicher und gesellschaftlicher Umgang:

- Gesamtgesellschaftliche Aufklärung über das Phänomen der häuslichen Gewalt von Frauen in Intimpartnerschaften
- Aufklärung in Einrichtungen für Kinder wie Grippe, Kindergarten oder Schule über häusliche Gewalt insgesamt und im Speziellen von Frauen in Intimpartnerschaften
- Aufklärung von Ärzt*innen über häusliche Gewalt von Frauen in Intimpartnerschaften
- Aufklärung von Lehrer*innen und Erzieher*innen über häusliche Gewalt insgesamt und im Speziellen von Frauen in Intimpartnerschaften
- Präventionsarbeit in Schulen in Form von Selbstfindung und Selbstidentifikation
- Allgemeine Präventionsprojekte zum Thema der häuslichen Gewalt von Frauen in Intimpartnerschaften
- Gesamtgesellschaftliche Aufklärung über vorhandene Vorstellungen über Rollenstereotype und die Problematik die dieses Denken und Handeln mit sich bringt

Politik:

- (Verbesserte) Bereitstellung finanzieller und/ oder personeller Ressourcen
- Adäquate Umsetzung der Istanbul-Konvention
- (Verbesserte) politische Maßnahmen in Bezug auf das Thema der häuslichen Gewalt von Frauen in Intimpartnerschaften
- (Verbesserte) Wahrnehmung häuslicher Gewalt von Frauen in Intimpartnerschaften
- (Verbesserte) Finanzierung der Forschung zum Thema häusliche Gewalt von Frauen in Intimpartnerschaften
- Veränderung der Istanbul-Konvention hinsichtlich ihrer einseitigen Fokussierung auf weibliche Opfer von Gewalt
- Bundesweiter homogener politischer Umgang mit dem Phänomen der häuslichen Gewalt von Frauen in (Ex-)Intimpartnerschaften
- Finanzierung und Initiierung von Präventionsmaßnahmen zum Thema häusliche Gewalt im Allgemeinen und im Speziellen von Frauen in intimen Paarbeziehungen

Wissenschaftliche Auseinandersetzung:

- Sichtbarmachung des Phänomens der häuslichen Gewalt von Frauen in Intimpartnerschaften
- Konkretes Abfragen der Formen und Folgen häuslicher Gewalt von Frauen in Intimpartnerschaften in empirischen Untersuchungen
- Konkretes Abfragen des Kontextes, in dem häusliche Gewalt von Frauen in Intimpartnerschaften stattgefunden hat in empirischen Untersuchungen
- Allgemeiner Ausbau der Forschung zum Thema der häuslichen Gewalt von Frauen in Intimpartnerschaften
- Entwicklung von Standards für Frauen, die häusliche Gewalt in Intimpartnerschaften verübt haben oder Prüfung der Standards für Männer zur Übernahme
- Erforschung einer angemessenen Hilfestellung für Täter*innen und Opfer häuslicher Gewalt

13. Evaluation

Die Anwendung bzw. Einhaltung von Gütekriterien trägt in der Sozialforschung maßgeblich zur Qualitätssicherung und zur wissenschaftlichen Nutzbarkeit bei (vgl. Misoch 2015, S. 231). Sie dienen dazu, die Angemessenheit der Datenerhebung und die Gültigkeit der Ergebnisse zu überprüfen (vgl. Steinke 2017, S. 319). In der quantitativen Forschung haben sich die Gütekriterien Objektivität, Reliabilität und Validität herausgebildet, die sich einander bedingen (vgl. Misoch 2015, S. 231). Bei qualitativen Untersuchungen ist es allerdings umstritten, wie deren Qualität überhaupt gemessen werden kann und inwieweit diese drei ‚klassischen' Kriterien aus der quantitativen Forschung übertragen werden können. Steinke stellt dahingehend drei Grundpositionen fest. Vertreter*innen der ersten Position gehen davon aus, dass die Gütekriterien aus der quantitativen Forschung in modifizierter Form auch in der qualitativen Forschung angewendet werden können. Vertreter*innen der zweiten Position zweifeln diese modifizierte Übertragbarkeit an und schlagen neue Kriterien vor. Vertreter*innen der dritten Grundposition halten die Formulierung von Qualitätskriterien grundsätzlich für unmöglich, z.B. mit der Begründung, dass unter der Prämisse einer sozial konstruierten Welt keine Standards für die Bewertung von Methoden zur Erkenntnisgewinnung gelten können. (vgl. Steinke 2017, S. 319ff.) Aufgrund dieser Uneinigkeit über Geltung und Anwendung von Gütekriterien in der qualitativen Sozialforschung, existiert bislang kein einheitlicher Kriterienkatalog, der in der qualitativen Forschung allgemein anerkannt wird und einheitlich angewendet werden müsste. Stattdessen konkurrieren verschiedene Kataloge an Gütekriterien. (vgl. Misoch 2015, S. 245) Für die vorliegende Untersuchung erfolgte insbesondere an Misoch (2015) und Steinke (2017) eine Orientierung, die Gütekriterien zusammenfassten, die sich in der wissenschaftlichen Diskussion als besonders wichtig erwiesen haben (vgl. Misoch 2015, S. 245). Im Folgenden werden alle Gütekriterien, die in der vorliegenden Forschung angewendet wurden, in theoretischer Hinsicht vorgestellt und begründet, inwiefern deren Umsetzung als gelungen zu bewerten ist.

Unter Objektivität in der quantitativen Forschung wird verstanden, dass die Messergebnisse von der forschenden Person nicht beeinflusst werden. Dies ist in der qualitativen Forschung nur bedingt möglich, da die*der Interviewende selbst das Forschungsinstrument darstellt und die befragte Person durch sein*ihr eigenes Verhalten bzw. die eigene Persönlichkeit beeinflussen kann. Dementsprechende an die qualitative Sozialforschung angepasste Gütekriterien, die in der vorliegenden Forschung angewendet wurden, sind Neutralität, intersubjektive Nachvollziehbarkeit, Regelgeleitetheit, Verfahrensdokumentation und kontrollierte Subjektivität. (vgl. Misoch 2015, S. 233f.)

Neutralität bedeutet in diesem Fall, dass während der Erhebung und insbesondere bei der Auswertung der Daten darauf geachtet wurde, sich von der eigenen Persönlichkeit möglichst unbeeinflusst zu verhalten, um neutrale, weitestgehend objektive Ergebnisse zu erhalten (vgl. Misoch 2015, S. 234).

Unter kontrollierter Subjektivität ist zu verstehen, dass die*der Interviewer*in den unvermeidbaren Einfluss ihrer*seiner Subjektivität angemessen reflektiert und kontrolliert damit umgeht. Dies kann bspw. bedeuten, dass man einen sogenannten member check vornimmt. (vgl. ebd., S. 233ff.) Dabei handelt es sich um eine neu entwickelte Strategie für die qualitative Forschung, weshalb es teilweise auch unter das Kriterium der sogenannten ‚kommunikativen Validierung' (s.u.) gefasst wird (vgl. Steinke 2017, S. 320). Der member check wurde innerhalb der vorliegenden Untersuchung einmal durchgeführt. Da das bereits erwähnte Gespräch mit den vier Frauen, die häuslich gewalttätig geworden sind, nicht aufgezeichnet werden durfte, erfolgte im Nachhinein eine Verschriftlichung der Inhalte, die auf Notizen und persönlichen Erinnerungen basierte. Um sicherzugehen, dass keine verfälschte Wiedergabe der Aussagen erfolgte und alle Beiträge verschriftlicht wurden, erfolgte eine Zusendung des Dokuments an Interviewpartner*in B, mit der Bitte, dass er*sie, die*der Kolleg*in, sowie die vier Frauen dieses gegenlesen würden und ggf. Verbesserungswünsche mitteilten. Es wurden keine Anregungen zur Verbesserung zurückgeschickt. Neben diesem member check wurden keine weiteren Instrumente für die Sicherung der kontrollierten Subjektivität angewendet. Sowohl während der Durchführung der Interviews als auch während des Auswertungsprozesses wurde jedoch die eigene Subjektivität regelmäßig vor Augen geführt und versucht, sie in den Hintergrund treten zu lassen, um Vorurteile zu vermeiden.

Auch intersubjektive Nachvollziehbarkeit wird für ein entscheidendes Kriterium in der qualitativen Forschung, die intensiv von Subjektivität geprägt ist, gehalten. Nicht nur individuelle Meinungen und Erfahrungen von Subjekten werden erhoben, sondern auch das Erhebungs- und Auswertungsinstrument in Form der forschenden Person selbst, stellt ein Subjekt mit einer individuellen Persönlichkeit dar, die teilweise Einfluss auf die Forschung haben kann. Aus diesem Grund ist es von zentraler Bedeutung, dass die*der Forschende jede einzelne Entscheidung und jede Handlung ständig protokolliert und transparent festhält. Der gesamte Forschungsprozess wird somit für nichtbeteiligte Personen verständlich und überprüfbar gemacht. Eine Strategie hierfür kann die Verfahrensdokumentation sein. Unter diesem Prinzip wird eine vollständige Dokumentation des gesamten Vorgehens im Forschungsprozess verstanden. (vgl. Misoch 2015, S. 242f.) Darunter ist die Dokumentation des Vorverständnisses der forschenden Person, der Erhebungsmethoden, der Transkriptionsregeln, der erhobenen Daten, der Auswertungsmethoden, der einzelnen Entscheidungen, auftauchender Probleme und der Informationsquellen zu fassen (vgl. Steinke 2017, S. 324f.). Dieses Gütekriterium kann anhand der detaillierten Beschreibung und Begründung aller für die vorliegende Forschung durchgeführter Handlungsschritte und Entscheidungen als erfüllt bewertet werden.

Das Prinzip der Regelgeleitetheit, welches ebenfalls der Erfüllung der intersubjektiven Nachvollziehbarkeit dient, schreibt vor, dass der gesamte Ablauf des Forschungsprozesses nach einem vorgegebenen, aufeinander aufbauenden Regelsystem erfolgen sollte (vgl. Misoch 2015, S. 243). Auch wenn in der qualitativen Forschung kaum standardisierte Verfahren möglich sind, sollte jeder Schritt erklärt und begründet werden (vgl. Steinke 2017, S. 326). Ebenso sollte ein Vorgehen, wenn es von den Regeln abweicht, transparent gemacht und nachvollziehbar begründet und dementsprechend dokumentiert werden (vgl. Misoch 2015, S. 243f.). Dieses Prinzip der Regelgeleitetheit kann ebenfalls als umgesetzt bewertet werden. Der gesamte Forschungsprozess basiert auf theoretischen Vorschreibungen, die befolgt wurden. Alle im Forschungsprozess vorgenommenen Handlungen wurden dokumentiert und mit wissenschaftlichen Erläuterungen fundiert.

Ein weiteres Gütekriterium in der qualitativen Sozialforschung, welches dem der Objektivität zugeordnet werden kann, ist die reflexive Subjektivität. Wie bereits erwähnt, spielt die forschende Person selbst im gesamten Forschungsprozess eine einflussreiche Rolle. Dies muss reflektiert werden. (vgl. Misoch 2015, S. 244) Steinke (2017) schlägt dafür bspw. vor, sich selbst während des gesamten Forschungsprozesses zu beobachten, um ggf. Ängste oder Vorurteile festzustellen. Ein weiterer Aspekt, der nach Steinke im Zusammenhang der reflektierten Subjektivität berücksichtigt werden sollte, ist die Reflexion der eigenen Voraussetzungen für die Untersuchung der Forschungsfrage. Zudem schlägt sie vor, den Feldeinstieg zu reflektieren. Irritationen und Schwierigkeiten können Hinweise auf Besonderheiten des Untersuchungsfeldes liefern. Letztendlich sollte auch die Vertrauensbeziehung zwischen Forscher*in und Befragter*m hinterfragt und ggf. reflektiert werden (vgl. Steinke 2017, S. 331). Der gesamte Forschungsprozess wurde hinsichtlich der genannten Aspekte fortwährend in schriftlicher Form reflektiert. Dementsprechend kann auch das Gütekriterium der reflexiven Subjektivität als adäquat umgesetzt bewertet werden.

Reliabilität als zweites wichtiges Gütekriterium in der quantitativen Forschung bedeutet, dass eine Messung am gleichen Objekt mit den gleichen Messinstrumenten immer zu einem gleichen Ergebnis führen sollte. In der qualitativen Forschung können keine identischen Interviews geführt werden, weshalb der Fokus weniger auf Replizierbarkeit liegt, sondern mehr auf Verlässlichkeit und Zuverlässigkeit. Das Gütekriterium der Reliabilität wird daher insbesondere durch konstante Transparenz im gesamten Erhebungsprozess erreicht. Die prozedurale Reliabilität kann hierfür in der qualitativen Sozialforschung als angepasstes Gütekriterium dienen. Prozedurale Reliabilität meint die transparente Protokollierung sämtlicher Entwicklungsschritte während des gesamten Forschungsprozesses. Als Methode kann hierfür bspw. die Verfahrensdokumentation angewendet werden. (vgl. Misoch 2015, S. 236) Diese wurde bereits im Zusammenhang der intersubjektiven Nachvollziehbarkeit erklärt und wird als angemessen angewendet beurteilt.

Das dritte zentrale Gütekriterium in der quantitativen Forschung wird als Validität oder auch als Glaubwürdigkeit oder Gültigkeit bezeichnet. Auch dieses Kriterium ist in seiner ursprünglichen Bedeutung in der qualitativen Forschung nicht exakt realisierbar, weshalb dort andere Instrumente entwickelt wurden, um Gültigkeit bzw. Glaubwürdigkeit und Übertragbarkeit zu erreichen. Es kann zwischen interner Validierung, wobei die Messwerte der abhängigen Variable auf die Messwerte der unabhängigen Variable zurückgeführt werden können und externer Validierung, welche die Möglichkeit der Generalisierung der Messergebnisse meint, unterschieden werden. (vgl. Misoch 2015, S. 237)

Für die interne Validierung kann bspw. die kommunikative Validierung in Form des member checks durchgeführt werden (vgl. ebd., S. 239f.). Dieser wurde bereits im Zusammenhang mit der kontrollierten Subjektivität erläutert.

Ein weiteres Kriterium für die qualitative Sozialforschung, welches der internen Validierung zugeordnet werden kann, ist die Authentizität. Darunter ist zu verstehen, dass das Setting für die befragte Person möglichst natürlich sein soll, wodurch die Möglichkeit einer authentischen Alltagskommunikation geschaffen wird, in der die befragte Person in ihrem eigenen Sprachstil sprechen kann. (vgl. ebd., S. 240f.) Auch dieses Kriterium kann in der vorliegenden Forschung als erfüllt betrachtet werden, da die Interviewpartner*innen in ihren Arbeitssettings aufgesucht wurden. Diese für die Expert*innen gewohnten Umgebungen kann bei ihnen auch zu einem selbstsicheren Gefühl geführt haben. Zusätzlich wurde ihnen vor den Interviews versichert, dass sie nichts Falsches sagen können. Sie sollten einfach alles erzählen, was ihnen bei den gestellten Fragen in den Kopf käme. Auch das eigene wertschätzende und respektvolle Verhalten den Interviewpartner*innen gegenüber, könnte ihnen das Gefühl gegeben haben, sich nicht verstellen zu müssen und ein alltagsähnliches Gespräch auf Augenhöhe führen zu können.

Unter externer Validität bzw. Übertragbarkeit kann das Gütekriterium der prozeduralen Validierung gefasst werden. Dieses Kriterium muss z.B. erfüllt sein, um die Ergebnisse im Anschluss an die Auswertung verallgemeinern und übertragen zu können. Eine Voraussetzung hierfür ist, dass der gesamte Forschungsprozess bestimmten Regeln und Systematiken unterliegt. Des Weiteren muss auf ständige Transparenz und Nachvollziehbarkeit der Handlungsschritte geachtet werden. Mayring (2008) legte für die Analyse von Daten, konkrete Kriterien für die prozedurale Validierung fest, damit die abgeleiteten Interpretationen als valide bewertet werden können. (vgl. Misoch 2015, S. 241) Da das Interviewmaterial für die vorliegende Forschung in Form der qualitativen Inhaltsanalyse nach Mayring ausgewertet wurde, die einer strikten Regelgeleitetheit folgt (vgl. Mayring und Fenzl 2014, S 546), kann auch das Kriterium der prozeduralen Validierung als erfüllt bewertet werden. Wie bereits erwähnt, müssten weitere Personengruppen zum Thema der Stärkung und Verbesserung der Arbeit mit Frauen, die in Intimpartnerschaften häusliche Gewalt verübten, interviewt werden. Deshalb wird zum Zeitpunkt des Abschlusses dieses Bandes die Übertragbarkeit und Verallgemeinerung der Forschungsergebnisse noch nicht für möglich gehalten.

14. Fazit

Zu Beginn der theoretischen Auseinandersetzung mit dem Phänomen der häuslichen Gewalt von Frauen in intimen Paarbeziehungen bemerkte ich schnell, dass die öffentliche Debatte über die Thematik emotional aufgeladen ist. Eine Beobachtung war, dass es in der Auseinandersetzung mit dem Thema ‚häusliche Gewalt' nicht eine Wahrheit gibt, sondern verschiedene Positionen und Wahrnehmungen, mit denen es konstruktiv umzugehen gilt. Den Transkriptionen der Expert*inneninterviews konnten viele hilfreiche Hinweise und Vorschläge entnommen werden, wie weibliche Gewalt in intimen Paarbeziehungen enttabuisiert werden kann und welche Akteur*innen dabei eine Rolle spielen. Wie bereits ausgeführt, sollten auch weitere Personengruppen hinsichtlich des Forschungsthemas befragt werden. Ich erachte es für sinnvoll, nebst weiteren Frauen, die in ihren Intimbeziehungen häusliche Gewalt verübten, auch Personen zu befragen, die häusliche Gewalt durch ihre (Ex-)Partnerinnen erfahren haben. Als weitere Institutionen, deren Mitarbeitende durch ihre persönlichen Erfahrungen und Wahrnehmungen weitere Blickwinkel eröffnen und aufschlussreiche Ideen liefern könnten, wären wie schon erwähnt die Polizei und Opferberatungsstellen, sowie das Jugendamt oder weitere Vernetzungspartner*innen wie Interventionsstellen oder Gerichte.

Wie klargestellt wurde, soll die Befassung mit der häuslichen Gewalt in Intimpartnerschaften, die von Frauen ausgeht, auf keinen Fall männliche Gewalt gegen Frauen in irgendeiner Weise relativieren. In diesem Werk wird sichtbar, dass es sich bei häuslicher Gewalt um ein facettenreiches Phänomen handelt, wobei jede Person zu Täter*in und/ oder Opfer werden kann. Um das Problem umfassend anzugehen und weiterer Gewalt wirksam vorzubeugen, erscheint es daher als unabdingbar, neben einem breitem Unterstützungs- und Beratungsangebot für Personen, die häusliche Gewalt erfahren mussten, auch die Täter*innenarbeit auszubauen und zu verbessern. Jede Person, Frau oder Mann, die häusliche Gewalt gegen ihre*n Partner*in verübt, hat das Recht auf Zugang zu einem Angebot, innerhalb welchem sie umfangreich in ihrer individuellen psycho-sozialen Notlage beraten und dabei unterstützt wird, ihr gewalttätiges Verhalten nachhaltig zu beenden. Sei es körperliche, psychische, soziale, ökonomische oder sexuelle Gewalt.

Insgesamt lässt sich seit den 1970er Jahren eine positive Entwicklung im Kampf gegen häusliche Gewalt wahrnehmen. Jede Einrichtung, die sich dem sozialen Problem der häuslichen Gewalt widmet, trägt dazu bei, diesem entgegenzuwirken. Alle politischen Maßnahmen und Gesetze dahingehend sind als erfolgreiche Entwicklungsschritte zu bewerten. Dennoch ist häusliche Gewalt in Familien in Deutschland nach wie vor ein gravierendes Problem. Besonders wenn Frauen als Täterinnen hervorgehen, lässt das aktuelle Hilfesystem derzeit kaum zu, dass diese Zielgruppe eine adäquate Unterstützung erhält, ihr Verhalten zu ändern. Nicht überraschend muss als zentrale Ursache dafür, dass das Wahr- und Ernstnehmen von häuslicher Gewalt von Frauen in Intimpartnerschaften vornehmlich gehemmt ist, wurden die binär konstruierte Zweigeschlechtlichkeit und die Normierung entsprechender Geschlechterrollen identifiziert werden. Die auch heute noch relevante Idee der friedfertigen, sanftmütigen Frau scheint in vielen Fällen zu verhindern, dass häusliche Gewaltausübung von Frauen in intimen Paarbeziehungen als solche erkannt und entsprechend gehandelt wird. Darunter leiden vermutlich nicht nur die Partner*innen, die die häusliche Gewalt erfahren, sondern auch die Täterinnen selbst. Die aktuelle Forschungslage lässt derzeit noch keinen genaueren Einblick in das Phänomen zu. Es ist weder eine genaue Anzahl von Frauen in Deutschland statistisch erfasst, die häusliche Gewalt gegen ihre*n Intimpartner*in ausüben, noch, welche Formen von häuslicher Gewalt zur Anwendung kommen. Die Analyse zeigt, dass die Identifizierung und Sichtbarmachung häuslicher Gewalt auch von der subjektiven Bewertung der beteiligten Personen abhängen. Diese variiert u.a. aufgrund unterschiedlicher Sozialisationserfahrungen, welche auch im Zusammenhang mit der Zuschreibung zu einem Geschlecht stehen. Die Folge von fehlenden eindeutigen Aussagen über das Phänomen der häuslichen Gewalt von Frauen in intimen Paarbeziehungen ist, dass derzeit auch keine spezifischen Handlungsansätze für die psychosoziale Arbeit mit dieser Zielgruppe bestehen. Vor diesem Hintergrund war das Ziel der empirischen Studie, deren Ergebnisse im zweiten Teil des Buches diskutiert wurden, herauszufinden, wie die Arbeit mit Frauen, die häusliche Gewalt in Intimpartnerschaften verübt haben, gestärkt und verbessert werden kann. Durch Expert*inneninterviews mit Personen, die als Berater*innen und Trainer*innen mit dieser Zielgruppe arbeiten sowie durch den dokumentierten Austausch über das Thema mit vier Teilnehmerinnen eines Anti Gewalt Trainings konnten neue Erkenntnisse zu diesem Thema gewonnen werden. Die Annahme, dass hauptsächlich die weit verbreiteten Vorstellungen von Männlichkeit und Weiblichkeit häusliche Gewalt von Frauen in Intimpartnerschaften als vermeintliche Ausnahmeerscheinung in den Hintergrund treten lassen, wurde vielfach bestätigt. Sowohl die gewaltausübenden Frauen als auch ihre Partner*innen erfahren in den meisten Fällen eine gesellschaftliche Exklusion und bleiben mit ihren Problemen allein. Die Analyse zeigt, dass es nicht nur über das Phänomen der häuslichen Gewalt in all seinen Formen einer umfassenden Aufklärung bedarf, sondern auch über bestehende Rollenstereotypen, die ein Wahr- und Ernstnehmen von weiblicher häuslicher Gewalt in Paarbeziehungen verhindern. Die Vermutung liegt nahe, dass ein sensibilisierter Umgang mit tradierten Vorstellungen von Geschlechterrollen dieses Problem besser erkennen lässt. Insbesondere für Personen, die in ihrem beruflichen Kontext mit Beteiligten von häuslicher Gewalt in Berührung kommen, wie bspw. Polizist*innen wird eine solche Sensibilisierung und Schulung für sinnvoll gehalten. Gleichzeitig verlangt der präventive Gedanke eine umfangreiche gesamtgesellschaftliche Aufklärung. Das Ziel ist dabei nicht nur, dass häusliche Gewalt von Frauen besser als ein soziales Problem wahrgenommen wird, sondern auch, dass potentielles Gewaltverhalten durch die frühzeitige Möglichkeit der Selbstentwicklung und -entfaltung unabhängig des sozialen und biologischen Geschlechts vorgebeugt wird. Zusätzlich ist ein Ausbau der Forschung zur Thematik der häuslichen Gewalt von Frauen in Intimpartnerschaften erforderlich, um sowohl mehr über das Ausmaß als auch über die Ursachen, Formen und Folgen zu erfahren. Dadurch könnten auch verbesserte Standards für die Beratung dieser Zielgruppe entwickelt werden. Dreh- und Angelpunkt ist dabei die politische Weichenstellung, da es insbesondere in Bezug auf häusliche Gewalt die von Frauen ausgeht einer verbesserten, umfangreicheren politischen Aufmerksamkeit und Unterstützung bedarf; einerseits in finanzieller Hinsicht, damit das Angebot für Täter *und* Täterinnen häuslicher Gewalt quantitativ und qualitativ ausgebaut werden kann, andererseits hinsichtlich der öffentlichen Thematisierung und Erforschung des Phänomens. Alle Expert*innen berichteten eine stetige Zunahme an Klientinnen seit Bestehen des Angebots, was darauf schließen lässt, dass Täterinnenarbeit wahr- und angenommen wird, sobald sie offeriert und durch Öffentlichkeitsarbeit bekannt gemacht wird. Auch anhand dessen wird deutlich, dass das Dunkelfeld von Frauen, die häusliche Gewalt gegen ihre*in Intimpartner*in verüben relativ groß scheint. An dieser Stelle möchte ich erwähnen, dass ich während des Verfassens dieser Arbeit in meinem sozialen Umfeld auf großes Interesse gestoßen bin. Spannend war dabei besonders, dass mir Männer in diesem Zuge teilweise von persönlichen Gewalterfahrungen durch ihre Expartnerinnen berichteten. Keiner von ihnen hatte sich jemals an eine öffentliche Instanz gewendet. Sie bestätigten mir das Dilemma, als Mann nicht ernst genommen zu werden und mit der Situation und den eigenen Folgen der Erlebnisse allein zu sein.

Mit diesem Band soll dazu beigetragen werden, diese Problematik ersichtlich zu machen. Dabei wird dazu angeregt, weg von Vorstellungen über Unterschiede zwischen Mann und Frau zu gehen, hin zu einer Wahrnehmung der Menschen mit individuellen Fähigkeiten, Eigenschaften, Verhaltensweisen, Erfahrungen und Problemen.

> *„Es kann nicht sein, dass Frauen nicht Täterinnen sind. Sie sind auch Täterinnen. Wir wissen nicht, wie viel und wie so richtig und das ist nicht gut. Es ist eine Menschenrechtsverletzung und deshalb muss es relevante Angebote geben.“* (B4, Z. 741ff.)

Literaturverzeichnis

Akyol, Çiğdem (2009): Männerhaus. Ein Ort für geschlagene Männer. In: ZEIT Online, 10.01.2009. Online verfügbar unter https://www.zeit.de/gesellschaft/generationen/2009-11/maennerhaus, zuletzt geprüft am 26.08.2019.

Athenstaedt, Ursula; Alfermann, Dorothee (2011): Geschlechterrollen und ihre Folgen. Eine sozialpsychologische Betrachtung. 1. Aufl. Stuttgart: Kohlhammer (Sozial-, Persönlichkeits-, Arbeits- und Organisationspsychologie).

Augstein, Renate (2013): Geschichte der Bekämpfung und der Prävention häuslicher Gewalt und Blick in die Zukunft. In: djbz Zeitschrift des deutschen Juristinnenbundes 16 (1), S. 7–11. Online verfügbar unter https://www.nomos-elibrary.de/10.5771/1866-377X-2013-1-7/geschichte-der-bekaempfung-und-der-praevention-haeuslicher-gewalt-und-blick-in-die-zukunft-jahrgang-16-2013-heft-1, zuletzt geprüft am 22.08.2019.

Badinter, Elisabeth (2005): Die Wiederentdeckung der Gleichheit. Schwache Frauen, gefährliche Männer und andere feministische Irrtümer. Ungekürzte Ausg., 1. Aufl. Berlin: Ullstein (Ullstein, 36767).

BAG TäHG (2018): Arbeit mit Tätern in Fällen häuslicher Gewalt. Standard der Bundesgemeinschaft Täterarbeit Häusliche Gewalt e.V. Gemeinsam gegen häusliche Gewalt. Kooperation, Intervention, Begleitforschung. 3. Aufl. Hg. v. Bundesministerium für Familie, Senioren, Frauen und Jugend (BMFSFJ). Berlin. Online verfügbar unter https://www.bag-taeterarbeit.de/images/Standard_BAG_T%C3%A4HG_2018.pdf, zuletzt geprüft am 31.07.2019.

Bayerisches Staatsministerium für Familie, Arbeit und Soziales (18.06.2019): Bayern und Nordrhein-Westfalen legen vor: Zwei Bundesländer schaffen Hilfestrukturen für von häuslicher Gewalt betroffene Männer. München. Online verfügbar unter https://www.stmas.bayern.de/aktuelle-meldungen/pm1906-264.php, zuletzt geprüft am 30.08.2019.

Bennwitz-Heit, Julia (2008): Physische und psychische Gewalt gegen Männer in heterosexuellen Partnerschaften. Theoretische Betrachtungen und empirische Analysen. Zugl.: Mainz, Univ., Diplomarbeit, 2005. Frankfurt, M.: AIM-Verl.-Haus.

Bereswill, Mechthild (2009): Offensichtliche Unterschiede – verdeckte Hintergründe. Abweichendes Verhalten aus der Perspektive der Geschlechterforschung. In: Martin K. W. Schweer (Hg.): Sex and gender. Interdisziplinäre Beiträge zu einer gesellschaftlichen Konstruktion. Frankfurt am Main: Lang (Psychologie und Gesellschaft, 7), S. 9–22.

Best, Gisela (2013): Wege aus der häuslichen Gewalt. Was kann ich tun? – Wer hilft mir? Hg. v. Frauen helfen Frauen e.V. Landeskoordinierungsstelle CORA. Rostock. Online verfügbar unter https://www.gleichstellungsministerkonferenz.de/documents/wege_aus_der_haeuslichen_gewalt_1510225841.pdf, zuletzt geprüft am 12.12.2019.

BIG Koordinierung (2012): 10 Jahre Gewaltschutzgesetz. Hg. v. Berliner Initiative gegen Gewalt an Frauen BIG e.V. Berlin. Online verfügbar unter https://www.big-berlin.info/sites/default/files/medien/1206_10-Jahre-Gewaltschutzgesetz.pdf, zuletzt geprüft am 22.08.2019.

Bilden, Helga; Dausien, Bettina (2006): Sozialisation und Geschlecht. Einleitung in eine vielstimmige Diskussion. In: Helga Bilden und Bettina Dausien (Hg.): Sozialisation und Geschlecht. Theoretische und methodologische Aspekte. Opladen: Budrich, S. 7–15.

Blumer, Herbert (1981): Der methodologische Standort des symbolischen Interaktionismus. In: Joachim Matthes (Hg.): Alltagswissen, Interaktion und gesellschaftliche Wirklichkeit. 5. Aufl. Opladen: Westdt. Verl. (WV-Studium, 54/55).

BMFSFJ (2010): Gemeinsam gegen häusliche Gewalt. Kooperation, Intervention, Begleitforschung. Forschungsergebnisse der Wissenschaftlichen Begleitung der Interventionsprojekte gegen häusliche Gewalt (WiBIG). 3. Aufl. Hg. v. Bundesministerium für Familie, Senioren, Frauen und Jugend (bmfsfj). Rostock. Online verfügbar unter https://www.bmfsfj.de/blob/93940/26b192eed0ce4deeba931decf6985392/gemeinsam-gegen-haeusliche-gewalt-wibig-data.pdf, zuletzt geprüft am 26.08.2019.

Boatcă, Manuela (2003): Kulturcode Gewalt. In: Siegfried Lamnek und Manuela Boatcă (Hg.): Geschlecht – Gewalt – Gesellschaft. Wiesbaden: VS Verlag für Sozialwissenschaften (Otto-von-Freising-Tagungen der Katholischen Universität Eichstätt-Ingolstadt), S. 55–70.

Boatcă, Manuela; Lamnek, Siegfried (2003a): Gegenwartsdiagnosen zu Gewalt im Geschlechterverhältnis. In: Siegfried Lamnek und Manuela Boatcă (Hg.): Geschlecht – Gewalt – Gesellschaft. Wiesbaden: VS Verlag für Sozialwissenschaften (Otto-von-Freising-Tagungen der Katholischen Universität Eichstätt-Ingolstadt)., S. 13–33

Boatcă, Manuela; Lamnek, Siegfried (2003b): Gewalt als Phänomen unserer Zeit. In: Sozialwissenschaften und Berufspraxis 26 (2), S. 123–134.

Bock, Michael (2002): Gewalt gegen Männer – ein vernachlässigtes Problem! In: Brigitta Sticher-Gil (Hg.): Gewalt gegen Männer im häuslichen Bereich – ein vernachlässigtes Problem!? Berlin. Fachhochschule für Verwaltung und Rechtspflege (FHVR) Fachbereich 3 – Polizeivollzugsdienst und Landespolizeischule Berlin (LPS), S. 26–41.

Bogner, Alexander; Menz, Wolfgang (2002a): Expertenwissen und Forschungspraxis: die modernisierungstheoretische und die methodische Debatte um die Experten. Zur Einführung in ein unübersichtliches Problemfeld. In: Alexander Bogner, Beate Littig und Wolfgang Menz (Hg.): Das Experteninterview. Theorie, Methode, Anwendung. Wiesbaden: VS Verlag für Sozialwissenschaften, S. 7–29.

Bogner, Alexander; Menz, Wolfgang (2002b): Das theoriegenerierende Experteninterview. Erkenntnisinteresse, Wissensformen, Interaktion. In: Alexander Bogner, Beate Littig und Wolfgang Menz (Hg.): Das Experteninterview. Theorie, Methode, Anwendung. Wiesbaden: VS Verlag für Sozialwissenschaften, S. 33–70.

Bräuer, Claus Dieter; Rehberg, Thorsten (b) (Hg.). Forum Intervention – C.D. Bräuer & Th. Rehberg GbR. Online verfügbar unter https://www.forum-intervention.de/, zuletzt geprüft am 26.10.2019.

Bräuer, Claus Dieter; Rehberg, Thorsten (a) (Hg.): Integrative Gewaltberatung. Forum Intervention – C.D. Bräuer & Th. Rehberg GbR. Online verfügbar unter www.gewalt-beratung.de/, zuletzt geprüft am 26.10.2019

Bredow, Rafaela von (2007): Das gleiche Geschlecht. In: Der Spiegel (6), 142–149. Online verfügbar unter https://magazin.spiegel.de/EpubDelivery/spiegel/pdf/50424655, zuletzt geprüft am 08.12.2019.

Bundeskriminalamt (BKA) (2016): Wenn das eigene Zuhause nicht sicher ist – Gewalt in Paarbeziehungen. Bundesfrauenministerin Manuela Schwesig und BKA-Präsident Holger Münch stellen Kriminalstatistische Auswertung zu Gewalt in Partnerschaften vor. Wiesbaden. Online verfügbar unter https://www.bka.de/DE/Presse/Listenseite_Pressemitteilungen/2016/Presse2016/161122_Partnerschaftsgewalt.html, zuletzt geprüft am 26.04.2019.

Bundeskriminalamt (BKA) (2017): Partnerschaftsgewalt. Kriminalstatistische Auswertung – Berichtsjahr 2017. Online verfügbar unter https://www.bka.de/SharedDocs/Downloads/DE/Publikationen/JahresberichteUndLagebilder/Partnerschaftsgewalt/Partnerschaftsgewalt_2017.html?nn=63476, zuletzt geprüft am 24.04.2019.

Butler, Judith (2002): Zwischen den Geschlechtern. Eine Kritik der Gendernormen. Hg. v. Thorsten Schilling. Bundeszentrale für politische Bildung. Bonn. Online verfügbar unter http://www.bpb.de/apuz/26764/zwischen-den-geschlechtern, zuletzt geprüft am 12.02.2019.

Cizek, Brigitte; Kapella, Olaf; Pflegerl, Johannes; Steck, Maria (2002): Teil III Gewalt gegen Männer. In: Birgit Appelt, Gabriele Buchner, Brigitte Cizek, Sabine Funk, Veronika Gössweiner, Angelika Höllriegel et al. (Hg.): Gewalt in der Familie. Gewaltbericht 2001. Von der Enttabuisierung zur Professionalisierung. Unter Mitarbeit von Gisela Gary und Sabine Buchebner-Ferstl. Wien, S. 271–304. Online verfügbar unter https://www.gewaltinfo.at/uploads/pdf/bmwfj_gewaltbericht_2001_gesamt.pdf, zuletzt geprüft am 02.12.2019.

Cizek, Brigitte; Pflegerl, Johannes (2002): Erklärungsansätze für das Phänomen Gewalt in der Familie. In: Birgit Appelt, Gabriele Buchner, Brigitte Cizek, Sabine Funk, Veronika Gössweiner, Angelika Höllriegel et al. (Hg.): Gewalt in der Familie. Gewaltbericht 2001. Von der Enttabuisierung zur Professionalisierung. Unter Mitarbeit von Gisela Gary und Sabine Buchebner-Ferstl. Wien, S. 36–55. Online verfügbar unter https://www.gewaltinfo.at/uploads/pdf/bmwfj_gewalt bericht_2001_gesamt.pdf, zuletzt geprüft am 26.12.2019

Dahrendorf, Ralf (2006): Homo Sociologicus. Ein Versuch zur Geschichte, Bedeutung und Kritik der Kategorie der sozialen Rolle. Wiesbaden: VS Verlag für Sozialwissenschaften.

Dausien, Bettina (1999): "Geschlechtsspezifische Sozialisation" – Konstruktiv(istisch)e Ideen zu Karriere und Kritik eines Konzepts. In: Bettina Dausien, Martina Herrmann, Mechtild Oechsle, Christiane Schmerl und Marlene Stein-Hilbers (Hg.): Erkenntnisprojekt Geschlecht. Feministische Perspektiven verwandeln Wissenschaft. Wiesbaden: VS Verlag für Sozialwissenschaften (Geschlecht und Gesellschaft, 17), S. 216–246.

Dausien, Bettina (2006): Geschlechterverhältnisse und ihre Subjekte. Zum Diskurs um Sozialisation und Geschlecht. In: Helga Bilden und Bettina Dausien (Hg.): Sozialisation und Geschlecht. Theoretische und methodologische Aspekte. Opladen: Budrich, S. 17–44.

Di Fabio, Udo (2018): Grundgesetz. Mit Menschenrechtskonvention, Verfahrensordnung des Europäischen Gerichtshofs für Menschenrechte, Bundesverfassungsgerichtsgesetz, Parteiengesetz, Untersuchungsausschussgesetz, Gesetz über den Petitionsausschuss, Vertrag über die Europäische Union, Vertrag über die Arbeitsweise der Europäischen Union, Charta der Grundrechte der Europäischen Union: Textausgabe. 49. Auflage, Stand: 15. September 2018. München: dtv (dtv Beck-Texte im dtv, 5003).

Dick, Matthias (Hg.). Gewaltberatung Nürnberg e.V. Online verfügbar unter http://www.gewaltberatung-nuernberg.de/, zuletzt geprüft am 26.10.2019.

Döge, Peter (2002): Geschlechterdemokratie als Männlichkeitskritik. Männerforschung, Männerpolitik und der "neue Mann". Hg. v. Thorsten Schilling. Bundeszentrale für politische Bildung. Bonn. Online verfügbar unter http://www.bpb.de/apuz/25500/geschlechterdemokratie-als-maennlichkeitskritik?p=all, zuletzt geprüft am 09.07.2019.

Dresing, Thorsten; Pehl, Thorsten (2018): Praxisbuch Interview, Transkription & Analyse. Anleitungen und Regelsysteme für qualitativ Forschende. Anleitungen und Regelsysteme für qualitativ Forschende. 8. Aufl. Marburg: Eigenverlag. Online verfügbar unter https://www.audiotranskription.de/download/praxisbuch_transkription.pdf?q=Praxisbuch-Transkription.pdf, zuletzt geprüft am 22.09.2019.

EBG (2012): Ursachen und Risikofaktoren von Gewalt in Paarbeziehungen. Informationsblatt 2. Eidgenössisches Büro für die Gleichstellung von Frau und Mann EBG; Eidgenössisches Department des Inneren EDI. Online verfügbar unter https://www.ebg.admin.ch/ebg/de/home/dokumentation/Publications/publikationen-zu-gewalt/informationsblaetter-haeusliche-gewalt.html, zuletzt geprüft am 10.12.2019.

Egger, Teres; Schär Moser, Marianne (2008): Gewalt in Paarbeziehungen: Ursachen und in der Schweiz getroffene Maßnahmen. Hg. v. Eidgenössisches Büro für die Gleichstellung von Frau und Mann EBG. Büro für arbeits- und sozialpolitische Studien BASS, Bern. Bern. Online verfügbar unter https://www.ssoar.info/ssoar/bitstream/handle/document/35029/ssoar-2008-egger_et_al-Gewalt_in_Paarbeziehungen__Ursachen.pdf?sequence=1&isAllowed=y&lnkname=ssoar-2008-egger_et_al-Gewalt_in_Paarbeziehungen__Ursachen.pdf, zuletzt geprüft am 07.12.2019.

Enderle, Matthias; Köhler, Bruno; Lehmann, Thomas; Muschick, Rolf (2019): Feministische Mythen. Häusliche Gewalt. Manndat e. V. – Geschlechterpolitische Initiative. Nürnberg. Online verfügbar unter https://manndat.de/category/feministische-mythen/haeusliche-gewalt, zuletzt aktualisiert am 2019, zuletzt geprüft am 03.12.2019.

Engelmann, Anett; Palme, Wolfram (Hg.) (2019): Beratungsstelle zur täterorientierten Anti-Gewaltarbeit. Triade Engelmann und Palme GbR. Online verfügbar unter https://www.triade-le.de/triade-beratungsstelle-anti-gewaltarbeit/, zuletzt geprüft am 26.10.2019.

Ernst, Marion; Herold, Heike; Kruse, Thorsten; Liel, Christoph; Sandrock, Lydia; Steffens, Marion; Hertel, Roland (2018): Arbeit mit Tätern in Fällen häuslicher Gewalt: Standard der Bundesarbeitsgemeinschaft Täterarbeit Häusliche Gewalt e.V. Unter Mitarbeit von Max Lindner, Julia Reinhardt, Andreas Smolka, Thomas Arend, Stefan Beckmann, Klaus Eggerding et al. Hg. v. Bundesarbeitsgemeinschaft Täterarbeit Häusliche Gewalt e.V. Berlin. Online verfügbar unter https://www.bag-taeterarbeit.de/images/Standard_BAG_TäHG_2018.pdf, zuletzt geprüft am 22.08.2019.

Felbinger, Doris (Hg.). Unter Mitarbeit von Stefan Beckmann, Birgitta Hentschel, Anne Kirschneck und Marina Orejuela. BIG e.V. Berliner Initiative gegen Gewalt an Frauen. Online verfügbar unter https://www.big-berlin.info/, zuletzt geprüft am 26.10.2019.

Feneberg, Yvonne; Eiche-Kayser, Simone (Hg.) (2019): violenTia Beratung für Frauen, die in Partnerschaften Gewalt ausüben. FrauenTherapieZentrum – FTZ gemeinnützige GmbH. Online verfügbar unter https://ftz-muenchen.de/home-2/violentia, zuletzt geprüft am 26.10.2019.

Flick, Uwe; Kardoff, Ernst von; Steinke, Ines (2017): Was ist qualitative Forschung? Einleitung und Überblick. In: Uwe Flick, Ernst von Kardorff und Ines Steinke (Hg.): Qualitative Forschung. Ein Handbuch. 12. Auflage, Originalausgabe. Reinbek bei Hamburg: rowohlts enzyklopädie im Rowohlt Taschenbuch Verlag (Rororo Rowohlts Enzyklopädie, 55628), S. 13–29.

Gabriel, Gabriele; Wolffersdorff, Christian v. (2006): "Das ist einfach passiert". Häusliche Gewalt und Täterarbeit. Abschlussbericht Täterorientierte Gewaltarbeit. Hg. v. Sächsisches Staatsministerium für Soziales. Beratungsstelle TRIADE. Leipzig. Online verfügbar unter https://www.gleichstellung.sachsen.de/download/gleichstellung/Abschlussbericht_Haeusliche_Gewalt.pdf, zuletzt geprüft am 19.01.2019.

Gabriel, Ute; Gassmann, Sonya; Locher, Ruth (2007): Geschlechtsunterschiede bei der moralischen Beurteilung von Gewalt. In: Trauma und Gewalt (2), S. 42–52.

Gelles, Richard J. (2002): Gewalt in der Familie. In: Wilhelm Heitmeyer und John Hagan (Hg.): Internationales Handbuch der Gewaltforschung. 1. Aufl. Wiesbaden: Westdt. Verl.

Gemünden, Jürgen (1996): Gewalt gegen Männer in heterosexuellen Intimpartnerschaften. Ein Vergleich mit dem Thema Gewalt gegen Frauen auf der Basis einer kritischen Auswertung empirischer Untersuchungen. Zugl.: Mainz, Univ., Diss., 1995. Marburg: Tectum-Verl.

Gemünden, Jürgen (2003): Gewalt in Partnerschaften im Hell- und Dunkelfeld. Zur empirischen Relevanz der Gewalt gegen Männer. In: Siegfried Lamnek und Manuela Boatcă (Hg.): Geschlecht – Gewalt – Gesellschaft. Wiesbaden: VS Verlag für Sozialwissenschaften (Otto-von-Freising-Tagungen der Katholischen Universität Eichstätt-Ingolstadt), S. 333–353.

Gerhard, Ute (2012): Frauenbewegung und Feminismus. Eine Geschichte seit 1789. Orig.-Ausg., 2. Aufl. München: Beck (Beck'sche Reihe C.-H.-Beck-Wissen, 2463).

Gerhard Ute (2013): Nicht mehr neu aber keineswegs 'out': Frauenbewegung und Feminismus heute. In: Forschungsjournal Soziale Bewegungen. Analyse zu Demokratie und Zivilgesellschaft (3), S. 71–76. Online verfügbar unter http://forschungsjournal.de/sites/default/files/archiv/fjsb_2013_3.pdf, zuletzt geprüft am 24.07.2019.

GiG-net (Hg.) (2008): Gewalt im Geschlechterverhältnis. Erkenntnisse und Konsequenzen für Politik, Wissenschaft und soziale Praxis. Forschungsnetz Gewalt im Geschlechterverhältnis. Opladen, Farmington Hills: Verlag Barbara Budrich.

Gildemeister, Regine (1988): Geschlechtsspezifische Sozialisation: Neuere Beiträge und Perspektiven zur Entstehung. In: Soziale Welt (Band 39, Heft 4), S. 486–503.

Gildemeister, Regine (2004): Doing Gender: Soziale Praktiken der Geschlechterunterscheidung. In: Ruth Becker, Beate Kortendiek, Barbara Budrich und Ilse Lenz (Hg.): Handbuch Frauen- und Geschlechterforschung. Theorie, Methoden, Empirie. 1. Aufl. Wiesbaden: VS Verl. für Sozialwiss (Geschlecht & Gesellschaft, 35), S. 132–140.

Gildemeister, Regine; Wetterer, Angelika (1995): Wie Geschlechter gemacht werden. Die soziale Konstruktion der Zweigeschlechtlichkeit und ihre Reifizierung in der Frauenforschung. In: Gudrun-Axeli Knapp und Angelika Wetterer (Hg.): Traditionen Brüche. Entwicklungen feministischer Theorie. 2. Aufl. Freiburg (Breisgau): Kore (Forum Frauenforschung, 6), S. 201–254.

Gloor, Daniela; Meier, Hanna (2003): Ringen um das Thema gewaltbetroffene Männer. Forschungserkenntnisse und gesellschaftspolitische Diskurse. In: Halt-Gewalt (16). Online verfügbar unter http://www.gesunde-maenner.ch/data/data_159.pdf, zuletzt geprüft am 18.02.2019.

Godenzi, Alberto (1994): Gewalt im sozialen Nahraum. Zugl.: Zürich, Univ., Habil.-Schr., 1992. 2., unveränd. Aufl. Basel: Helbing & Lichtenhahn.

Gräßel, Ulrike (2003): Ein "richtiger" Mann – eine "richtige" Frau. Die Konstruktion von Geschlechteridentitäten in häuslichen Gewaltbeziehungen. In: Karl Lenz (Hg.): Frauen und Männer. Zur Geschlechtstypik persönlicher Beziehungen. Weinheim: Juventa-Verl. (Geschlechterforschung), S. 161–180.

Hagemann-White, Carol (1988): Wir werden nicht zweigeschlechtlich geboren... In: Carol Hagemann-White und Maria S. Rerrich (Hg.): FrauenMännerBilder. Männer und Männlichkeit in der feministischen Diskussion. Bielefeld: AJZ-Verl. (Forum Frauenforschung, 2), S. 224–235.

Hagemann-White, Carol (2002a): Gender-Perspektiven auf Gewalt in vergleichender Sicht. In: Wilhelm Heitmeyer und John Hagan (Hg.): Internationales Handbuch der Gewaltforschung. 1. Aufl. Wiesbaden: Westdt. Verl., S. 124–149.

Hagemann-White, Carol (2002b): Gewalt im Geschlechterverhältnis als Gegenstand sozialwissenschaftlicher Forschung und Theoriebildung: Rückblick, gegenwärtiger Stand, Ausblick. In: Regina-Maria Dackweiler und Reinhild Schäfer (Hg.): Gewalt-Verhältnisse. Feministische Perspektiven auf Geschlecht und Gewalt. Frankfurt am Main: Campus-Verl. (Soziologische Theorie, 19), S. 29–52.

Hagemann-White, Carol (2008): Vorwort. In: GiG-net (Hg.): Gewalt im Geschlechterverhältnis. Erkenntnisse und Konsequenzen für Politik, Wissenschaft und soziale Praxis. Opladen, Farmington Hills: Verlag Barbara Budrich, S. 7–10.

Hertel, Roland; Reinhardt, Julia; Lindner, Max (Hg.). Bundesarbeitsgemeinschaft Täterarbeit häusliche Gewalt e.V. Online verfügbar unter https://www.bag-taeterarbeit.de/, zuletzt geprüft am 26.10.2019.

Hertel, Roland; Reinhardt, Julia; Lindner, Max (2019): Stellungnahme zur Anbindung (Finanzierung) Täterarbeit häusliche Gewalt auf Ebene der Bundesländer. Bundesarbeitsgemeinschaft Täterarbeit Häusliche Gewalt e.V. Berlin. Online verfügbar unter https://www.big-berlin.info/sites/default/files/uploads/1906_Stellungnahme_Ansiedlung_TAe_-_Vorstand.pdf, zuletzt geprüft am 26.08.2019.

Hertrampf Susanne (2008): Ein Tomatenwurf und seine Folgen. Eine neue Welle des Frauenprotests in der BRD. Hg. v. Thorsten Schilling. Bundeszentrale für politische Bildung. Bonn. Online verfügbar unter http://www.bpb.de/gesellschaft/gender/frauenbewegung/35287/neue-welle-im-westen?p=all, zuletzt geprüft am 22.07.2019.

Hüdepohl Sabine (2009): Sozialtherapie für Frauen. Der Weg in die Autonomie und Verantwortlichkeit. In: Jutta Elz (Hg.): Täterinnen. Befunde, Analysen, Perspektiven. Wiesbaden: KrimZ Kriminologische Zentralstelle (Kriminologie und Praxis, 58), S. 237–257.

Imbusch, Peter (2002): Der Gewaltbegriff. In: Wilhelm Heitmeyer und John Hagan (Hg.): Internationales Handbuch der Gewaltforschung. 1. Aufl. Wiesbaden: Westdt. Verl., S. 26–57.

Istanbul-Konvention (2017): Verhütung und Bekämpfung von Gewalt gegen Frauen und häuslicher Gewalt. Gesetz zum Übereinkommen des Europarats vom 11. Mai 2011 (Istanbul-Konvention). Hg. v. Europarat. Bundesministerium für Familie, Senioren, Frauen und Jugend. Bonn. Online verfügbar unter https://www.bmfsfj.de/blob/122280/ceab68 54c9a024c3b357dfb401f8e05/gesetz-zu-dem-uebereinkommen-zur-bekaempfung-von-gewalt-gegen-frauen-istanbul-konvention-data.pdf, zuletzt geprüft am 22.08.2019.

Jegher, Stella (2015): LGBTI. Integration und Ausschluss. Amnesty International, Schweizer Sektion. Bern. Online verfügbar unter https://www.amnesty.ch/de/themen/diskriminierung/lgbti/integration-und-ausschluss, zuletzt geprüft am 04.12.2019.

Jungnitz, Ludger; Lenz, Hans-Joachim; Puchert, Ralf; Puhe, Henry; Walter, Willi (2004): Gewalt gegen Männer. Personale Gewaltwiderfahrnisse von Männern in Deutschland. Ergebnisse der Pilotstudie. Hg. v. Forschungsverbund "Gewalt gegen Männer", Bundesministerium für Familie, Senioren und Jugend. Dissens e.V. Berlin; GeFoWe Eckenhaid/ Mittelfranken; SOKO Bielefeld. Online verfügbar unter https://www.bmfsfj.de/blob/84664/d5410d1a3bcf2a015cc800331beed6d1/maennerstudie-kurzfassung-gewalt-data.pdf, zuletzt geprüft am 17.05.2019.

Kavemann, Barbara (2002): Gewalt gegen Männer – ein vernachlässigtes Problem? In: Brigitta Sticher-Gil (Hg.): Gewalt gegen Männer im häuslichen Bereich – ein vernachlässigtes Problem!? Berlin. Fachhochschule für Verwaltung und Rechtspflege (FHVR) Fachbereich 3 – Polizeivollzugsdienst und Landespolizeischule Berlin (LPS), S. 42–58.

Kavemann, Barbara (2009): Täterinnen – die Gewaltausübung von Frauen im privaten Raum im Kontext der feministischen Diskussion über Gewalt im Geschlechterverhältnis. In: NK Neue Kriminalpolitik; Forum für Praxis, Recht und Kriminalwissenschaften 21 (2), S. 46–50. Online verfügbar unter https://www.nk.nomos.de/fileadmin/nk/doc/Aufsatz_NK_09_02.pdf, zuletzt geprüft am 10.07.2019.

Kieser, Gregor (Hg.) (2019): Gewalt im sozialen Nahraum. Verein für Jugendhilfe Karlsruhe e. V. Online verfügbar unter https://www.vfj-ka.de/, zuletzt aktualisiert am 2019, zuletzt geprüft am 26.10.2019.

Knoblauch, Hubert A. (1994): Erving Goffmans Reich der Interaktion – Einführung von Hubert A. Knoblauch. In: Hubert A. Knoblauch und Erving Goffman (Hg.): Interaktion und Geschlecht. 1. Aufl. Frankfurt/Main: Campus-Verl. (Campus Studium), S. 7–49.

Knödler, Gernot (2017): Hamburger Gewaltberatungsstelle. Männerberater geben auf. Hg. v. Georg Löwisch. taz Verlags u. Vertriebs GmbH. Berlin. Online verfügbar unter https://taz.de/Hamburger-Gewaltberatungsstelle/!5371651/, zuletzt geprüft am 28.11.2019.

Kobbé, Ulrich (2001): Tätern helfen? Wen kümmerts? Wer kümmert sich? Täterarbeit zwischen Politik der Missachtung und Behandlungsanspruch – ein politisch-philosophischer Diskurs. Vortrag Fachkongress ›Grenzen setzen – Verantwortlich machen – Veränderung ermöglichen‹ Methoden und Konzepte in der Arbeit mit Tätern häuslicher Gewalt. Oldenburg, zuletzt geprüft am 04.03.2019.

Krahé, Barbara (2003): Aggression von Männern und Frauen in Partnerschaften: Unterschiede und Parallelen. In: Siegfried Lamnek und Manuela Boatcă (Hg.): Geschlecht – Gewalt – Gesellschaft. Wiesbaden: VS Verlag für Sozialwissenschaften (Otto-von-Freising-Tagungen der Katholischen Universität Eichstätt-Ingolstadt), S. 369–383.

Kruse, Jan; Schmieder, Christian; Weber, Kristina Maria; Dresing, Thorsten; Pehl, Thorsten (2015): Qualitative Interviewforschung. Ein integrativer Ansatz. 2., überarbeitete und ergänzte Auflage. Weinheim, Basel: Beltz Juventa (Grundlagentexte Methoden).

Kuckartz, Udo (2012): Qualitative Inhaltsanalyse. Methoden, Praxis, Computerunterstützung. Weinheim.

Lamnek, Siegried (2002): Individuelle Rechtfertigungsstrategien von Gewalt. In: Wilhelm Heitmeyer und John Hagan (Hg.): Internationales Handbuch der Gewaltforschung. 1. Aufl. Wiesbaden: Westdt. Verl., S. 1379–1396.

Lamnek, Siegfried; Krell, Claudia (2016): Qualitative Sozialforschung. Mit Online-Materialien. 6., über arbeitete Auflage. Weinheim, Basel: Beltz.

Lamnek, Siegfried; Luedtke, Jens; Ottermann, Ralf; Vogl, Susanne (2013): Tatort Familie. Häusliche Gewalt im gesellschaftlichen Kontext. 3., erweiterte und überarbeitete Auflage 2013. Wiesbaden: Springer VS.

Lempert, Joachim; Vogel, Andreas (Hg.): Hotline gegen Gewalt. eupax® gemeinnützige GmbH. Online verfügbar unter http://www.euline.eu/, zuletzt geprüft am 26.10.2019.

Lenz, Hans-Joachim; Puchert, Ralf; Walter, Willi (2004): Gewalt in Lebensgemeinschaften. In: Forschungsverbund "Gewalt gegen Männer" und Bundesministerium für Familie, Senioren, Frauen und Jugend (Hg.): Gewalt gegen Männer in Deutschland. Personale Gewaltwiderfahrnisse von Männern in Deutschland. Abschlussbericht der Pilotstudie. Unter Mitarbeit von Ludger Jungnitz, Hans-Joachim Lenz, Ralf Puchert, Henry Puhe und Willi Walter, S. 139–195.

Lenz, Ilse (2018): Was ist Feminismus? Hg. v. Ines Kappert. Gunda-Werner-Institut der Heinrich-Böll-Stiftung e.V. Berlin. Online verfügbar unter https://www.gwi-boell.de/de/2018/05/25/was-ist-feminismus, zuletzt geprüft am 03.12.2019.

Ludi, Regula (2000): Viktimisierung und Sexualisierung. Phantasien über Täterinnen in der weiblichen Sonderkriminologie seit dem 18. Jahrhundert. In: Abteilung für Gleichstellung von Frauen und Männern der Universität Bern (Hg.): Frauen im Recht. Kindsmörderinnen und Richterinnen – Quoten und soziale Sicherheit. 1. Aufl. Bern: eFeF, S. 11–41.

Luedtke, Jens; Lamnek, Siegfried (2002): Schläge in jeder dritten Familie. Studie zur Gewalt in bayerischen Familien – Kinder am häufigsten Opfer. In: AGORA – Magazin der Katholischen Universität Eichstätt-Ingolstadt 18 (1), 8–9. Online verfügbar unter https://www.ku.de/fileadmin/190302/Agora/Agora_1_2002_01.pdf, zuletzt geprüft am 13.06.2019.

Matzke, Michael (2002): Einführende Erläuterung des Gewaltschutzgesetzes. In: Brigitta Sticher-Gil (Hg.): Gewalt gegen Männer im häuslichen Bereich – ein vernachlässigtes Problem!? Berlin. Fachhochschule für Verwaltung und Rechtspflege (FHVR) Fachbereich 3 – Polizeivollzugsdienst und Landespolizeischule Berlin (LPS), S. 23–25.

Mayer, Horst O. (2006): Interview und schriftliche Befragung. Entwicklung, Durchführung und Auswertung. 3., überarb. Aufl. München: Oldenbourg.

Mayring, Philipp (2002): Einführung in die qualitative Sozialforschung. Eine Anleitung zu qualitativem Denken. 5., überarb. und neu ausgestattete Aufl. Weinheim: Beltz-Verl. (Beltz Studium).

Mayring, Philipp; Fenzl, Thomas (2014): Qualitative Inhaltsanalyse. In: Nina Baur und Jörg Blasius (Hg.): Handbuch Methoden der empirischen Sozialforschung. Wiesbaden: Springer VS, S. 543–558.

Merkens, Hans (2017): Auswahlverfahren, Sampling, Fallkonstruktion. In: Uwe Flick, Ernst von Kardorff und Ines Steinke (Hg.): Qualitative Forschung. Ein Handbuch. 12. Auflage, Originalausgabe. Reinbek bei Hamburg: rowohlts enzyklopädie im Rowohlt Taschenbuch Verlag (Rororo Rowohlts Enzyklopädie, 55628), S. 286–299.

Meuser, Michael; Nagel, Ulrike (2002): ExpertInneninterviews – vielfach erprobt, wenig bedacht. Ein Beitrag zur qualitativen Methodendiskussion. In: Alexander Bogner, Beate Littig und Wolfgang Menz (Hg.): Das Experteninterview. Theorie, Methode, Anwendung. Wiesbaden: VS Verlag für Sozialwissenschaften, S. 71–93.

Meuser, Michael; Nagel, Ulrike (2009): Das Experteninterview – konzeptionelle Grundlagen und methodische Anlage. In: Susanne Pickel, Detlef Jahn, Hans-Joachim Lauth und Gert Pickel (Hg.): Methoden der vergleichenden Politik- und Sozialwissenschaft. Neue Entwicklungen und Anwendungen. 1. Aufl. Wiesbaden: VS Verlag für Sozialwissenschaften / GWV Fachverlage GmbH Wiesbaden, S. 465–479.

Micus-Loos, Christiane (2009): Auch Frauen sind zu allem fähig. Theorien und empirische Befunde zum Umgang der Geschlechter mit Aggressionen. In: Jutta Elz (Hg.): Täterinnen. Befunde, Analysen, Perspektiven. Wiesbaden: KrimZ Kriminologische Zentralstelle (Kriminologie und Praxis, 58), S. 45–72.

Misoch, Sabina (2015): Qualitative Interviews. Berlin, München, Boston: de Gruyter Oldenbourg.

Müller, Eberhard (Hg.): Beratung und Training für gewaltausübende Männer und Frauen bei Häuslicher Gewalt. Sozialberatung Stuttgart e.V. Online verfügbar unter https://www.sozialberatung-stuttgart.de/, zuletzt geprüft am 26.10.2019.

Müller, Ursula; Schröttle, Monika (2004): Lebenssituation, Sicherheit und Gesundheit von Frauen in Deutschland. Eine repräsentative Untersuchung zu Gewalt gegen Frauen in Deutschland. Unter Mitarbeit von Sandra Glammeier, Chistra Oppenheimer, Barbara Schulz, Alexandra Münster, Doris Hess, Angela Prussog-Wagner et al. Hg. v. Bundesministerium für Familie, Senioren, Frauen und Jugend. Zentrum für Interdisziplinäre Frauen- und Geschlechterforschung (IFF); Institut für Sozialforschung (infas). Online verfügbar unter https://www.bmfsfj.de/blob/84328/0c83aab6e685eeddc01712109bcb02b0/langfassung-studie-frauen-teil-eins-data.pdf, zuletzt geprüft am 02.09.2019.

Müller-Kuhl, Kirsten (2013): Rote Karte gegen häusliche Gewalt. Hessens Apotheker, Sozialministerium und Frauenbeauftragte starten gemeinsame Aktion gegen häusliche Gewalt. Hg. v. Jürgen Schneider. HAV Hessischer Apothenverband e.V. Offenbach. Online verfügbar unter https://www.h-a-v.de/presse/pressemitteilungen/aktuell/news/rote-karte-gegen-haeusliche-gewalt.html, zuletzt geprüft am 05.12.2019.

Neuber, Anke (2011): "same same, but different?". Methodologische Überlegungen zum Verhältnis von Gewalt und Geschlecht. In: sozialersinn 12 (2), S. 3–27. Online verfügbar unter www.sozialer-sinn.de.

Ohms, Constance (2014): Queering häusliche Gewalt – ein intersektionaler Ansatz zur Analyse von Gewalt in gleichgeschlechtlichen und trans* Partnerschaften. In: Ulrike Mößbauer (Hg.): Unbek(n)annt?! Un > besprochen! Partnerschaftsgewalt im Leben von Lesben, Schwulen und Transgendern Dokumentation des Fachtags am 14.11. 2013 im Kreisverwaltungsreferat München. 1. Aufl. München, S. 16–22.

Ottermann, Ralf (2003): Geschlechterdividenden in Gewaltdirkursen. In: Siegfried Lamnek und Manuela Boatcă (Hg.): Geschlecht – Gewalt – Gesellschaft. Wiesbaden: VS Verlag für Sozialwissenschaften (Otto-von-Freising-Tagungen der Katholischen Universität Eichstätt-Ingolstadt), S. 163–178.

Peichl, Jochen (2015): Destruktive Paarbeziehungen. Das Trauma intimer Gewalt. 2. Aufl. Stuttgart: Klett-Cotta (Leben lernen, 214).

Peters, Benedikt (2019): "Der Vergewaltiger bist du". Protest in Chile. Hg. v. Iris Mayer und Ulrich Schäfer. Süddeutsche Zeitung GmbH. München. Online verfügbar unter https://www.sueddeutsche.de/leben/frauenrechte-chile-lateinamerika-vergewaltigung-mord-1.4708087, zuletzt geprüft am 14.01.2020.

Popp, Ulrike (2003): Das Ignorieren "weiblicher" Gewalt als "Strategie" zur Aufrechterhaltung der sozialen Konstruktion vom männlichen Täter. In: Siegfried Lamnek und Manuela Boatcă (Hg.): Geschlecht – Gewalt – Gesellschaft. Wiesbaden: VS Verlag für Sozialwissenschaften (Otto-von-Freising-Tagungen der Katholischen Universität Eichstätt-Ingolstadt), S. 195–211

Puchert, Ralf; Walter, Willi; Jungnitz, Ludger; Lenz, Hans-Joachim; Puhe, Henry (2004): Einleitung. In: Forschungsverbund "Gewalt gegen Männer" und Bundesministerium für Familie, Senioren, Frauen und Jugend (Hg.): Gewalt gegen Männer in Deutschland. Personale Gewaltwiderfahrnisse von Männern in Deutschland. Abschlussbericht der Pilotstudie. Unter Mitarbeit von Ludger Jungnitz, Hans-Joachim Lenz, Ralf Puchert, Henry Puhe und Willi Walter, S. 13–29.

Rabe, Heike (2019): Konvention des Europarats zur Verhütung und Bekämpfung von Gewalt gegen Frauen und häuslicher Gewalt. Hg. v. Bettina Hildebrand. Deutsche Institut für Menschenrechte. Online verfügbar unter https://www.institut-fuer-menschenrechte.de/themen/frauenrechte/istanbul-konvention/, zuletzt geprüft am 03.11.2019.

Rabe, Heike; Leisering, Britta (2018): Analyse. Die Istanbul-Konvention. Neue Impulse für die Bekämpfung geschlechtsspezifischer Gewalt. Deutsches Institut für Menschenrechte, zuletzt geprüft am 14.08.2019.

Rordorf, Raymond (Hg.) (2017). Männerhaus Harz – Gleich Stark e.V. Online verfügbar unter http://maennerhaus-harz.de/, zuletzt geprüft am 26.10.2019.

Roßbach, Henrike; Mayer, Verena (2018): Häusliche Gewalt. In 82 von 100 Fällen sind die Opfer Frauen. Hg. v. Julia Bönisch, Kurt Kister und Wolfgang Krach. Süddeutsche Zeitung GmbH. Berlin. Online verfügbar unter https://www.sueddeutsche.de/leben/gewalt-frauen-partnerschaft-1.4218973, zuletzt geprüft am 10.09.2019.

Rosenbrock, Hinrich (2012): Die antifeministische Männerrechtsbewegung. Denkweisen, Netzwerke und Online-Mobilisierung ; eine Expertise für die Heinrich-Böll-Stiftung. 2. Aufl. Berlin: Heinrich-Böll-Stiftung (Schriften des Gunda-Werner-Instituts, 8). Online verfügbar unter https://www.gwi-boell.de/sites/default/files/antifeministische_maennerrechtsbewegung.pdf, zuletzt geprüft am 24.12.2019.

Schäfer, Reinhild (2002): Feministisches Engagement in der Zivilgesellschaft gegen Gewalt an Frauen. Projekt der Demokratisierung der Geschlechterverhältnisse. In: Regina-Maria Dackweiler und Reinhild Schäfer (Hg.): Gewalt-Verhältnisse. Feministische Perspektiven auf Geschlecht und Gewalt. Frankfurt am Main: Campus-Verl. (Soziologische Theorie, 19), S. 201–220.

Scheinert, Frank; Lommatzsch, Daniel (Hg.). LEMANN e.V. Netzwerk Jungen- und Männerarbeit Leipzig. Online verfügbar unter http://www.lemann-netzwerk.de/index.php?id=63, zuletzt geprüft am 26.10.2019.

Schetsche, Michael (2015): Die Karriere sozialer Probleme. Soziologische Einführung. München: Oldenbourg Wissenschaftsverlag.

Schilling, Thorsten: Frauenbewegung. Hg. v. Bundeszentrale für politische Bildung. Bonn. Online verfügbar unter http://www.bpb.de/gesellschaft/gender/frauenbewegung/, zuletzt geprüft am 22.07.2019.

Schmerl, Christiane (1999): Wann werden Weiber zu Hyänen? Weibliche Aggressionen aus psychologisch-feministischer Sicht. In: Bettina Dausien, Martina Herrmann, Mechtild Oechsle, Christiane Schmerl und Marlene Stein-Hilbers (Hg.): Erkenntnisprojekt Geschlecht. Feministische Perspektiven verwandeln Wissenschaft. Wiesbaden: VS Verlag für Sozialwissenschaften (Geschlecht und Gesellschaft, 17), S. 197–215.

Schröttle, Monika (2010): Kritische Anmerkungen zur These der Gendersymmetrie bei Gewalt in Paarbeziehungen. In: GENDER – Zeitschrift für Geschlecht, Kultur und Gesellschaft (1), S. 133–151. Online verfügbar unter https://www.ssoar.info/ssoar/bitstream/handle/document/39403/ssoar-gender-2010-1-schrottle-Kritische_Anmerkungen_zur_These_der.pdf?sequence=1&isAllowed=y&lnkname=ssoar-gender-2010-1-schrottle-Kritische_Anmerkungen_zur_These_der.pdf, zuletzt geprüft am 31.08.2019.

Schröttle, Monika (2013): Die Studienergebnisse des Robert-Koch-Instituts zu Gewalt gegen Frauen und Männer: Ein Lehrstück für die Notwendigkeit einer methodisch versierten Erfassung, Auswertung und Interpretation geschlechtervergleichender Daten im Rahmen einer geschlechtersensiblen Gewalt- und Gesundheitsforschung. Stellungnahme. Online verfügbar unter https://www.rki.de/DE/Content/Gesundheitsmonitoring/Studien/Degs/degs_w1/Basispublikation/Stellungnahme_Schroettle.pdf?__blob=publicationFile, zuletzt geprüft am 28.08.2019.

Schröttle, Monika (2017): Gewalt in Paarbeziehungen. Expertise für den Zweiten Gleichstellungsbericht der Bundesregierung. Hg. v. Institut für Sozialarbeit und Sozialpädagogik e.V. und Geschäftsstelle Zweiter Gleichstellungsbericht der Bundesregierung. Technische Universität Dortmund. Online verfügbar unter https://www.gleichstellungsbericht.de/de/article/51.expertisen.html, zuletzt geprüft am 31.08.2019.

Schwarz, Carolina (2019): Zwei Jahre #MeToo. Bewegung ohne prominentes Urteil. Berlin. Online verfügbar unter https://taz.de/Zwei-Jahre-MeToo/!5627998/, zuletzt geprüft am 27.11.2019.

Schweindt, Lutz (2012): Letzter Ausweg: Männerhaus (ZDFInfo). zdf, 2012. Online verfügbar unter https://www.youtube.com/watch?time_continue=810&v=qSdKVYApBgQ, zuletzt geprüft am 30.08.2019.

Seifert-Wieczorkowsky, Sabine (2009): Genderorientierte Gewaltberatung. 20 Jahre Täter- und Täterinnenberatung im Dunkelfeld. In: Jutta Elz (Hg.): Täterinnen. Befunde, Analysen, Perspektiven. Wiesbaden: KrimZ Kriminologische Zentralstelle (Kriminologie und Praxis, 58), S. 195–211.

Siegel, Philip (2014): Herr Meier, das Opfer. Häusliche Gewalt. Hg. v. Andreas Marggraf und Karl-Heinz Ruch. taz.de; taz Verlags u. Vertriebs GmbH. Berlin. Online verfügbar unter http://www.taz.de/!5044160/, zuletzt geprüft am 26.04.2019.

Siegemund Torsten (Hg.): ESCAPE Dresden. Männernetzwerk Dresden e.V. Online verfügbar unter https://mnw-dd.de/wer-sind-wir-21.html, zuletzt geprüft am 26.10.2019.

Staub-Bernasconi, Silvia (2003): Soziale Arbeit als (eine) Menschenrechtsprofession. In: Richard Sorg (Hg.): Soziale Arbeit zwischen Politik und Wissenschaft. Ein Projekt des Fachbereichs Sozialpädagogik der Hochschule für Angewandte Wissenschaften Hamburg. Münster, Westf.: Lit (Sozialpädagogik/Sozialarbeit im Sozialstaat, 18), S. 17–54.

Stövesand, Sabine (2011): Häusliche Gewalt. In: Gudrun Ehlert, Heide Funk und Gerd Stecklina (Hg.): Wörterbuch Soziale Arbeit und Geschlecht. Weinheim, München: Juventa Verlag, S. 194–196.

Ulrich, Angela (2018): Gewalt gegen Frauen. Zuhause – ein gefährlicher Ort. tagesschau.de, Norddeutscher Rundfunk, Anstalt des öffentlichen Rechts. Hamburg. Online verfügbar unter https://www.tagesschau.de/inland/haeusliche-gewalt-giffey-101.html, zuletzt geprüft am 09.09.2019.

Vogel, Vivienne de; Boumann, Yvonne H.A.; Ter Horst, Paul; Stam, Jeantine; Lancel, Marike (2016): Gewalttätige Frauen: Eine Multicenter-Studie über Genderunterschiede in der forensischen Psychiatrie. In: Forensische Psychiatrie und Psychotherapie (3), S. 279–302.

Vogl, Susanne (2009): Gewalt von Frauen gegen Männer. Gibt es keine Gewalt von Frauen gegen ihre Lebenspartner oder handelt es sich um ein Tabuthema? In: AGORA Magazin der katholischen Universität Eichstätt-Ingolstadt 25 (1), 29–31.

Weber, Max (1960): Soziologische Grundbegriffe. 2. durchgesehene Auflage. Tübingen: J.C.B. Mohr (Paul Siebeck) Tübingen.

WHO (2002): World report on violence and health. Summary. Geneva. Online verfügbar unter https://www.who.int/violence_injury_prevention/violence/world_report/en/summary_ge.pdf, zuletzt geprüft am 07.12.2019.

Wielsch, Hans-Jürgen (Hg.). Unter Mitarbeit von Günter Reif, Frank Meyer, Konrad Schmidt, Gerhardt Willert, Joachim Lempert, Andreas Vogel und Marietta Ehret. Männer gegen Männer-Gewalt® Hamburg e.V. Online verfügbar unter http://www.gewaltberatung.org/, zuletzt geprüft am 26.10.2019.

Wieners, K.; Hellbernd, H.; Jenner, S. C.; Oesterhelweg, L. (2012): Häusliche Gewalt in Paarbeziehungen. Intervention und Prävention. In: Notfall + Rettungsmedizin 15 (1), S. 65–80. Online verfügbar unter http://www.signal-intervention.de/sites/default/files/2019-02/Lit_CME_Artikel_Haeusliche_Gewalt_Inter vention_2012.pdf, zuletzt geprüft am 31.08.2019.

Wyss, Eva (2006): Wenn Frauen gewalttätig werden: Fakten Contra Mythen. Ausübung häuslicher Gewalt ist nicht auf Männer beschränkt. Vierter Gewaltbericht der Kantonalen Fachkommission für Gleichstellungsfragen. Hg. v. Kantonale Fachkommission für Gleichstellungsfragen. Kantonale Fachstelle für die Gleichstellung von Frauen und Männern. Online verfügbar unter https://www.sta.be.ch/sta/de/index/gleichstellung/gleichstellung/gewalt/haeusliche_gewalt.assetref/dam/documents/STA/FGS/de/fachkommission/FK_frauengewalt_2006_dt.pdf, zuletzt geprüft am 15.02.2019